www.ingramcontent.com/pod-product-compliance
Lightning Source LLC
LaVergne TN
LVHW010614070526
838199LV00063BA/5154
* 9 7 8 9 3 5 8 7 2 1 0 9 6 *

# وارث علوی

## اردو تنقید کا نور

(چہار سو خصوصی شمارہ)

ادارہ چہار سو

**Waris Alavi : Urdu Tanqeed ka Noor**
by: Idara Chaharsu
Edition: July '2023
Publisher:
*Taemeer Publications* (Hyderabad, India)

ISBN 978-93-5872-109-6



| | | |
|---|---|---|
| کتاب | : | **وارث علوی : اردو تنقید کا نور** |
| مصنف | : | **ادارہ چہار سو** |
| صنف | : | تحقیق و تنقید |
| ناشر | : | تعمیر پبلی کیشنز (حیدرآباد، انڈیا) |
| سالِ اشاعت | : | ۲۰۲۳ء |
| صفحات | : | ٦٦ |

# قرطاسِ اعزاز

زندگی کے ساتھ ساتھ

# چہارسُو

جلد۲۲، شمارہ: جنوری، فروری ۲۰۱۳ء



ای۔میل: chaharsu@gmail.com

○
○○○

# قرطاسِ اعزاز

○

# پروفیسر وارث علوی

○

# کے نام

○○○
○

## ''تنقید کا نور''

تیرے عنوان جدا، معنی آفرینی غضب،
دیر تک سر کو دھنے، جو بھی پڑھے،
تو نے تنقید کو قاری کے قریں پہنچایا،
تیرا احسان ادب اور قاری پہ سدا

تو نے بخشے نئی تنقید کے تیور ہم کو،
تو نے سلجھائی علامات کی پراسرار گرہ،
پیکروں، استعاروں کی مسلسل زنجیر،
تیرے ادنا سے اشاروں پہ سلجھتی جائے

تو نے اک نور سا تنقید میں پھیلایا ہے،
تیرا لہجہ بڑا بانکا، تیری صورت جیسا،
تیری ہمت، تیری تیزی، تیرا تیکھا اسلوب،
تیرا انداز نرالا، تیری چھب کے جیسا

مطلب و معنی و الفاظ کا باہم ناتا،
تو نے جس طرح بتایا اسے بھولیں کیسے

تو نے تنقید کو ایک جوش نیا بخشا ہے،
تیرا احسان سدا اس پہ رہیگا علوی،
تیری باتیں، تیرے الفاظ، تیرے جملے، تیرے طنز،
ایک مہکتا ہوا گلزار کھلا ہے علوی

وفا جونپوری (بھارت)

# ”وارث کی آبرو“

عروب شاہد (اسلام آباد)

نام: وارث حسین علوی

خاندانی پس منظر: احمد آباد کے مشہور صوفی بزرگ حضرت شاہ وجیہ الدین علوی گجراتی سے ان کا تعلق ہے

دادا کا نام: جناب امیر الدین علوی

دادی کا نام: قمر النساء

والد : سید حسینی پیر علوی

والدہ: حفیظ النسا عرف داشی بی بی علوی

**تعلیم**

میٹرک (انجمن اسلامیہ ہائی اسکول)

بی اے (ممبئی یونیورسٹی) گولڈ میڈلسٹ

ایم۔اے اردو (گجرات یونیورسٹی)

ایم۔اے انگریزی (علیگڈھ یونیورسٹی)

**ملازمت**

۱۹۵۵ سینٹ زیویرس کالج احمد آباد میں انگریزی کے پروفیسر مقرر ہوئے پھر اسی کالج سے ۱۹۸۸ میں انگریزی شعبۂ کے صدر کی حیثیت سے سبکدوش ہوئے۔

**اولادیں:**

ان کی تین اولادیں ہیں اور تینوں لڑکیاں ہیں(۱) شہبازہ (۲) شاہدہ اور (۳)فرزانہ۔

بڑی بیٹی کی شادی ڈاکٹر الیاس سے ہوئی‘ان سے دو بیٹیاں صبا اور سبزہ پیدا ہوئیں۔ دوسری بیٹی کی شادی محمد عثمان سے ہوئی‘ان سے بھی دو بیٹیاں انجم اور عائشہ پیدا ہوئیں۔ چھوٹی بیٹی کی شادی امتیاز صاحب سے ہوئی‘ ‘ان کے دو بیٹے اویس اور ابرار ہوئے۔

**موجودہ سکونت:**

اس وقت وارث علوی کے ساتھ اُن کی چھوٹی بیٹی فرزانہ‘داماد‘ دو نواسے اور اہلیہ اپنے آبائی مکان سید واڑہ آستوڈیا احمد آباد میں فرصت کے دن گذار رہے ہیں۔

**انعامات:**

(۱) گورو پرسکار۔۔ اردو ساہتیہ اکادمی گجرات
(۲) نیشنل ایوارڈ۔۔ مہاراشٹر اردو اکادمی
(۳) غالب ایوارڈ۔۔ غالب اکادمی دہلی
(۴) عالمی فروغ اردو اکادمی‘ دوہا‘ قطر
(۵) بنگال ساہتیہ اکادمی ایوارڈ
(۶) بہادر شاہ ظفر ایوارڈ‘ دہلی

**تصانیف:**

| | | |
|---|---|---|
| ۱ | تیسرے درجے کا مسافر | ۱۹۸۱ء |
| ۲ | اے پیارے لوگو | ۱۹۸۱ء |
| ۳ | حالی مقدمہ اور ہم | ۱۹۸۳ء |
| ۴ | خندہ ہائے بیجا | ۱۹۸۷ء |
| ۵ | کچھ بچا لایا ہوں | ۱۹۹۰ء |
| ۶ | راجندر سنگھ بیدی (مونوگراف) | ۱۹۸۹ء |
| ۷ | پیشہ تو سپہ گری کا بھلا | ۱۹۹۰ء |
| ۸ | جدید افسانہ اور اس کے مسائل | ۱۹۹۰ء |
| ۹ | فکشن کی تنقید کا المیہ | ۱۹۹۲ء |
| ۱۰ | سعادت حسن منٹو (مونوگراف) | ۱۹۹۵ء |
| ۱۱ | اوراق پارینہ | ۱۹۹۸ء |
| ۱۲ | ادب کا غیر اہم آدمی | ۲۰۰۱ء |
| ۱۳ | بورژواژی بورژواژی | ۱۹۹۹ء |
| ۱۴ | لکھتے رقعہ لکھے گئے دفتر | ۲۰۰۱ء |
| ۱۵ | ناخن کا قرض | ۲۰۰۳ء |
| ۱۶ | سعادت حسن منٹو ایک مطالعہ | ۱۹۹۷ء |
| ۱۷ | منتخب مضامین | ۲۰۰۰ء |
| ۱۸ | سرزنشِ خار | ۲۰۰۵ء |
| ۱۹ | راجندر سنگھ بیدی ایک مطالعہ | ۲۰۰۶ء |
| ۲۰ | گنجینۂ بازخیال | ۲۰۰۷ء |
| ۲۱ | کلیات راجندر سنگھ بیدی جلد اول‘ دوم | ۲۰۰۵ء |
| ۲۲ | بتخانہ چین | ۲۰۱۰ء |

**زیرِ اشاعت:**

(۱) اقبالؔ کے بعد اردو کی نظمیہ شاعری (دو جلدیں)
(۲) غزل کا محبوب اور دوسرے مضامین

**اختصاص:**

(۱) ۱۹۴۶ء سے ۱۹۵۰ء تک انجمن ترقی پسند مصنفین احمد آباد کے سیکرٹری رہے۔

(۲) ساہتیہ اکادمی گجرات کے وجود میں آنے کے بعد اس کے صدر کی حیثیت سے فرائض انجام دیتے رہے۔

(۳) گجرات اردو ساہتیہ اکادمی کے رسالے ”سابر نامہ“ کی ادارت کے فرائض بھی سنبھالتے رہے۔

# روح کی اُڑان

وارث علوی

(احمد آباد، بھارت)

گرد سے اٹی فضا کو صاف کرنا تضیعِ اوقات ہے، بلکہ ممکن بھی نہیں۔ وقت گزرنے کے ساتھ گرد خود ہی بیٹھ جاتی ہے۔ وہ تمام ادھ کچرے تصوارت جوادبی فضا میں ذرّوں کی مانند اڑتے رہتے ہیں، اس وقت تک دکھائی بھی نہیں دیتے جب تک تنقید کی کرن کی زد میں نہیں آتے۔ ایڈیٹر کے نام خطوط میں، سیمینار کی دومنٹ والی تقریروں میں، اس انٹرویو میں جو سقراط کا بقراط لیتا ہے، اس ادبی شام کی گفتگو میں جس کا ادب میں وہی مقام ہے جو شامِ اودھ کا دنیا کی دوسری شاموں میں ہے، یہ نیم پختہ باتیں، یہ بے سوچی سمجھی رائیں، دھندلے غبار کی مانند مطلعِ تنقید پر بلند ہوتی ہیں اور اہلِ نظر کو آشوبِ چشم اور اہلِ فکر کو ضیق النفس میں مبتلا کرتی ہے۔ تنقید محلّہ کا وہ میدان بن گئی ہے جس پر ہر آدمی کو حقِ ملکیت حاصل ہے۔ چنانچہ ایک صاحب اپنی پھٹی ہوئی نفسیات کی دری لاکر جھٹکتے ہیں۔ ان کے قریب ایک اور صاحب اپنی سائیکل ٹھیک کر رہے ہیں۔ ان کے فلسفہ کا ٹائر برسٹ ہوگیا ہے۔ ان بزرگوار کو دیکھیے، اپنا مطالعہ ٹھکانے لگانے کے لیے پورا ویسٹ پیپر باسکٹ، میدان کے بیچوں بیچ اوندھا کر گئے اور اب اقوالِ زریں کی چٹھیاں چاروں طرف اڑ رہی ہیں۔ جی ہاں! وہ حضرت بتّی کے کھمبے سے لاؤڈ اسپیکر باندھ رہے ہیں۔ شام کو سیاست پر دھواں دھار تقریر ہوگی۔ انھیں دیکھیے! جمالیات کی درسگاہ میں استاد ہیں سفید برّاق پوشاک پہن کر نکلتے ہیں تو اس خوف سے کہ کہیں شریر لونڈوں کی شرارتوں سے کپڑے داغدار نہ ہو جائیں ادب کی سرزمین سے دو بانس اوپر ہی چلتے ہیں۔ وہ ہمیشہ حسن کا ذکر کریں گے، ادب اور ادیب کا نام نہ لیں گے۔ وہ جواُن سے پہلو بچا کر چل رہے ہیں۔ وہ دوسرے ڈیپارٹمنٹ کے میر منشی ہیں۔ ان کے پاس تمام چھوٹے بڑے ادیبوں کی فہرست ملے گی۔ بھولے سے اگر حسن کا ذکر آ گیا تو سجدۂ سہو ادا کریں گے۔ آپ نے ٹھیک سمجھا، وہ سکول کے ہیڈ ماسٹر ہیں۔ علیگڈھی پاجامہ پہنے ادب کی غلام گردشوں میں ٹہلا کرتے ہیں انھیں سوالات پوچھنے کا بہت شوق ہے، لیکن نہ خود جواب دیتے ہیں نہ دوسروں کے جوابات سنتے ہیں۔ وہ صاحب جو کھادی پہنے آ رہے ہیں محلّہ میں ان کا چودھراپا مشہور ہے۔ وہ نہ ہوں تو چھوکرے دیوار کی آڑ میں اجابت کرنے بیٹھ جائیں اور بہو بیٹیوں کی آبرو سلامت نہ رہے۔ اُن کے گھر کے سامنے وہ نستعلیق ڈرائنگ روم ہے جس کے صاحبِ خانہ باپ کی داڑھی اور ماں کے اسلامی نام سے شرماتے ہیں، اور قومی دھارے سے بات شروع کرتے ہیں اور اردو ادب کے غیر ہندوستانی عناصر پر تان توڑتے ہیں۔ وہ ادب کا نقشہ اس طرح بدلنا چاہتے ہیں جس طرح ٹاؤن پلاننگ افسر شہر کا نقشہ بدلتا ہے۔ اُن کے نزدیک خیالات سنگ وخشت او رقدریں چوب وآہن ہیں جو پی ڈبلیو ڈی کے گودام سے چٹھی بتا حاصل کی جا سکتی ہیں۔ وہ دیسی لکھنے والوں کو اس نظر سے دیکھتے ہیں گویا وہ پیدل رکشا والوں کا مفلوک الحال طبقہ ہے جو لنگی میں ہاتھ ڈالے چوتڑ سہلاتا رہتا ہے۔ صاف بات ہے کہ ٹکنولوجیکل دَور میں جب تک ہر ادیب ہوائی جہاز کے پائلٹ کی طرح چاق وچوبند اور صحت مند نہیں ہوگا دیس کیسے ترقی کرے گا۔

بہر حال کچھ ہو، اس میدان کی چہل پہل مجھے پسند آئی اور میں بھی اس میں دھم سے کودا ابھی کمر پر ہاتھ رکھ کر کھڑا بھی نہ ہونے پایا تھا کہ اس کھڑکی سے آواز آئی جس میں بہار شریف کے ایک افسانہ نگار کھڑے ہوئے تھے۔ وہ کہہ رہے تھے اس میدان پر صرف ڈھائی آدمیوں کا اجارہ ہے۔ ایک وزیر آغا، دوسرے شمس الرحمان فاروقی اور آدھے وہاب اشرفی۔ یہ حیدری کلام سن کر کلیجہ دھک سے رہ گیا۔ وہ تین ہزار تین سو اور تیرہ صفحات جنھیں بغل میں دابے ہوئے تھا ان کا شمار نہ تین میں تھا نہ تیرہ میں لہٰذا انھیں باندھا سوتلی کی گرہ میں اور چاہا کہ چپکے سے کھسک جاؤں کہ چودھری صاحب سامنے سے آتے ہوئے دکھائی دیے۔ رہے سہے ہوش بھی غائب ہو گئے۔ انھوں نے مجھے اس طرح گھور کر دیکھا گویا مضامین کا پلندہ نہیں باندھ رہا بلکہ ازار بند کھول کر دیوار کی آڑ میں کھڑا ہونے کی تیاریاں کر رہا ہوں۔ کہنے لگے۔۔۔''ماشاءاللہ! کافی لحیم شحیم مضامین لکھتے ہو۔ کون سی چکی کا پسا کھاتے ہو۔'' اس سے پیشتر کہ کچھ عرض کروں نکڑ پر سے ایک صاحب بولے۔''پی ایل اے کے گیہوں کی درآمد بند ہونی چاہیے اس دیس میں'' لوگوں کا مجمع جمع ہوگیا۔ کوئی کہہ رہا تھا ایلیٹ اور پاؤنڈ کی بیساکھیوں کے بغیر دو قدم نہیں چل سکتے۔ دوسری طرف سے آواز آئی۔''انگریزی ادب تو دورِ انحطاط سے گزر رہا ہے۔ ان ملکوں کا ادب پڑھنا چاہیے جو ترقی یافتہ ہیں مثلاً روس'' وہ صاحب جو بجلی کے کھمبے سے لاؤڈ اسپیکر باندھ رہے تھے بولے۔''اب آپ انھیں زیادہ پریشان نہ کریں۔ ان کا کوئی بھروسہ نہیں۔ بہیمانہ تشدد میں یقین رکھتے ہیں۔'' ایک کہرام برپا ہوگیا۔ کان پڑی آواز سنائی نہ دیتی تھی۔ بجلی کا کھمبا جو علم کی روشنی کا مینار تھا اب آلۂ مکبرۃ الصوت سے سج چکا تھا وہیں سے آواز آئی۔''آج کا جلسہ انہیں وزیر کی صدارت میں ہو رہا ہے جن کی سرپرستی اس رسالے کو حاصل تھی جس میں بہیمانہ تشدد کی تشہیر ہوئی تھی اب ہم بھی دیکھیں گے ایسے مضامین کہاں چھپتے ہیں۔'' مجمع میں سے کوئی چیخا''ڈاک سے آئی ہوئی جدیدیت کو بذریعہ ڈاک واپس کیا جائے۔''

میں سوچتا ہوں لولے لنجے ہاتھوں سے پتھراؤ بھی تو نہیں ہوتا۔ اسی لیے ہماری تنقید میں لذّتِ سنگ تک نہیں، محض دردِ سری ہے۔

اِدھر اُدھر سے مقابل کو یوں نہ گھایل کر
وہ سنگ پھینک کہ بیساختہ نشانہ لگے
(زبیر رضوی)

میں سوچتا ہوں کہ افکار و خیالات بھی جغرافیائی حدود میں قید ہیں۔ کیا دنیا کے بہترین دماغوں نے تاریخ کی مختلف منزلوں میں جو کچھ سوچا اور محسوس کیا ہے وہ میرا ورثہ نہیں۔ فکر و نظر کی دنیا میں زمان و مکان فریب نظر ہیں۔ خیال پانچ ہزار فرسنگ اور دو ہزار سال کی مسافت چشمِ زدن میں طے کرتا ہے اور جو خیالات کی دنیا کے سیاح ہیں ان کے ذہن کو رنگ و نور سے مالا مال کرتا ہے۔ اسی لیے شیکسپئر اور ایلیٹ کی قیمت پر مجھے نہ پہلی بھیت کا شاعر قبول ہے نہ ہاتھ رس کا نقاد۔ میں حصاروں کا باندھنے والا نہیں توڑنے والا ہوں اور میرے ذہن کی سیمائیں سوراشٹر کے لوگ گیتوں سے شروع ہوتی ہیں اور آئس لینڈ کے اساطیر پر ختم ہوتی ہیں۔ میں ایسی باتیں نہیں سمجھتا کہ ایک طرف ایلیٹ ہے اور دوسری طرف گورکی کیونکہ ادب میرے لیے جاٹوں کی جو تم پیزار نہیں بلکہ غمِ دل اور غمِ روزگار کا وہ بیانِ جاں گداز ہے جو ذہن کو منوّر اور دل کو محظوظ کرتا ہے۔

ایک صاحب کہتے ہیں کہ میں Egoist ہوں۔ انھیں کون بتائے کہ میں کوئی چاق چوبند بیورو کریٹ نہیں، وہ پروفیسر نہیں جو ڈھائی لاکھ کے وظیفہ پر ان موضوعات پر تحقیق کرتا ہے جن پر کام کرنے والے پیٹ پر پتھر باندھ کر کام کر چکے۔ میں اساتذہ کی کانفرنس کے پریسیڈیم کا صدر نہیں۔ ادیبوں کے وفد کا لیڈر نہیں کسی میموریل کا ڈائرکٹر نہیں، کسی ادبی آشرم کا مہارشی نہیں۔ وزارتِ تہذیب کی آنکھ کا تارا اور ساہتیہ اکادمی کا راج دُلارا نہیں۔ ترقی کا یہ حال ہے کہ پہلے اردو پڑھاتا تھا، پھر فارسی پڑھائی اور اب انگریزی پڑھاتا ہوں۔ اور انشاء اللہ سال دو سال میں پھر فٹ پاتھ پر جوتیاں چٹخاتا، گھٹنوں تک لہراتے ازار بند سے کمر کستا لوگوں سے پوچھتا پھروں گا کہ اب کون سے مضمون میں ایم اے کروں کہ کم از کم کفن دفن کے انتظام کے لیے بیت المال کی طرف دیکھنا نہ پڑے۔ وہ جو اسرارِ کائنات اور رموزِ حیات سے پردہ اٹھاتے ہیں، وہ جو لاینحل عقدوں کا حل تلاش کرتے ہیں، وہ جو تمام سوالوں کے جواب اپنی پتلون کی پچھلی جیب میں لیے پھرتے ہیں میں اُن سے پوچھتا ہوں کہ خدارا اس راز سے پردہ اٹھاؤ کہ وہ کون سا خبط وجنون ہے جو اردو ادیب کو کاغذ پر قلم رکھنے پر مجبور کرتا ہے جب کہ اپنے قلم سے وہ کوڑی نہیں کماتا، سو کروڑ کے دیس میں پانچ سو کی تعداد میں چھپنے والے رسالوں میں لکھتا ہے تو شہرت طلبی کی گالی کھاتا ہے۔۔۔ سب سے کہتا پھرتا ہے کہ وہ شاعر ادیب اور نقاد ہے جب کہ اس کی کتاب کو شائع کرنے کے لیے کوئی ادارہ تیار نہیں کیونکہ اشاعت گھروں کو ان اساتذہ کی کتابیں چھاپنے سے فرصت نہیں جن کے اخباری تراشوں، صحافتی تحریروں، اور obituries کی وہ قدر و قیمت ہے جو جگر کاوی سے لکھے ہوئے مضامین بھی وصول نہ کر پائے۔ طفل ایغو کے پالنے پوسنے والوں کے تھن کیسے ہوتے ہیں وہ دیکھنا ہو تو ان لوگوں کی طرف نظر کرو جنھوں نے ادب کو ترقی کوشی کے بہتر سیڑھیوں والے ادارہ میں بدل دیا ہے۔ ان لوگوں کو زیب دیتا ہے کہ وہ ادب کی نفیس نفیس باتیں کریں اور فوائد الفواد والی زبان بولیں۔ ادب ان کے لیے ترقی ہے، شخصیت کی زینت اور دانشوری کی آرائش ہے، تہذیب و شائستگی اور شریفانہ مشغلہ ہے۔ مجھ جیسے کٹے پھٹے لوگوں کے لیے ادب زینت و زیبائش نہیں بلکہ ایک جذباتی ضرورت اور ایک روحانی طلب ہے۔ مردہ خیالات کا کباڑ خانہ نہیں بلکہ زندہ تجربات کی وادی پُر بہار ہے۔ خلعتِ دانشوری کی زرکاری نہیں بلکہ برہنہ کھال پر گزرتے وقت کے ان لمحات کی جنھیں تخلیقی تخیل نے توانا تجربات کے شراروں میں بدل دیا ہے حدّت اور شدّت کو محسوس کرنے کا نام ہے۔

ایک نوجوان بزرگوار فرماتے ہیں۔ ''وارث علوی وغیرہ کو کوئی تو سمجھا سکتا ہے کہ تنقید کی زبان کا کیا معیار اور نمونہ ہے۔ اور کچھ نہیں تو خلیل الرحمٰن اعظمی، وحید اختر، وزیر آغا اور فاروقی وغیرہ کی تنقیدی تحریریں سامنے ہیں۔''

نہیں صاحب! کوئی مجھے سمجھا نہیں سکتا۔ وہ جو سمجھانے آتے ہیں پوپلے منہہ سے باتیں کرتے ہیں، کیونکہ انھوں نے اپنے تمام دانت اکھڑوا لیے ہیں۔ نقاد کو شریف بنانے والے تمام ہتھ کنڈوں سے میں واقف ہوں۔ بچھو کا ڈنک نکال لیجیے وہ صرف ایک لعاب دار کیڑا رہ جاتا ہے۔ میں اُن لوگوں میں سے نہیں ہوں جو گندے دنوں کا قصہ معطر زبان میں سناتے ہیں اور روح کے جہنم زاد کا بیان خس خانوں کی زبان میں کرتے ہیں تاکہ نفاست پسندوں میں نفیس کہلا سکیں۔ میں جانتا ہوں کہ بیوقوفوں پر تنقید ممکن نہیں، انھیں صرف بے نقاب کیا جا سکتا ہے اور بے نقاب کرنے میں نقاد کو جو ابلیسی لذّت ملتی ہے اس کی تلچھٹ پر میں نے کبھی قناعت نہیں کی، جام پر جام لنڈھائے ہیں۔ غیظ و غضب محرکِ فکر و خیال ہے اور اس سرچشمہ پر شرافت اور مصلحت کی دیوار چننے کا کام میں نے دوسروں کے سپرد کر رکھا ہے۔ میں جب ڈھائی تولے کے شاعر کو سورما اور تنقید کے بونے کو باون گزا کہنے سے انکار کرتا ہوں تو لوگ میری زبان کو غیر مہذب کہتے ہیں۔ کاش وہ یہ بھی دیکھتے کہ فلک سیر تخیل کی معجز نمائیوں کا ذکر میں کس وفورِ شوق سے کرتا ہوں۔ اس وقت انہیں پتہ چلتا کہ وہ جس کی نفرت بھی عمیق اور محبت بھی عمیق ہے اس کے مغلظات بھی شدید اور اس کے ملفوظات بھی شدید ہوتے ہیں۔ ادب کا ذکر بھی ذکرِ یار کی طرح حسین و دل آویز ہونا چاہیے اسی لیے مجھے مکتبی تنقید کا جارگون ٹھنڈے ہاتھ کا مصافحہ اور بیمار مولوی کا وعظ معلوم ہوتا ہے۔ جب ذہن ہجومِ فکر اور دل وفورِ جذبات سے لرزتا ہو تو فروغِ مے کا اثر اسلوب کے رنگِ رخسار پر دیکھا جا سکتا ہے۔ سکّہ بند محبوس حسینہ کی مانند نئے افکار اور نئے جذبات کی شوخ نگاہی کی تاب نہیں لا سکتی ایسے لوگ کوثر و تسنیم میں دھلی ہوئی زبان لکھ سکتے ہیں کیونکہ فردوس کے یہ چشمے ذکرِ پاک کے لیے مناسب سہی، لیکن جامۂ احرام کے دھبّے دھونے کے کام کے نہیں۔ میں تنقید کے ہونقوں کی مانند بے سر و پا جملے نہیں لکھتا لیکن میں تنقید کے بقراطوں کی طرح اس خوش فہمی

میں بھی مبتلا نہیں رہتا کہ میرے قلم سے نکلا ہوا ہر جملہ اپنے جبڑوں میں علم وعرفان کا سو کینڈل پاور کا بلب دبائے طلوع ہو رہا ہے۔ یہ انکسار نخوتِ پنہاں کا نقاب نہیں بلکہ ثمر ہے اپنی ذات پر اعتماد کرنے کا گو میری ذات کی قیمت چھ پیسے سے زیادہ نہیں۔ میں یہ قیمت جانتا ہوں اسی لیے ایوانِ ادب میں صدر نشینی کو للچائی نظر سے دیکھے بغیر صفِ نالین میں اپنی جگہ ڈھونڈ نکالتا ہوں، لیکن جہاں بیٹھتا ہوں خود اعتمادی اور بے نیازی سے بیٹھتا ہوں۔ اور جانتا ہوں کہ جو ہم نشیں ہیں وہ صدر نشینوں کو للچائی نظروں سے دیکھ رہے ہیں اور نہیں جانتے کہ صدر الصدور کی چوتڑوں کے نیچے علم وادب کی شمعوں کا چراغاں نہیں ہو رہا ہے۔ بے وقوف انکسار کو کمزوری اور بے نیازی کو احساسِ کمتری سمجھتا ہے۔ اتنا نہیں سمجھتا کہ رشک وہاں پیدا ہوتا ہے جہاں آدمی اس چیز کی طلب کرتا ہے جو اس کے پاس نہیں اور دوسروں کے پاس ہے۔ جس زبان اور جس اسلوب کی مجھے ضرورت نہیں وہ میرے لیے قابلِ رشک بھی نہیں چاہے وہ فاروقی کا ہی اسلوب کیوں نہ ہو۔ ایک صاحب فرماتے ہیں کہ میں نے سلیم احمد کے اسلوب کی نقل اڑائی ہے۔ پہلی بات تو یہ کہ ایسے لوگ سلیم احمد کو بعینہٖ، انہی نظروں سے دیکھتے ہیں جن نظروں سے نوجوان لڑکیاں راجیش کھنہ کو اور مسلمان نوجوان دلیپ کمار کو دیکھتے ہیں۔ اسے انگریزی میں Doting کہتے ہیں۔ یعنی حمق کی حد کو پہنچی ہوئی پرستش۔ آدمی کا ادب سے تعلق بھی ایک باشعور اور ذہین آدمی کا تعلق ہوتا ہے، اُن کچی کنواریوں کا عشق نہیں جو اپنے Idol کے کاشانہ کی دیواروں پر بوسوں کے سرخ نشانات بناتی ہیں۔ ایسے لوگوں کی تنقیدیں سپاس ناموں، تقریظوں، تعزیتی تجویزوں اور تہنیتی تقریروں سے آگے نہیں بڑھتیں، اور ہمارے یہاں ان چیزوں کی دھوم دھام ہے۔ دوسری بات یہ کہ میں یہ قبول کرتا ہوں کہ کلیم الدین احمد اور سلیم احمد مجھ سے بڑے نقاد ہیں۔ منجملہ دوسری وجوہات کے اس کی ایک وجہ یہ بھی ہے کہ مجھے جن لوگوں کا سابقہ ہے وہ ان لوگوں سے بہت چھوٹے ہیں جن کا سامنا ان دو حضرات کو تھا۔ بڑے لوگ شیر کا شکار کرتے ہیں۔ مکھیاں مارنے کے لیے اللہ تعالیٰ مجھ جیسے تیس مار خانوں کو جنم دیا ہے۔

ایک اور صاحب ہیں جنھوں نے میرے ذہن کو لذّت پرست کہا ہے۔ عربی میں ایک کہاوت ہے کہ احمق وہ ہوتا ہے جو نیم احمق سے زیادہ قابلِ برداشت ہو، احمق زندگی میں ملتے ہیں، نیم احمق تنقیدوں میں نظر آتے ہیں۔ اسی لیے زندگی تنقید سے زیادہ قابل برداشت ہے۔ تنقید میں مہذب زبان کا تقاضا بھی شاید اسی لیے کیا جاتا ہے کہ نیم احمق نیم خواندہ لوگ اپنی احمقانہ باتیں کرتے رہیں اور کوئی ان کی سرزنش نہ کرے۔ ایسی پھبتیاں بقول ڈاکٹر جانسن مکھی کا گھوڑے کو ڈنک مارنا ہے۔ لیکن مکھی مکھی ہے اور گھوڑا گھوڑا۔ ذہنی لذت پسندی کا الزام ہمارے نقادوں کا محبوب مشغلہ رہا ہے۔ میں پوچھتا ہوں کہ بادلیئر کا ذہن لذّت پرست تھا۔ اگر تھا تو ڈانٹے کے بعد دوسرے جہنم زار کو اپنی شاعری میں تخلیق کرنے کی کیا ضرورت تھی۔ ایک جادو جگانے والے اسلوب میں فلابیر نے ایما بواری کے حُسن کا بیان کیا ہے۔ کیا یہ کام اس نے زبان کی چادر کے نیچے ایما کی پنڈلیاں سہلانے کے لیے کیا تھا۔ کیا جائیس نے میری بلوم کی خود کلامی اپنی تہمد میں ہاتھ ڈال کر لکھی تھی۔ میں پوچھتا ہوں جو زبان میں اب لکھ رہا ہوں اس زبان کے علاوہ ان احمقوں کی باتوں کا جواب دوسری کون سی زبان میں ممکن ہے۔

اس نقاد کے سامنے جس نے ادب میں تنقید کا شفا خانہ کھوالا ہے، شاعر محسوس کرتا ہے کہ وہ آبگینۂ غزل میں صہبائے اندیشہ نہیں، بلکہ ہاتھ میں قارورے کی بوتل لیے کھڑا ہے اور منتظر ہے کہ دیکھیں کون سا مرض تشخیص اور کون سا نسخہ تجویز ہوتا ہے۔ زنانہ اور مردانہ بیماریوں کے ماہر حکیموں کے اشتہارات کی مانند عطائیوں کی تنقیدیں بھی شاعرانہ بیماریوں کا سائن بورڈ نظر آتی ہیں۔ انھیں پڑھ کر محسوس ہوتا ہے کہ اب تو ادب میں سوائے نقاد کے کوئی اور صحت منداور نارمل آدمی نہیں رہا۔ دوسروں کو پاجی اور خود کو ناجی، دوسروں کو بیمار اور خود کو مسیح الزماں سمجھ کر بات کیجیے اور پھر دیکھئے تنقیدی اسلوب میں کیسے ہر لفظ موچھوں کو بل دیتا ہوا اور ران پر ہاتھ مار کر پہلوان کی طرح اینڈتا ہوا نظر آتا ہے۔ ایک ہم ہیں کہ زندگی بھر چارپائی پر کمبل اوڑھے بیمار ادب پڑھتے رہے اور ایک یہ بھی ہیں جن کے ذہن کے کھلے میدانوں میں تندرست خیالات قطار باندھے ورزش کرتے رہتے ہیں۔

لیڈر نقاد خود اعتمادی کی دولت سے مالا مال ہوتا ہے۔ سمجھتا ہے کہ محض نقاد بن کر اس نے اپنی ان صلاحیتوں کو غارت کیا جو قوموں کا مقدر بدل سکتی تھیں۔ فنکار نے تو ہمیشہ محسوس کیا کہ ''ہو کر سید بنے چمار سلیم'' اور شعر کہنے کے بعد ماتھا کوٹا کہ دھوبی کے بھر ہوتے تو کسی کے کام آتے۔ تشکیک، تذبذب، کشمکش، پیچ وتاب، دار وگیر، زمین سے الجھاؤ، آسمان سے جھگڑا فنکارانہ خمیر کا حصہ ہیں۔ سب کچھ ہوتے ہوئے کچھ نہ ہونے کا احساس فنکار کو باغِ جہاں میں موجِ صبا کی طرح سبک سیر بناتا ہے۔ کچھ نہ ہوتے ہوئے بھی بہت کچھ ہونے کا بھرم نقاد کو مال گاڑی کی طرح بھاری بھر کم بناتا ہے۔ خلائی جہاز۔۔۔ فنکار کا تخیل، یہ کہہ سکتا ہے کہ فضائے بیکراں میں، میں ایک چمکتا ہوا ذرّہ ہوں۔ مال گاڑی تو یہی کہے گی کہ کاٹھ گودام سے کاٹھ مال لادے کاٹھ کے اُلوؤں کو سبق پڑھانے جا رہی ہوں۔ لیڈر نقاد جب بھی تنقید کے میدان میں آتا ہے تو لگتا ہے گویا کلیم اللہ کوہِ طور سے احکام ربانی لیے اتر رہے ہیں۔ شاعروں کی بستیوں میں اس کا نزول ہمیشہ اس مفروضہ کے تحت ہوتا ہے کہ اس کی غیر حاضری میں بے غسلوں نے بچھڑے کی پرستش شروع کر دی ہوگی۔

ایلیٹ نے بتایا ہے کہ تنقید وہی اچھی ہوتی ہے جو Descriptive ہو لیکن prescriptive تنقید لیڈر نقاد کے خون میں بسی ہوتی ہے کہ عطائی کا کام ہی نسخے لکھنا ہے۔ وہ تو چاہتا ہے کہ شاعر کے ذہن میں مضامین غیب سے نہیں اس کی جیب سے پہنچتے رہیں اور تلمیذ الرحمٰن بننے کی بجائے وہ اس کا شاگرد بنے اور تختۂ سیاہ پر چاک کی خراش اس کے لیے نوائے سروش ثابت ہو۔ اگر شاعر گلستان کا قافیہ باندھتا ہے تو لیڈر نقاد اسے افغانستان کا قافیہ

سمجھا تا ہے وہ اتنی سی بات نہیں جانتا کہ جس طرح زمین اپنی سطح پر بہنے والی ہر چیز کو جذب کرتی ہے، فنکار بھی گردوپیش کی دنیا کو اپنی ذات میں جذب کرتا رہتا ہے۔ دریا آشام کو لیڈر نقاد تنقید کے نوکِ خار پر قطرۂ شبنم پیش کرتا ہے۔ فنکار پوری کائنات کو زیر دام تخیل لاتا ہے اور نقاد اسے وہ بلاٹینگ پیپر چبانے کو دیتا ہے جس سے اس نے اپنے سیاسی آقاؤں کی شاطرانہ تحریروں کی روشنائی خشک کی ہے۔ فنکار انکار کرتا ہے تو اسے طعنہ دیتا ہے کہ اس کے یہاں عصری آگہی نہیں۔ وہ عصری آگہی کو ایک لیڈر کے جلوس کی مانند دیکھنا چاہتا ہے جو الفاظ کے ٹھاٹھیں مارتے سمندر پر گلے میں پھولوں کے ہار پہنے سب کے سلام جھیلتا گذر رہا ہو۔ انگوری شراب کے پارکھ ایک قطرہ زبان پر رکھ کر بتا دیتے ہیں کہ شراب کون سے ملک، کون سے علاقہ، اور کون سے وقت کی کشید کی ہوئی ہے۔ شعر بھی جرعۂ شراب ہی ہے جس میں ان فضاؤں کی نکہت اور ان زمینوں اور زمانوں کا رس کس ہوتا ہے جن میں شاعر سانس لیتا ہے لیکن سیاسی پمفلٹوں اور معاشرتی تنقیدوں کا ٹھرّا پی پی کر لیڈر نقاد کی زبان سبزی منڈی کی کھابڑکھوبڑ سڑک بن چکی ہوتی ہے جو عصری آگہی کو اسی وقت پہچانتی ہے جب شعر جاٹ کے جوتے کی مانند تلے میں نعروں کی کیلیں ٹھونکے مارچ کرتا ہوا گذرے۔ ایلیٹ نے تو کہا ہے کہ شاعر جب خود کو لکھتا ہے تو اپنے عہد کو لکھتا ہے۔ لیکن لیڈر نقاد کو سمجھتا ہے کہ شاعرانہ تخیل کی بھاپ اگر اس مال گاڑی کو کھینچنے کے کام نہیں آ رہی جو نئی دنیا اور نئے انسان کی تعمیر کا ساز و سامان لیے مارکسی کمٹ منٹ کی پٹریوں پر دوڑ رہی ہے تو شاعری محض خلیل خانی فاختہ بازی ہے۔

وہ لوگ جو مجھے خود پسند کہتے ہیں نہیں جانتے کہ میں سول لائنز کی کسی کوٹھی میں نہیں رہتا، مسلمانوں کے ایک غریب محلہ میں رہتا ہوں۔ روزانہ گندی گلیوں میں ہگتے ہوئے بچوں کی قطاروں کو الانگتا پھلانگتا لائبریری جاتا ہوں اور فلابیر کا کوئی ناول، شیکسپیر کا کوئی ڈراما، چیخوف کی کوئی کتاب لاتا ہوں اور کمرے میں بیٹھ کر پڑھتا ہوں۔ گندگی اور حسن دونوں میری زندگی کا جزو ہیں۔ میں کیچڑ میں کھلا ہوا کنول نہیں ہوں بلکہ سخت کھردری اور عام انسانیت کے لق و دق صحرا کا وہ حقیر زرّہ ہوں جس نے عظیم فنکارانہ تخیل کے مہر نیم روز کی آب و تاب کا جلوہ دیکھا ہے۔ مذاقِ سلیم آدمی ماں کے پیٹ سے لے کر پیدا نہیں ہوتا، نہ ہی کتابوں سے سجے ڈرائنگ روم میں ادب کی گپ بازیوں سے سنورتا ہے، بلکہ نتیجہ ہے اُن تجربات سے گزرنے کا جو تخلیقی تخیل کی کرشمہ سازیوں نے اوراقِ عالم پر بکھیرے ہیں۔ میں نہ خود پسند ہوں نہ ذات کا زندانی۔ اپنے ایگو سے میں نے صرف اتنا کام لیا ہے کہ بھیڑ کی تہذیب کے لائے ہوئے بازاری پن سے اپنی ذات کو محفوظ رکھوں۔ میں وہ نازک مزاج نواب زادہ نہیں ہوں جسے نومن روئی کے گدوں میں لٹا پایا گیا ہو اور محلہ کے آوارہ چھوکروں کی صحبت سے محفوظ رکھا گیا ہو۔ اشتراکی روس نے اپنے نازک اندام ادیبوں کو مغرب کے آوارہ درویشوں اور مجذوبوں کی صحبت سے بچانے کے لیے ہوا خوری کے ایسے مقامات کا انتظام کیا تھا، جہاں صاف ستھری فضا میں بیٹھ کر وہ ''صحتمند'' ادب کی تخلیق کر سکیں۔ منصوبہ بندی کی اولاد مرکھنی اور یرقانی پیدا ہوئی تو اس کا سبب یہی ہے کہ تخلیق کا کام چاہے فن کی سطح پر ہو یا بایولوجی کی سطح پر شدت، جوش، تیزی اور تندی چاہتا ہے۔ اتنی سی بات تو ملٹن کی وساطت سے حالی بھی سمجھتے تھے۔ ہم نے سمجھنا چھوڑ دیا تو منٹو نے ''اوپر نیچے درمیان'' لکھا تہذیب کا ''اوپری ڈھانچہ'' جب بیوروکریٹ کی منصوبہ بندی کا شکار ہو جاتا ہے تو ادیبوں کو پھولوں میں تولا اور گنگا جل میں نہلایا جاتا ہے کہ صاف ستھرے رہیں اور صاف ستھرا ادب پیدا کریں۔ اوپر کی منزل میں ہم بستری کی رات ڈاکٹروں کے لیے رت جگا بن جاتی ہے۔ درمیان کی منزل میں کتابیں پڑھ پڑھ کر تحریک پیدا کی جاتی ہے تا کہ قلم چل سکے۔ نیچے کی منزل میں تخلیق کی اندھی جبلّت منصوبہ بندی کی اس کھاٹ کو توڑ دیتی ہے جس کے ناپ کے مطابق ادب کا جسم تراشا جاتا ہے منٹو نے بتایا ہے کھاٹ ٹوٹتی ہے ہڈیاں نہیں ٹوٹتیں۔ جب جذبہ پر جوش ہوتا ہے تو اپنے شدید ترین لمحات میں بھی آدمی Brute نہیں بنتا Tender ہی رہتا ہے۔ جب جذبہ سرد ہوتا ہے تو پیار کے میٹھے گھاؤ کی جگہ سادیت پسندوں کے کوڑوں کے زخم لے لیتے ہیں۔ جوش اور مستی کو جو چیز قابو میں رکھتی ہے وہ فارم ہی ہے۔ جدید جنسیات کی کتابیں آپ کو بتائیں گی کہ ہوسناک مرد، ہوسناک جوڑا۔۔۔ اور ہوسناک بوڑھا کے دور میں آدمی کی لذت کوشی اور مزیداریوں نے کیسے کیسے ''فارم'' ایجاد کیے ہیں۔ یہ ٹھنڈے جسموں کے عجوبے اور چیستان، یہ جنسی گجٹ کی گرم بازاری، یہ کمپیوٹر میں شاعری تخلیق کرنے کے منصوبے، یہ بلیو پرنٹ کے مطابق تہذیب پیدا کرنے کے پلان۔۔۔ علامت ہے جذبہ کی موت اور فکر و نظر کے پرورژن کی۔ اشتراکیوں کی اوپری منزل میں ''صحت مند'' ادب تخلیق ہوتا ہے۔ منٹو نے وہاں ڈاکٹر جمع کر دیے ہیں، بورژوازیوں کی درمیانی منزل میں کتابوں کے تراشوں کا کمرشیل ادب تخلیق ہوتا ہے۔ منٹو نے وہاں ''تیاری'' کا عمل بتایا ہے۔ نچلی منزل میں نہ ڈاکٹر ہیں نہ کتابیں، نہ علاج الغرباء نہ تیاری۔۔۔ ایک پُرشور جبلت، ایک سلگتا ہوا جذبہ، تخیل کی بے محابا اڑان اور فارم کا کلاسیکی نظم و ضبط۔ یہ سب ہوا خوری کے مقامات پر حاصل نہیں ہوتا، ذات کے آئینہ خانہ میں بھی نہیں ملتا۔ کتابوں سے بھی سیکھا نہیں جاتا، بلکہ اپنی کھال میں جینے، زندگی کو ہر رنگ میں قبول کرنے، مختصر یہ کہ فلابیر کو بغل میں دبا کر ہگتے ہوئے چوتڑوں کے بیچ گزرنے سے پیدا ہوتا ہے۔

آدمی ادب کیوں پڑھتا ہے۔ اس سوال کا جواب دوسرے سوال سے پانے کی کوشش کیجیے۔۔۔ آدمی نماز کیوں پڑھتا ہے۔۔۔؟ شاید کش مکش حیات سے تنگ آ کر، انقلابات زمانہ سے ٹوٹ پھوٹ کر، مسلسل ناکامیوں سے شکست کھا کر۔۔۔ یا پھر روحانی تشنگی کو مٹانے کے لیے، لامحدود سے رشتہ قائم کرنے کے لیے، مابعد الطبیعاتی کرب سے نجات پانے کے لیے۔ یا پھر نارِ جہنم کے خوف سے، مئے دانگبیں کی لاگ میں، توبہ واستغفار کے لیے۔۔۔ نیک نامی یا

دکھاوے کے لیے یا محض عادتاً۔۔۔غرض یہ کہ بے شمار وجوہات بتائی جا سکتی ہے۔ضروری نہیں کہ نمازی ان وجوہات کا شعوری علم رکھتا ہو یا جو وجہ وہ بتائے وہی واحد یا صحیح وجہ ہو۔نماز سے آدمی اپنی بے شمار نفسیاتی، جذباتی اور روحانی ضرورتوں کو پورا کرتا رہا ہے لیکن نماز ان تمام ضرورتوں کو پورا کرنے کے لیے نہیں بھیجی گئی۔نماز کا مقصد ایک ہی ہے آدمی اس کے ذریعہ ربّ ازل سے اپنا روحانی رشتہ قائم کرے۔نماز کے ذریعہ مختلف مقاصد حاصل کیے جا سکتے ہیں لیکن یہ مقاصد نماز کے فنکشن کا تعین نہیں کرتے۔ترقی پسند ملاؤں کی طرح مذہب کے ملاؤں کو بھی صحت کا لفظ بہت پسند ہے۔چنانچہ وہ تو یہاں تک کہتے ہیں کہ نماز ایک قسم کی ورزش ہے۔یہ ممکن ہے کہ نماز کی اُٹھ بیٹھ سے آپ کی کمر کا درد دُور ہو لیکن کمر کے درد کا علاج کرنا نماز کا مقصد نہیں۔اسی طرح یہ بھی ممکن ہے کہ نماز سے آپ کے گھریلو مسائل او رجذباتی پیچیدگیاں سلجھ جائیں، لیکن نماز کے سامنے یہ واضح مقاصد نہیں ہیں۔ممکن ہے کہ تہجد پڑھنے کے باوجود یہ مسائل جہاں تھے وہیں رہیں یا زیادہ شدید ہو جائیں۔آخر تمام نمازیوں کے گھر فردوسِ بریں کا نقشہ نہیں ہوتے۔

ادب سے آپ بے شمار کام لے سکتے ہیں لیکن بنیادی طور پر تو ادب ایک ہی کام کرتا ہے۔ایک ایسے جمالیاتی تجربہ کی تخلیق جس کی قدر و قیمت سوائے تجربہ میں شرکت کے کچھ اور نہیں۔اگر ادب کو مختلف مقاصد کے لیے استعمال کرنے سے اس کا یہ بنیادی فنکشن بے اثر بنتا ہے، اگر زندہ ادبی تجربہ کی قیمت پر علمی، تحقیقی اور تنقیدی سرگرمی ادبی فضا پر تسلط جماتی ہے تو آدمی تخلیقی ادب کے حیات پرور تجربات میں جینے کے بجائے تحقیق وتنقید وتدریس کی جھوٹی چمک دمک کا گرویدہ بنتا ہے،۔۔۔چاروں طرف نکمے تحقیقی مقالات کے اوراق پھڑ پھڑاتے ہیں، نقادوں کا دور دورہ اور مدرسوں کی گرم بازاری ہوتی ہے، اور تخلیقی ذہن ذرا سہما ہوا اور گھبرایا ہوا، اپنے قاری اور اپنے ناشر تلاش کرتا پھرتا ہے:

جب ادب اپنے خِتم پر آئے
ہر مدرس ادیب کہلائے

(کمار پاشی)

مدرسہ کی فضا ہی ایسی ہوتی ہے کہ لسان العصر، بلبلِ شیراز اور طوطیِ ہند سب سُرمہ پھانک لیتے ہیں۔صرف مدرّس جو ٹرآتا رہتا ہے اور کلاس روم کے در و دیوار ان معلومات سے گونجتے رہتے ہیں جن کا توانا تخلیقی تجربات سے دور کا بھی سروکار نہیں ہوتا۔ہر ذی روح کی طرح مدرس بھی عمرِ دراز کے چار دن مانگ کر لاتا ہے۔۔۔دو دن پی ایچ ڈی کے موضوع کی تلاش میں اور دو موضوع پر ''کام'' کرنے میں صرف ہو جاتے ہیں۔مدرس کے لیے پی ایچ ڈی کے مقالے کی وہی اہمیت ہے جو داستانی عہد کے سورماؤں کے لیے ہفت خواں کی ہوا کرتی تھی۔کہ ہفت خواں نہ ہوں تو سورماؤں کے لیے کنوئیں جھانکنے کے سوا کوئی کام ہی نہ رہتا تھا۔مدرس ان عجوبۂ روزگار لوگوں کی اولادِ معنوی ہے جو اگلے زمانہ میں چاول پر قل ہو اللہ لکھا کرتے تھے، کہ اُن ادیبوں پر بھی جن کا ادبی جثہ چاول کے دانہ سے کچھ ہی بڑا ہوتا ہے۔پانچ سو صفحہ کا ڈاکٹریٹ کا مقالہ لکھنا اس کے دائیں ہاتھ کا کھیل ہے۔اس مقصد کے لیے وہ عہدِ وسطیٰ کے کیمیا گروں کی طرح تاریک تہہ خانوں میں بیٹھا نوابان اودھ کی داشتاؤں کی فہرست بنا رہا ہوتا ہے۔اب آپ یہ نہ پوچھیے کہ بھلا نواب کی داشتاؤں کا شاعر کے اُن قصائد سے کیا تعلق جو نواب کی شمشیر جوہر دار کی تعریف میں کہے گئے ہیں۔کیا آپ کو نہیں معلوم کہ داشتہ آید بکار، کی ضرب المثل مدرسوں اور محققوں کے یہاں اسمِ اعظم کا مقام رکھتی ہے، مدرّس ہر ادیب پر مضمون لکھ سکتا ہے۔ہر مجموعۂ کلام پر تبصرہ لکھ سکتا ہے۔ہر کتاب پر ایسی رائے دے سکتا ہے جو دوسرے مدرّسوں کے کام آئے حالانکہ بہت سی کتابیں ایسی ہوتی ہیں کہ آدمی تزکیۂ نفس اور راہِ سلوک کے آخری مقام پر پہنچ کر بھی اُن کے متعلق لب کشائی کرے تو بھنچے ہوء لبوں سے سوائے بے نقط ملفوظات کے کچھ اور باہر نہ نکلے۔لیکن مدرس بے نقط کبھی نہیں بولتا۔جب بھی بولتا ہے تنقید ہی بولتا ہے۔یہی وجہ ہے کہ جب تک مدرس کے دم میں دم ہے وہ کسی شاعر کو اپنی طبعی موت مرنے نہیں دیتا۔وہ جو دوسروں کے لیے مر گئے وہ بھی حنوط زندہ ممیوں کی طرح مدرّس کے مقالوں میں زندہ ہیں۔جن شاعروں پر نول کشور فاتحہ پڑھ چکے، اُن کا عرس منانے کے لیے مدرس ماوراء النہر سے چلتا ہے تو پانی پت میں آ کر دم لیتا ہے۔غزل کے ان اشعار کو سمجھنے کے لیے جن میں شوخ طبع شاعر نے نوخیز لونڈوں کے سبزۂ خط پر بھیگی بھیگی نظریں ڈالی تھیں، مدرّس احمد شاہ درّانی کی خوں آشام تلواروں کی چقا چاق کا نغمۂ رُوح فرسا اس وقت تک سنتا رہتا ہے، جب تک موجِ خوں سمندِ تحقیق کی کمر تک نہیں پہنچتی۔اگر شاعر نے اپنے کلبۂ تاریک میں بیٹھ کر شکار نامہ لکھا ہے تو یہ جاننے کے لیے کہ نواب نے کون سے جنگلوں میں کون سے جانوروں کا شکار کھیلا تھا وہ وزارتِ جنگلات تک کو سوال نامہ بھیجنے سے احتراز نہیں کرتا۔مدرّسوں میں یہ قول حدیث اقدس کا مقام رکھتا ہے کہ قدیم تذکرہ نگاروں میں تنقیدی شعور نہیں تھا۔میرا خیال ہے کہ اچھا ہی ہوا کہ نہیں تھا۔ورنہ لالہ سری رام بھی ہر شاعر کا کما حقہ، تنقیدی مطالعہ پیش کرتے تو خم خانۂ جاوید کے سامنے طلسمِ ہوش ربا کی جلدیں تجریدی افسانوں کی طرح مہین معلوم ہوتیں۔میں پوچھتا ہوں فلک سیر تخیل کے اڑن کھٹولے کا پایہ تھامے ستاروں سے جگمگاتی فضاؤں میں پرواز کرتی روح کا ان تہہ خانوں کی سرگرمیوں سے کیا تعلق ہے؟

ایک وہ ہیں جن کی دانشورانہ ورزش موضوع پر سماجیاتی بحث ہے۔ادب ان کے لیے سیر و سیاحت نہیں بلکہ بزنس ٹور ہے۔وہ لوگ جو گڑ خریدنے جاتے ہیں راستے میں گنّے کے کھیت نہیں دیکھتے دوسرے وہ ہیں جو بوژداژیوں کے Prestige conscious fads. اور کلچر کے کرگسوں کے Offbeat intellectualism کی بھبھوت ملے اساطیر کے جنگلوں میں ان علامات کی کھوج کرتے ہیں جو خوبصورت عورتوں کی کٹی ہوئی گردنوں کی مانند درختوں کی

شاخوں پر لٹکتی ہیں۔اُن کی تنقید کمال کو پہنچے ہوئے بزرگ کا وہ طلسماتی نقش ہوتی ہے جو کٹی گردنوں کو دھڑوں سے پیوست کرتی ہے۔موضوعِ سخن چاہے،لندھور بن سعدان ہی کیوں نہ ہو لیکن وہ بات ہی کیا جو کیلاش کے دیوتاؤں اولمپس کے خداؤں پر اپنی کمند نہ پھینکے۔دانشورانہ جمناسٹک ،سنابری اور سوفسطائیت جھوٹے نگینوں کی چمک ہے۔دانش مندی میں حسین شام کی ملاحت اور دلربائی ہے۔خود آگاہ آرٹ اور خودنگر تنقید دونوں شاخِ گل کی لچک ،جنگلی پھول کی مہک اور وحشی کے ڈھول کی دھمک سے محروم رہتے ہیں۔عظیم آرٹ قاری کے سامنے کم سے کم مطالبات رکھتا ہے اور زیادہ سے زیادہ بصیرت اور مسرت بخشتا ہے۔چیخوف کے افسانوں کا خوبصورت لینڈ سکیپ اس سرسبز وادی کی مانند ہے جس کی مخملیں پہاڑیوں کے پیچھے ڈوبتا سورج سنہری کرنوں کا جال پھینکتا ہے۔یہ منظر لازوال ہے اور ہر اس شخص کے لیے ہے جو وادی تک جانے کی زحمت گوارا کرے۔آرٹ حسن و مسرت کا مسلسل بہتا جھرنا ہے۔اس وادیِ گل سے لطف اندوز ہونے کے لیے صرف ذوقِ تماشا اور نگاہِ شوق کی ضرورت ہے۔آرٹ کوہ کنی نہیں ہے۔ علامتوں کے جنگلوں کا سراغ پانا نہیں ہے۔مرغابی کا سب سے بڑا انڈا لانا نہیں ہے۔یہ مہمات ہیں اور ادب کا قاری مہم سازی نہیں کرتا،وادیِ رنگ و نور میں گل گشت کرتا ہے اور دھنک کے سات رنگوں سے تارِ نظر کو مالا مال کرتا ہے۔تجریدی افسانہ پہاڑ کی سیر نہیں کراتا، بلکہ پہاڑے گنواتا ہے۔وہ ادب جو آدمی کو ہانپتا کر دے اس عورت کی مانند ہے جو منزّل نہیں ہوتی۔جب عظیم فن پارہ سامنے ہوتا ہے تو قاری کے دل کی دھڑکن اور روح کی لرزشیں،الفاظ کے زیروبم اور اسلوب کی ردھم سے ہم آہنگ ہوتی ہیں سفید کاغذ پر کالے حروف غائب ہو جاتے ہیں اور آنکھوں کے سامنے لق و دق میدان ابھرتے ہیں جن پر برفانی ہوائیں سنسناتی ہیں،اور جھیل کے خاموش پانی پر بنی ہوئی کشتی ایک چپ چاپ گھورتے پہاڑ سے گزرتی ہے،اور سرخ صوفے پر بیٹھی ہوئی خوبصورت عورت کے سنہری بالوں میں ڈوبتے سورج کی کرن الجھ جاتی ہے۔کہاں ہیں الفاظ،کہاں ہے کتاب،کہاں ہے قاری۔وہ الفاظ معدوم ہو گئے ہیں جن میں منظر قید ہے۔نظر کتاب پر ہے لیکن صاحبِ نظر مشاہدے میں گم ہے یہ ہے مادّے پر تخیل کی آخری فتح۔لسانی تنقید لفظوں کی کیا چھان پھٹک کرے گی۔جب کہ قاری لفظوں کو پڑھ نہیں رہا بلکہ لفظوں سے ماوراء کسی اور چیز کو دیکھ رہا ہے کتاب اور قاری کے بیچ ،دونوں کے جدلیاتی ٹکراؤ سے تجربہ کی ایک نئی کائنات نے جنم لیا ہے جس کی نیلگوں فضاؤں میں قاری کی روح ایک پرندے کی مانند ڈوبتی چلی جاتی ہے۔میں پوچھتا ہوں کیا وہ چیستانی ادب جس کے مطالعہ کے دوران قاری کتاب کو کھلی اور برہنہ چھوڑ کر ایک بار پیشاب کرنے جاتا ہے،اہتزاز کا یہی لمحہ فراہم کرتا ہے؟۔

عظیم آرٹ میں پیچیدگی اور تہہ داری کے باوصف جو سادگی ،شدت اور سکتا ہوتی ہے خود آگاہ آرٹ اس سے محروم ہوتا ہے۔طاقتور تخیل کی توانا تخلیقی گورکی کی اس جفاکش کسان عورت کی زچگی ہے جسے کھیت سے گھر لوٹتے وقت راستہ ہی میں بچہ ہو جاتا ہے۔وہ بچہ کو پھٹے پرانے کپڑے میں لپیٹ کر،سر پر ایندھن کی لکڑیاں رکھ کر پھر گھر کی راہ لیتی ہے۔اس تنومند عورت کا مقابلہ آج کی دھان پان زچاؤں سے کیجیے۔پانچ شعر کی غزل اور تین صفحوں کا افسانہ جنم لیتا ہے تو آسمانِ ادب کے کنگورے ہل جاتے ہیں اور ایسا لگتا ہے گویا اس گائے نے اپنا سینگ بدل دیا جس پر زمین شاعری رکھی ہوئی تھی۔آج کا ادیب حمل ٹھہرنے سے قبل ہی وہ تمام کتابیں پڑھنا شروع کر دیتا ہے جو ایامِ حمل میں بچہ کی نگہداشت کے لیے ادب کے عطائیوں نے ضروری قرار دی ہیں۔ معالج نقادوں کا ایک طائفہ ہے جو تنقید کے مطب میں بیٹھا علامت ،متھ ، آرکی ٹائپ،عصری آگہی اور نظریاتی وابستگی کے سفوف کھرل میں گھوٹتا رہتا ہے تاکہ نورِ چشم نورِ اعلیٰ نور پیدا ہوں۔حاملہ کی طرح فنکار کو خوب ذہنی ورزش کرائی جاتی ہے۔کبھی وہ انسان دوستی کی لمبی گہری سانس لیتا ہے کبھی کمٹ منٹ کی زنجیر سے بندھا جہاں کھڑا ہے وہیں دوڑتا رہتا ہے۔کبھی چشمۂ شعور کی لہروں پر ہولے ہولے بہتا ہے اور کبھی فلسفہ کا بانس تھامے مابعدالطبیعات کے خلاؤں میں چھلانگ مارنے کی کوشش کرتا ہے تو مجھ جیسے لوگ چیخ اٹھتے ہیں ’’میاں! کیا کرتے ہو۔تم حاملہ ہو،اسقاط ہو جائے گا!‘‘۔۔۔اور اسقاط ہوتا ہے۔

میں نئے لکھنے والوں کے تخلیقی تجربات اور جدید ادب کے دانشورانہ خمیر کے خلاف نہیں ہوں بلکہ تخیل کے اس غلط استعمال کے خلاف ہوں جو Wholesomeness کی بجائے Brilliance پر اپنی قوت صرف کرتا ہے۔اسی لیے میں نئے تجربات کو ان کی Facevalue پر قبول نہیں کرتا بلکہ ان کی پرکھ کلاسیکی ادب کے تناظر میں کرنا پسند کرتا ہوں۔میں ان لوگوں میں سے نہیں ہوں جو اپنی سوفسطائیت کی دھاک بٹھانے کے لیے غیر دلچسپ کتابوں کی بیاباں نوردی کرتے رہتے ہیں۔ادب اگر دلچسپ نہیں تو گویا وہ اس عنصر ہی سے محروم ہے جو اس کے ہونے کا جواز ہے تہذیبی سناب کلاسیکی ادب کا شعور نہیں رکھتا اور اپ ٹو ڈیٹ ادب،تازہ ترین رجحان اور جدید ترین تجربہ کا ذکر کرتا ہے۔ اس کے نزدیک تو اردو زبان زرعی تمدن کی یادگار ہے جو مغل سراؤں میں بیگموں اور اردابیگنیوں کے درمیان بات چیت کے لیے وجود میں آئی تھی۔وہ اردو شاعر اور قوال میں کوئی فرق نہیں کرتا اور اس کے لیے اردو ادیب کا مطلب ہے وہ منشی جو کھٹاؤ آلفریڈ کمپنی میں پارسی سیٹھوں کے لیے ڈرامے لکھتا تھا۔ایسے اپ ٹو ڈیٹ لوگوں کے سامنے آپ نے بیس سال ادھر کی بات کی،حتیٰ کہ فیض اور اختر الایمان کو پسند کیا تو آپ پان چبانے والے اس اگال دانی شہر کے باشندے ٹھہرے جہاں لوگ پیدل رکشا میں سوار ہو کر چنا جان کے کھوٹے پر خواجہ وزیر کی غزلیں سننے جاتے ہیں۔

جی نہیں مجھے ایسا دو آتشہ جدید یا بننا بھی منظور نہیں۔میں کوشش کرتا ہوں کہ فلسطیت اور سوفسطائیت دونوں سے پہلو بچا کر چلوں کہ دونوں ادب سے لطف اندوزی کے دشمن ہیں۔اسی لیے میں ادب آرٹ اور تہذیب کے معاملہ

میں کسی تحریک، رجحان یا مکتب سے کمٹ ہونا پسند نہیں کرتا۔ مجھے اپنی نظر پر اعتماد ہے اور نظر کو میں کسی نظریہ کا پابند کرنا گوارا نہیں کرتا۔

''کتابیں پڑھ کر بھول جانے کے بعد جو کچھ ذہن میں محفوظ رہتا ہے وہ کلچر ہے۔'' کلچر کی یہ تعریف گسے دی آرتیگا نے کی ہے۔ یہ تعریف مبہم سہی لکن ہم اس کی گہری معنویت کو محسوس کر سکتے ہیں۔ کتابیں پڑھ کر ہم بھول جاتے ہیں جو کچھ بچتا ہے وہ ذہن کو حسن و رعنائی عطا کرتا ہے۔ لیکن آج کل کلچر ریاست، اکاڈمی اور کمرشیل اداروں کا وظیفہ دار چوبدار ہے۔ ریاست کلچر کے لیے ہواخوری کے مقامات پر زچہ خانے تیار کراتی ہے۔ اکاڈمی کے ہاتھوں بقول سائمن ویل کلچر ایک ایسا ذریعہ ہے جو پروفیسر پیدا کرتا ہے جن کا کام دوسرے ایسے پروفیسر پیدا کرنا ہے جو پیدا ہوتے ہی مزید پروفیسر پیدا کرنے کے کام میں جت جائیں۔ تجارتی اداروں کا کام کتابوں کے ڈائجسٹ، مشکل کتابوں کے آسان نسخے، کلاسیک کے کامک، ناولوں کی تلخیص، ڈراموں کے پلاٹ، نظموں کی نثر، اور فارمولوں کے مطابق تفریحی ادب پیدا کرنا ہے۔ اس طریقۂ کار نے ایک طرف تو تہذیب کے Consumers پیدا کیے اور دوسری طرف تہذیب کے گدھ۔ تہذیب کفایت سے بچائے ہوئے لحاتِ خلوت میں ذہنی سکون اور روحانی سرشاری کے حصول کا ذریعہ نہیں رہی بلکہ نمود و نمائش، گپ بازی اور ڈینگ ڈانگ کا ذریعہ بن گئی۔ بزم ناؤ نوش میں تلچھٹ چکھنے والا ہم چشموں میں بادۂ شبانہ کی سرمستیوں کا ذکر اس طرح کرنے لگا گویا خم پر خم لنڈھا کر آیا ہے۔ مطالعہ ادب کا مقصد فن پارے کی تخیلی فضاؤں میں خود فراموشی کے بجائے یہ ٹھہرا کہ محفل ادب میں آدمی لقمہ چینی کی سعادت سے محروم نہ رہے۔ کلچرل پروگراموں کی ہنگامہ خیزیوں اور چلتی پھرتی تنقیدوں میں اپنی پاکیزہ اور نفیس شخصیت کی نمود و نمائش کا بھلا تنہائی کے اُن لحات سے کیا سروکار جن میں ایک منکسر مزاج قاری اپنی ذات، اپنے عقائد اور اپنے نظریات کے حصاروں سے باہر نکل کر اس دنیا میں تحلیل میں ہو جاتا ہے جو ایک معجز نما تخیل نے لفظوں کی ذریعہ تخلیق کی ہے۔ جمالیاتی تجربہ خود فراموشی ہے۔ تجربہ کی اپنی ایک اہمیت او رقدر ہے اور تجربہ اسی وقت تک تجربہ ہے جب تک وہ کیا جا رہا ہو۔ تنہائی کا وہ لمحہ جس میں فن پارہ اپنے اسرار و رموز کے نقاب کرتا ہے، اور رنگ و نور کی ایک طلسمی کائنات تخلیق کرتا ہے اتنا پُر کیف، پُر نشاط، گراں بہا اور بے مثال ہے کہ اسے کھو کر کسی اور چیز کو پانے کی ہر کوشش ہیچ اور اسفل معلوم ہوتی ہے۔ وہ جو ایسے تجربات سے گزرے ہیں ان کا ادب کا ذوق شوق میں، شوق لگاؤ میں لگاؤ جذبہ، اور جذبہ جنوں میں بدل جاتا ہے۔ فن کی کشش عورت کے جواں جسم کی پکار اور پہاڑ کا بلاوا بن جاتی ہے۔ آرٹ ذریعۂ بے خودی بھی بنتا ہے اور موجب ہوشمندی بھی، جراحت دل کا مرہم اور بے قرار روح کا قرار بھی۔ جھلسے ہوئے اعصاب کا سکوں، اور ٹکڑے ٹکڑے ذات کا گوشۂ اماں بھی۔ ادب ہاتھی دانت کا مینار نہیں ہے لیکن روشنی کا وہ مینار ضرور ہے جہاں کھڑے ہو کر آپ زندگی کی تلاطم خیزیوں کا نظارہ کر سکتے ہیں۔ ادب جزیرۂ فرار نہیں ہے۔۔۔ لیکن وہ جزیرہ ضرور ہے جس کی پر کیف اور سر انگیز فضاؤں میں تھوڑی دیر سستا کر اور اس کی بلند چوٹی سے زندگی کے بحر بے کنار پر نظر ڈال کر، چٹانوں سے سر پھوڑتی شوریدہ سر موجوں کا تماشا دیکھ کر۔۔۔ پھر اپنی کشتی کو طوفان موجوں کے حوالے کر دیتا ہے۔ ادب اور آرٹ میں مسرّت، سکون، قرار، توازن، دل جوئی اور دلاسا دینے کی جو قوت ہے۔۔۔ ناسازگار کو سازگار اور بدآہنگ کو خوش آہنگ بنانے کی جو طاقت ہے اس کا اثبات تو مطالعۂ ادب کے ہمارے روز مرہ کے طور طریقوں ہی سے ہوتا رہتا ہے۔ جب ہم دن رات کام کرنے سے تھک جاتے ہیں، چھوٹی موٹی پریشانیوں سے گھبرا جاتے ہیں، محفلوں اور ہنگامہ آرائیوں سے اکتا جاتے ہیں، طویل سفر سے لوٹتے ہیں، جب موسم خوشگوار ہوتا ہے اور دن چمکدار ہوتا ہے اور وہ لمحہ جس میں ہم زندگی سے خوش نظر آتے ہیں ایک پر کیف نشہ کی مانند ہمارے وجود پر چھاتا ہے، جب رات خاموش اور پراسرار ہوتی ہے اور بے کراں خلاؤں کے سناٹے ہماری تنہائی کو شدید سے شدید تر بناتے ہیں۔ اس وقت ایسے لحات میں، کبھی شیکسپئر کو، کبھی وڈز ورتھ کو، کبھی فلابیر اور چیخوف کو، کبھی میر و غالب، کبھی فراق اور فیض کو بک ریک سے اٹھا لیتے ہیں اور مطالعہ کا لمحہ ہمارے لمحۂ انبساط کی توسیع، غمِ جاں گداز کا مرہم اور رموزِ حیات کا عرفان ثابت ہوتا ہے۔ سنگیت کاروں نے صبح و شام اور رات کے الگ الگ راگ بنائے ہیں۔ عوام کے پاس چمکتی دھوپ میں دھان بونے اور دھان کاٹنے کے پر مسرت گیت بھی ہیں اور وہ رقص نغمے اور کہانیاں بھی جن سے وہ رات کے بڑھتے ہوئے اندھیروں پر رنگ و نور کا شب خوں مارتے ہیں۔ ادب آرٹ اور شاعری انسان کو فطرت کے ساتھ جینے کے آداب سکھاتی ہے کیونکہ وہ اُن جذبات و احساسات کا بیان ہوتی ہے جو بدلتے رات دن، اور بدلتے موسموں اور بدلتے زمانوں کے زائیدہ ہوتے ہیں۔ جس طرح ہم رات کی خاموشی میں کوئی راگ سنتے ہیں، اسی طرح رات کی خاموشی میں ہم شیکسپئر اور فراق کی آواز سنتے ہیں۔ ہمارے مطالعہ کے یہ طور طریقے ہی مقصدی اور تعلیمی ادب کے گٹھل نظریات کا انکار ہیں۔ ادب کا مطالعہ مارکسزم، مودودیات اور سماجیات کا مطالعہ نہیں ہے۔ یہ کوئی کارِ خیر کارِ ثواب خدمت علم اور خدمت انسان نہیں ہے۔ یہ روح کی اڑان ہے ان آسمانوں میں جہاں تخیل کی چاندنی چھٹکتی ہے اور احساس جگمگاتے لفظوں کی کہکشاں میں ڈھلتا ہے۔ زندگی اگر محض ذوقِ پرواز ہے، قوتِ حیات کا بروز ہے فشار رنگ و نور ہے۔ نت نئے فینو مینا کا اٹوٹ سلسلہ ہے تو پھر ادب بھی محض ذوقِ پرواز، کارواں کا بے منزل سفر، تخیل کی آوارہ اڑان اور الفاظ کی نازک انگلیوں سے احساس کے موہوم دھندلے لینڈ اسکیپ کی بے نقابی کیوں نہیں ہو سکتا۔ جو دنیا ادب تخلیق کرتا ہے اگر اس وادی کی مانند حسین ہے جہاں قافلۂ نو بہار ٹھہرا ہے، جو تجربہ ادب ہمیں بخشتا ہے اگر تاروں بھری رات کی مانند دل آویز اور پُر اسرار ہے، جو شعور ادب ہمیں عطا کرتا ہے اگر پُر خطر پہاڑی

راستہ کی مانند ہولناک ودلفریب ہے تو وارفتہ نگاہوں اور کیف وسرور وتحیر میں ڈوبی نظروں سے ان طلسماتی مناظر کا مشاہدہ کرنے کی بجائے ہم سٹا بازیوں کی نفع و نقصان اور پرہیز گاروں کی صالح اور غیر صالح اور اطبا کی مفید اور غیر مفید جارگون والی زبان کیوں بولنے لگ جاتے ہیں؟

نیبا کوف کے دلچسپ ناول Palefire میں ناول کے مرکزی کردار جان شیڈ جو ایک شاعر ہے کے متعلق یہ جملے دیکھنے کو ملتے ہیں:

''یہ رہا ہو (جان شیڈ)۔۔۔ میں اسے دیکھ کر سوچتا ہوں، یہ ہے اُس کا سر جس میں وہ دماغ ہے جو جیلی جیسے اُن پلپلے بھیجوں سے بہت مختلف ہے۔ جنھیں لوگ اپنی کھوپڑیوں میں لیے گھوما کرتے ہیں۔ وہ جھروکے میں کھڑا دور جھیل کی طرف دیکھ رہا ہے اور میں اسے دیکھ رہا ہوں۔ فی الحقیقت میں ایک عجیب جسمانی فینومینا کو دیکھ رہا ہوں میں شاعر جان شیڈ کو دیکھ رہا ہوں کہ وہ کھڑا ہوا دنیا کا نظارہ کر رہا ہے، اور اس نظارے کے دوران میں وہ دنیا کو Transform بھی کر رہا ہے۔ وہ دنیا کو اپنی ذات میں جذب کرتا ہے اور پھر اسے اپنی ذات سے الگ کرتا ہے۔ وہ دنیا کے عناصر کو نہایت پاکیزگی سے اپنی ذات میں محفوظ کرتا ہے اور محفوظ کرنے کے دوران انھیں ایک نئی ترتیب عطا کرتا ہے اور وہ یہ سب کچھ (غیر شعوری طور پر اس لیے) کرتا ہے کہ مستقبل کے کسی نا معلوم لمحہ میں وہ ایک Organic معجزہ پیدا کرے۔۔۔ موسیقی اور تصویری پیکر کا Fusion جسے شعر کہتے ہیں۔

''اور جان شیڈ کو دیکھ کر مجھے وہی Thrill محسوس ہوئی جو بچپن میں میرے چچا کے یہاں ایک جادوگر کو دیکھ کر ہوئی تھی۔ وہ حیرت انگیز شعبدے بتانے کے بعد کرسی پر بیٹھا آئس کریم کھا رہا تھا۔ میں اس کے اُن رخساروں کو دیکھ رہا تھا جن پر غازہ لگا ہوا تھا اور اس پھول کو بھی دیکھ رہا تھا جو مختلف رنگ بدلنے کے بعد اب سفید کارنیشن کی صورت میں ایک کے کالر کے بخیہ میں رونق افروز تھا۔ لیکن میری پرشوق نگاہیں خاص طور پر ان سبک اور چالاک انگلیوں پر جمی ہوئی تھیں جو چاہتیں تو چمچہ کو دبا کر روشنی کی کرن میں تحلیل کر دیتیں یہ طشتری کو فاختہ بنا کر ہوا میں اڑا دیتیں۔

''جان شیڈ کی نظم بھی جادو کا یہی شعبدہ ہے''

وہ لوگ جو بقراط ہیں، جن کے چہرے لمبوترے ہیں، اور جو سارے جہاں کا چودھرا پالیے ہوئے ہیں، اگر جادوگری میں داخل بھی ہو گئے تو یہی چلاتے رہیں گے کہ فاختہ کو دوبارہ طشتری بنا دو کہ طشتری کام کی چیز ہے۔ زمانہ شاعر کو پاگل پیکن اور بچہ کہتا آیا ہے۔ مدرّس پاگل پر ہنستا ہے، پیکن سے ڈرتا ہے اور بچہ سے ایک ہی بات کہتا ہے۔ ''آموختہ سناؤ''۔ فاختہ اڑانا اس کے نزدیک شوقِ فضول ہے اور اسی لیے وہ خلیل خاں کی بات کو خلیل اللہ تک پہنچاتا ہے کیونکہ وہاں آگ ہے، اولادِ براہیم اور امتحان ہے اور امتحان میں مدرس کی دلچسپی عیاں ہے۔ لیکن خلیل اللہ بھی پیغمبر تھے مدرس نہیں تھے۔ ترقی پسند ہوتے تو آگ کو گلزار میں بدلنے کی بجائے روٹیوں کے انبار میں بدل دیتے، لیکن انھوں نے اس شاعری کی طرح جو غم جاں گداز کے شعلۂ جوّالہ کو ایسا حسن عطا کرتا ہے کہ چمنِ شاعری دہک اٹھتا ہے، انگاروں کو پھولوں میں بدل دیا۔ شاعر اور پیغمبر دونوں تجرید میں نہیں تجربہ میں جیتے ہیں۔ ان آوازوں کو سنتے ہیں جو کسی کو سنائی نہیں دیتیں۔ دونوں کو پیغامات اور مضامین غیب سے آتے ہیں۔ نوائے سروش دونوں کا سرچشمہ فیض ہے۔ انسان، فطرت اور کائنات کا علم وہ کتابوں سے نہیں بلکہ چشم بینا سے حاصل کرتے ہیں اور یہ آنکھ صاحب بصیرت کی آنکھ ہوتی ہے۔ مشاطۂ فطرت ان کے تخیل کی حنا بندی کرتی ہے اور ان کا تخیل حواس سے ماورا تجربات کا ادراک کرتا ہے۔ مکتب میں مذہب علم الکلام اور شاعری علم البیان بن جاتی ہے اور جب دونوں باہر نکلتے ہیں تو دونوں کی جبیں تند، لب بھینچے ہوئے اور آنکھوں میں معلم اخلاق کے عتاب کی سرخی ہوتی ہے۔

نابغہ الہام ہے، القاء ہے، انکشاف ہے، علامت کا بروز ہے۔ شاعرانہ ٹائپ کی بحث میں یونگ نے بتایا ہے کہ شاعر، پیغمبر اور ہیرو کی قوت کا سرچشمہ اس کا لاشعور ہے۔ یونگ کہتا ہے کہ عقل تمام حالات میں استدلال اور منطقی طریقوں سے مسائل کے حل تلاش کرتی ہے جو بالکل فطری ہے۔ لیکن مہتم بالشان، فیصلہ کن اور غیر معمولی معاملات میں عقل ناکافی ثابت ہوتی ہے۔ عقل امیج اور علامت تخلیق نہیں کر سکتی، کیونکہ علامت غیر عقلی ہوتی ہے، اور اس کا سرچشمہ لاشعور ہوتا ہے۔ جب عقل اپنی آخری حد کو پہنچ جاتی ہے اور اسے کوئی حل نظر نہیں آتا تو حل وہاں پر ملتا ہے جہاں ملنے کی امید سب سے کم ہوتی ہے۔ الہام جہل کے اندھیروں میں کوندے کی وہ لپک ہے جو ہمیں وہاں راستہ بتاتی ہے جہاں پہلے کوئی راستہ نظر نہیں آتا تھا اور ان گوشوں کو روشن کرتی ہے جو چشمِ ظاہر بین سے اب تک مخفی تھے۔ کوندے کی اس لپک میں بیک وقت علم، تحیّر اور مسرت کا گنج گراں مایہ ہوتا ہے۔ یہی نابغہ کی طاقت ہے اور اس طاقت کے سامنے ہم سب بے دست و پا ہیں۔ واعظ، خطیب اور مدرس پیغمبر اور شاعر سے نچلے درجہ کے لوگ ہیں۔ وہ تلقین تعلیم اور ترغیب سے کام لیتے ہیں۔ آپ فصاحت اور بلاغت کے دریا بہایئے لیکن وہ آدمی جو قائل، راغب اور رضا مند ہونے کو تیار نہیں تو دریائے بلاغت محض پانی کا جھاگ ہے۔ رضا مندی کا تعلق ہماری ذات سے ہے اور ذات کے آہنی حصاروں پر لفظوں کی گولا باری سے شگاف پڑ سکتے ہیں، راستے پیدا نہیں ہوتے۔ اسی لیے تبلیغ اور پروپیگنڈا وہیں کامیاب ہوتا ہے جہاں آدمی کا شعورِ ذات اور احساسِ انفرادیت کمزور ہوتا ہے۔ فنکار خطیب ولسان کی طرح فصاحت اور بلاغت کے دریا نہیں بہاتا بلکہ جیتے جاگتے تجربہ کا ایک ایسا طلسم تخلیق کرتا ہے جس سے گزرنے کے بعد آپ وہ نہیں رہتے جو پہلے تھے۔ یہ ذات کے حصار پر باہر سے گولا باری نہیں، بلکہ حصار کے اندر معنی خیز اور ہوش ربا تجربہ کا ایسا بیج بونا ہے جو آہستہ آہستہ بڑھ کر ایک تناور درخت بنتا ہے۔

خدا کی مملکت کی مانند آرٹ کی جادونگری میں بھی وہی شخص داخل ہو سکتا ہے جس کا ذہن ایک بچہ کے ذہن کی مانند معصوم ہو۔ مطلب بچکانہ ذہن سے نہیں بلکہ بقول یونگ کے ایک ایسے ذہن سے ہے جو تعصّبات اور آراء سے پاک ہو، جو عارضی طور پر ذہن کی غیر یقینی کو معلق کر سکے، جو پراسرار کی سریت کو بوکھلائے بغیر حیرت زدگی سے دیکھ سکے، اور طشتری کو فاختہ لفظ کو رنگ اور رنگ کو آواز بنتے دیکھے تو شوق وانبساط سے کِھل کھلا اٹھے۔ رسکن نے بتایا ہے کہ علم، اعتقاد، فیاضی اور بشاشت بچہ کی بنیادی صفات ہیں۔ قاری ہر بڑے فنکار کے سامنے منکسر المزاج ہوتا ہے۔ ہمالہ، تاج، شیکسپیئر اور غالبؔ کے سامنے فرد کے پندار کی قیمت کیا ہے حسن کے حضور ہر قسم کا پوز اور اتراہٹ سوقیانہ پن ہے۔ یہ نیاز مندیٔ شوق انگلیاں ہوتی ہیں جو جلوۂ حسن کو بے نقاب کرتی ہیں۔ شیکسپیئر کو آدمی جب پڑھتا ہے تو ایک اداکار کی مانند اپنی ذات کو اس کے رنگا رنگ کرداروں میں فنا کر دیتا ہے۔ بھلا غالبؔ کے نغمے پُرنخوت پتلے لبوں پر کیسے تھرک سکتے ہیں۔ بچہ کو دیکھئے کس آہستا سے مختلف رول ادا کرتا ہے۔ اور بچہ اس وقت تک کوئی کام نہیں کرتا جب تک وہ کھیل کے روپ میں اس کے سامنے نہ آئے۔ کل کیا ہوگا اس کی فکر کیے بغیر آج جو کچھ ہو رہا ہے اس میں وہ مگن ہوتا ہے۔ وہ مقطع صورت جو کندھوں پر انسانیت کا بارِ امانت اٹھائے پھرتے ہیں، شہر کے قاضی اور گاؤں کے چھودھری کے مانند کل کی فکر میں دُبلے ہوتے جا رہے ہیں، سماجی انجینئرؔ کی مانند دنیا کو بدلنے کے منصوبے بناتے رہتے ہیں، وہ اس بشاشت سے محروم ہوتے ہیں جو جادونگری کی سیر کے لیے ضروری ہے ایسے لوگوں کے سامنے تو آدمی ناول اور افسانے پڑھتے ہوئے بھی شرماتا ہے اور خود کو چنڈو خانہ کا افیمی محسوس کرتا ہے،۔۔۔ بیمار، لذت پسند، انحطاط کا مارا گندے کمبل کے تلے گندے کام کرنے والا بدعادت یرقانی۔ ایسے لوگوں سے مصافحہ کرنے کی ہمت بھی اسی وقت ہوتی ہے جب بغل میں تعمیر ملّت کی کوئی دبیز کتاب دبی ہو۔ سچ بات تو یہ ہے کہ لیڈروں اور صحافیوں نے پیغمبروں اور شاعروں کا دور ہی ختم کر دیا۔ لد گیے وہ زمانے جب آدمی بچوں کی سی معصومیت اور بشاشت سے پیغمبر کا پیرو اور شاعر کا پرستار بنتا تھا۔ اب پیروی اور پرستاری پی ایچ ڈی میں بدل گئی ہے۔ جسے دیکھو کان پر قلم اور ہاتھ میں فیتہ لیے جادونگری کا طول وعرض ناپتا ہے اور تھرما میٹر نکال کر عصری آگہی کا درجۂ حرارت دیکھتا ہے۔ ادب اب ایک پیشہ ہے، کیریر ہے، کام ہے، زیورِ آرائش ہے، شریفانہ مشغلہ ہے، تمام مسائل کا حل ہے۔ تمام سوالات کا جواب ہے وِٹ گنسٹائن نے دلچسپ بات کہی ہے کہ تمام مسائل کا حل تلاش کرنا فلسفیوں کی پیشہ ورانہ بیماری ہے۔ ادیب بھی جب فلسفی بنتا ہے تو اس بیماری سے بچ نہیں سکتا۔ حالانکہ ادب کی امتیازی خصوصیت یہ رہی ہے کہ حل تلاش کیے بغیر بھی وہ مسئلہ سے آنکھیں چار کر سکتا ہے سوال کا جواب دینے میں نہیں بلکہ سوال کی سل کو ذہن کی دہلیز پر نصب کرنے میں اس کی طاقت کا راز ہے۔ الجھانے اور سلجھانے کی سطح سے بلند ہو کر ایک ایسے تجربہ کی تخلیق جو فی نفسہٖ مکمل، اطمینان بخش بصیرت افروز اور مسرت انگیز ہوتا ہے ادب کا وہ کام ہے جو بلا شرکت غیرے وہ کرتا رہا ہے۔ ادب تفریحی عنصر کا حامل ہوتا ہے لیکن تفریحی ادب تخلیقِ حسن کی طاقت سے محروم ہوتا ہے اسی لیے جو تجربہ وہ بیان کرتا ہے وہ نامکمل اور غیر اطمینان بخش ہوتا ہے چٹخارہ کام و دہن کو مشتعل کرتا ہے لیکن تسکین نہیں بخشتا۔ سُراغ رسانی کا قصہ ادبی ناول سے زیادہ نشہ آور ہوتا ہے لیکن پختگی کو پہنچا ہوا مذاقِ سلیم صناعی اور فنکاری کے فرق کو پہچانتا ہے، اور جانتا ہے کہ وہ ادب جس میں تخلیقی تخیل کا استعمال اپنی شدید ترین شکل میں ہوتا ہے اور جو نازک اور لطیف جذباتی پیچیدگیوں کے منظر نامے کو بے نقاب کرتا ہے وہ اس ادب سے افضل ہے جس میں تخیل کا استعمال صرف تحیر خیزی اور سنسنی خیزی کے لیے ہوتا ہے۔

آج کل تو ترقی کوشی کا یہ عالم ہے کہ ادھر کتاب پریس میں جاتی ہے ادھر ادیب پاسپورٹ آفس میں۔ نہ جانے کب آفروایشیائی ادیبوں کی کانفرنس میں جانا پڑے یا پتہ نہیں کون سے تہذیبی وفد میں شامل کیا جائے تیاری شرط ہے۔ اہل ایمان کی نظر ہمیشہ عقبیٰ پر رہتی ہے اس لیے کوئی ایسا کام نہیں کرتے جس سے حور وقصور کا معاملہ کھٹائی میں پڑے۔ میرا جی نے ''لب جوئبارے'' لکھ کر آغازِ کار ہی میں اپنے مقدر کا فیصلہ کر لیا۔ انعام واکرام اکاڈمی اور راج بھون سب کے دروازے بند۔ مجتہد کا کام مہارشیوں کو خوش کرنا نہیں بلکہ ایک نیا فنی شعور پیدا کرنا ہوتا ہے۔ وہ ناکام بھی ہو تو ایک تنہا ٹوٹتے ستارے کا منفرد حسن رکھتا ہے۔ سناب کامیاب بھی ہو جائے تو اس کا مقام اسٹیبلشمنٹ کی صفِ نعلین میں ہوتا ہے کیونکہ مہارشیوں کو خوش کرنے کے لیے اس نے جو کچھ لکھا ہے اس سے بہتر وہ لکھ چکے ہیں۔ وہ نورِ چشم جو بزرگوں کا منظورِ نظر بننا چاہتا ہے جوانی ہی میں بزرگانہ باتیں کرتا ہے اور قبل از وقت بوڑھا ہو جاتا ہے۔ مسمار حویلی کے ورثہ پر جو نظریں جمائے رہتے ہیں وہ دادا جان کی اجازت کے بغیر بیت الخلاء تک نہیں جاتے۔ وہ لوگ جو اپنی دنیا آپ پیدا کرنا چاہتے ہیں وہ میرا جی اور منٹو کی طرح پہلے ہی سے کوئی ایسی حرکت کر بیٹھتے ہیں کہ اسٹیبلشمنٹ کی خوشنودی ان پر حرام ہو جاتی ہے۔ فن نہ اب جلبِ منفعت کا ذریعہ رہتا ہے نہ سماجی وقار ومنزلت کا۔ انھیں پالتو بنانے کی سماج کی تمام امیدوں پر پانی پھر جاتا ہے۔ ورنہ سماج تو آپ جانتے ہی ہیں چاہتا ہے کہ دیوتا صفت فنکار شریف النفس لوگوں کے جذبات کی کنگھی کرتا رہے۔ ایسی مفید اور صحت مند شاعری اور بادلیئرؔ بائرن اور گنز برگ کی ابلیسی انکار کی شاعری میں وہی فرق ہے جو فوجی بینڈ اور بیتھوون کی سمفنی میں ہے۔ باجا تو دونوں بجاتے ہیں لیکن ایک اس آدمی کے لیے جو اپنی ذات کو پریڈ، پیجنٹ جلوس اور قومی میلوں کی بھیڑ میں گم کرتا ہے اور دوسرا اس کے لیے جو سنگیت کی لہروں پر ذات کی بے کرانیوں کے سفر پر روانہ ہوتا ہے۔

میری مکارتھی نے مادام بواری پر جو معرکتہ الآراء مضمون لکھا ہے اس میں اس نے بتایا ہے کہ یہ ایما نہیں جو رومانی ہے۔ ایما تو ادب میں اس عورت کا اولین نمونہ ہے جسے ہمارا کمرشیل کلچر پیدا کرنے والا تھا۔ ناول کا رومانی کردار

تو ایما کا کڈھپ، غیر دلچسپ بے رنگ اور بے زبان شوہر شارل بواری ہے۔ وہ پہلی بار ایما کے جوان حسن کو دیکھتا ہے تو سمجھ تک نہیں پاتا کہ وہ کیا دیکھ رہا ہے۔ لیکن وہ حسن کے Mystique کو محسوس کرتا ہے۔ شادی کے بعد اپنے معمولی گھر میں وہ چاروں طرف بکھرے ہوئے ایما کے کپڑے، جوتے، جرابیں، کرؤشئے اور سنگھار کے ساز و سامان سے جو ایک نازک اور لطیف نسائی فضا قائم ہوتی ہے اسے بھی وہ سمجھ نہیں پاتا لیکن غیر شعوری طور پر اس کے حسن کو وہ اپنی روح میں جذب کرتا رہتا ہے۔

کچھ ایسی ہی کیفیت آرٹ کے حسن کی ہے۔ حسن کے حضور آدمی خاموش اور بے زبان ہو جاتا ہے۔ آرٹ کے اثر و نفوذ، اس کے جادو، ہمارے دل و دماغ پر اس کے طاقتور غلبہ، ہمارے جذبات پر اس کی حکمرانی کو ہم محسوس کرتے ہیں لیکن اس کا بیان نہیں کر سکتے۔ اس رفعت، سیرابی اور شادابی کا تخمینہ نہیں نکال سکتے جو آرٹ کے تجربہ سے گزر کر ہماری روح کو حاصل ہوتی ہے۔ جب ایسا کرنے بیٹھتے ہیں تو تجربہ کی رنگین اور پہلو دار دنیا سے نکل کر منطق، استدلال، تقسیم اور تجرید کی سرد لیبارٹری میں داخل ہوتے ہیں۔ میں اُن سرگرمیوں پر ناک بھوؤں نہیں چڑھاتا لیکن محسوس کرتا ہوں کہ اُن کا ادب میں اس قدر غلبہ ہے کہ آدمی اعلیٰ ادب کے حسن سے لطف اندوز ہونے کی اپنی صلاحیت آہستہ آہستہ کھو رہا ہے۔ خشک، بے رنگ، صفر درجۂ حرارت والی ٹھپ تنقیدوں کی راکھ کے نیچے تخلیقی ادب اس طرح بجھا پڑا ہے کہ ادیب کا نام آتے ہی آنکھوں کے سامنے ان استادوں کے چہرے گھوم جاتے ہیں جن کی زیرِ نگرانی درجن بھر طلباء تحقیقی مقالے لکھتے ہیں، جو کتابیں پڑھاتے ہیں، کتابیں ایڈیٹ کرتے ہیں، نصابی کتابیں مدوّن کرتے ہیں، کتابوں پر کتابیں لکھتے ہیں اور اپنی کتابوں پر اپنے ہی جیسے دوسرے اساتذہ سے تبصرے لکھواتے ہیں، اور کتاب کے لیے انعام اور اپنے لیے وظیفہ مقرر کرانے کے لیے ادب کی قومی اہمیت کا ایک نیا چکر شروع کرتے ہیں، کیونکہ حکومت اسی ادب کو سمجھتی ہے جو بینڈ باجے کی طرح بجتا ہے۔ ستم ظریفی دیکھئے کہ ان اساتذہ کی پوری زندگی کتاب کے گرد و پیش، ادب کے محور پر گھومتی ہے لیکن ایک چیز جو وہ نہیں پڑھ پاتے وہ کتاب اور ادب ہی ہے۔ اُن کی تنقیدوں سے کبھی پتا نہیں چلتا کہ انھوں نے زندہ ادب کے ساتھ زندہ رشتہ قائم کیا ہے۔ کتاب کو محض پڑھنے کی خاطر پڑھا ہے۔ ہر چیز سے تھک کر اکتا کر کسی فن پارے کی طرف اس طرح رجوع ہوئے ہیں گویا وہ تشنہ کام روح کا آخری ملجا و ماویٰ ہے۔ سلگتے صحرا میں جس کی پیاس ٹھنڈے پانی سے بجھی ہو، اس سے پوچھئے کہ پانی اس کے لیے کیا ہے۔ شاید وہ کچھ نہ بتا سکے۔ وہ بھلے کچھ نہ بتا سکے لیکن پانی کی تعریف میں کم از کم اس سے وہ زبان نہیں بولی جائے گی جو کٹورا بجاتا بہشتی اور واٹر ورکس کا میکینک بولتا ہے۔ ہمارے اساتذہ شعروں کی تعریف بھی اسی طرح کرتے ہیں جس طرح ماہی گیر مچھلیوں کی تعریف کرتا ہے۔ تعریف پوری بھی ہونے نہیں پاتی کہ مچھلی ہاتھ سے پھسل جاتی ہے۔ چلو دوسری سہی۔ اہم چیز تعریفی کلمات ہیں ورنہ مچھلیاں تو سب ایک جیسی ہوتی ہیں۔ مکتبی تنقید کی سرد برفیلی سِل پر سینکڑوں اشعار مری ہوئی مچھلیوں کی طرح بساند مارتے نظر آئیں گے۔ لوگ چاہتے ہیں میں اس مچھلی بازار میں ایک دکان کھول لوں۔ مشغلہ کو پیشہ بناؤں اور پیشہ وروں کی زبان بولوں۔

لیکن ادب میرے لیے پیشہ نہیں، کام نہیں، کیریر نہیں، محض ایک ذہنی مشغلہ اور شوقِ فضول ہے، اور آڈن نے بتایا ہے کہ وہ چند چیزیں جن کے لیے آدمی اپنی جان کی بازی تک لگا دیتا ہے اُن میں اس کا شوقِ فضول بھی شامل ہے۔ مقصدیت اور افادیت ادب کے لیے ایک ایسا سائیہ بوم ثابت ہوئی جس میں حقیقت نے اپنی معروضیت، تجربہ نے اپنی برجستگی اور تخیل نے اپنی اُڑان کھو دی۔ فنکار کے پاس وہ نظر نہ رہی جو شوریدہ سر جبلتوں کے گہرے پانیوں میں جھانکتی تھی، روح کے کرب، جسم کی پکار، ابدیت کی تمنا، لامحدودیت کی تڑپ، جہانِ آرزو کی حشر سامانی اور آگ بگولا جذبات کی قیامت خیزیوں کو سمجھتی تھی۔ ہم نے پیغمبر کی جگہ ملّائے مکتب، مجاہد کی جگہ اکھاڑے کا استاد، کلیم کی جگہ خطیب اور مسیحا کی جگہ عطائی پیدا کیے۔ ایسی تمام باتیں کہ شاعری بلبل کا نالۂ بے اختیار ہے، موجِ دریا کی بے قراری ہے، ندی کا خرام ناز ہے، جنگل کی ہانپ، صحرا کا سناٹا، جواں لہو کی چنگاریوں کا سنگیت، بے بسی کے آنسو، گھایل روح کی لرزتی چیخ اور دل کے تاریک شگافوں سے پھوٹتا اداس نغمہ ہے۔۔۔ رومانیوں کی لن ترانیاں قرار پائیں۔ یہ سب اس لیے ہوا کہ لکھ لوٹ کی جگہ اُن بساطیوں نے لے لی جن کے سروکار تھے روزانہ گھر خرچ کا حساب رکھنا، بڑھتے ہوئے بچوں کے کپڑے ڈھیلے سلوانا، جوتوں کے تلوؤں میں کیلیں ٹھکوانا، اور سبزی فروش سے مرچیں اور قصائی سے گردہ اینٹھنا۔ جہیز میں نکڑ کی سات دکانوں کو لکھوانے والے اُن جذبات کو سمجھ بھی کیسے سکتے ہیں جو بوسوں پر سلطنتوں کو قربان کرتے ہیں۔

میں مفید ادب کو سب سے زیادہ غیر مفید اور بے ضرر تنقید کو سب سے زیادہ ضرر رساں سمجھتا ہوں۔ تنقید میرے لیے جوتیاں سیدھی کرنے کا نہیں بلکہ گریباں چاک کرنے کا کام ہے۔ وہ ادب جو ضرب نہیں لگاتا، وہ تنقید جو وار نہیں کرتی اس نازک اندام لونڈے کی مانند ہے جس سے لڑکیاں سہیلیوں کا سا سلوک کرتی ہیں۔ میں ادب کا آبلہ پا ہوں۔ اور شعلہ بکف مسائل پر لکھتا ہوں، اور مدرسہ کی ٹھٹھری نمناک فضاؤں سے نکل کر تخلیقی کرب کے اس جوالامکھی میں جھانکتا ہوں جہاں فنکار کا احساس پگھلے ہوئے لاوے کی مانند کھولتا ہے۔ جب سورج سوا نیزے پر ہو، اور زمین آہن کی بھٹی کی مانند شعلے اگلتی ہو اور عقائد کی دیواریں موم کی طرح پگھلتی ہوں، اس وقت اردو ادب میں پیرڈوی'' اور اردو میں خطوط نگاری'' اور میر انیس کی جذبات نگاری جیسے مضامین چھوتے ہوئے بدن میں سرد پھریریاں آنے لگتی ہیں۔ میں ادب کو نواب کا دربار، اولیاء اللہ کا مزار، سماج سیوک کا آشرم اور کمشنر کا دفتر نہیں سمجھتا۔ ادب میرے لیے وہ وادیٔ خیال ہے جو سر پھروں، بددماغوں، غم زدوں اور جگر فگاروں کی تنانا ہو سے گونجتی ہے جہاں خوبصورت الفاظ کی تتلیاں پھدکتی ہیں،

استعاروں کی دھنک رنگ بکھیرتی ہے اور علامات کے ستاروں کے کنول ٹوٹتے ہیں۔ ادب بانگی کی بانگ نہیں بلکہ شب زندہ دار کا نعرۂ مستانہ اور آہِ نیم شبی ہے۔ یہ مخطوطات کی بارہ دری میں مدرس کی چہل قدمی نہیں بلکہ اس بگولہ صفت کی آوارہ خرامی ہے جو ہزار فریب شکنی کے باوجود جلتی ریت کی لہروں کو موجِ آب سمجھتا ہے اور تشکیک کے کانٹوں سے پاؤں کے چھالے پھوڑتا ہے۔ کٹھ ملاّ کے کٹھل عقائد پر میں اس درویش کی تشکیک کو ترجیح دیتا ہوں جو روح کی اندھیری راتوں کے ہولناک مقامات سے گزرتا ہے۔ میں اس فنکار کی جستجو کی تڑپ جانتا ہوں۔ جو لاشعور کے گھنے جنگلوں میں اس علامت اور اسطور کا متلاشی ہے جو سانپ کے من کی مانند پُر نور اور پُر اسرار ہے اور جو تفسیر بنتا ہے اس تہذیبی اور تمدنی انتشار کی جس سے فنکار کا دور عبارت ہے۔ مجھے خوف آتا ہے ان فقیہوں سے جن کے تقشف کا یہ عالم ہے کہ اسکیمو کو پانی سے وضو کراتے ہیں اور جنھوں نے تنقید میں صحت مند ادب کے حمام کھول رکھے ہیں۔ تاکہ مجذوب پاک صاف بنے، کلمۂ کفر سے احتراز کرے اور عقائد صحیحہ پر عمل پیرا ہو۔ عرفان کو شرع کا، اور ادب کو عقائد کا پابند بنا کر ہم نے کیا پایا؟۔۔۔ راست بازوں کا وہ پندار کہ لکنت زدہ بھی عقائد راسخہ کی آستاں بوسی کر کے خود کو گوہر ریز و گوہر بار سمجھنے لگا۔ میں ڈرتا ہوں ان مدرّسوں سے جنھوں نے ادب کو بھوگنے کی بجائے بھگتنے، کارِ شیریں کی بجائے کارِ خیر، روح کی پرواز کی بجائے ذہن کی ورزش بنا کر رکھ دیا۔ جو چاک گریباں اور چاک داماں تھا، رسوا سر بازار اور بے ننگ و نام نہ تھا، ناصح سے گریزاں اور محتسب سے پریشاں تھا، وہ جسے ایک بے نام خلش، ایک بے چین تجسس، ایک مسلسل اضطراب گلی گلی غبارِ ناتواں کی صورت لیے پھرتا تھا، ریاست اور سرکار کا صیدِ زبوں، بزرگوں کی خوشنودی کا تمنائی اور قبولیت عامہ کا طلبگار بنا، اپنی ذات، اپنے فن اور اپنے زمانہ سے سچائی سے پیش آنے کی بجائے سنابری اور فیشن پرستی کو راہ دی، اور عقائد کو سرمایہ افتخار اور تمغۂ دِلاوری سمجھا۔ بچہ کی حیرانی، درویش کی سادگی، جادوگر کی طلسم آفرینی، پیکن کی رنگینی، پیغمبر کا القا، تخیل کی نزاکت اور فکر کی صلابت، اور جذبہ کی برجستگی کی قیمت پر اس نے معلم اخلاق کی خشک بیانی، رہبر قوم کی اشتعال انگیزی اور سوشل انجینئر کی منصوبہ بندی کو اپنایا۔ ملک و قوم وملت کی باتیں تو چورا ہے کا ہر آدمی کرتا ہے۔ کہاں ہے وہ فنکار جس کی گرمی اندیشہ سے صحرا جلتے ہیں اور گنجینۂ بازِ خیال محفلیں برہم کرتا ہے۔ منبر کی سیڑھیاں تو ہر خطیب چڑھ سکتا ہے لیکن وجود کے پہاڑ کی آخری چٹان پر پہنچنا اس طرف زندگی کے المیہ طربیہ کی دھوپ چھاؤں اور اُس طرف عدم کے بے کراں خلاؤں کی ہیبت کا نظارہ کرنا، اور گھبرائے اور چکرائے بغیر، اپنا توازن قائم رکھتے ہوئے، اس تجربہ کو سرمدی نغموں میں بدل دینا بڑے صاحب بصیرت لوگوں کا کام ہے۔۔۔ میں جانتا ہوں کہ بجلی اور جوہری توانائی کی طاقت انسان کو کائناتِ عظمیٰ کا سیاح بنا سکتی ہے لیکن میں یہ بھی جانتا ہوں کہ تخلیقی تخیل کی طاقت نے جس طرح آدمی کے اندرون کو منور کیا ہے اور باطنی زندگی کی عجیب وغریب دنیاؤں کی سیر کرائی ہے وہ نہ بجلی کی طاقت سے ممکن ہے نہ جوہری توانائی سے میں سائنس داں اور سوشل انجینئر کے کام کی قدر کرتا ہوں اور چاہتا ہوں کہ وہ اپنے کام میں زیادہ سے زیادہ کامیاب ہوں اور انسانی مسرت اور آسائش میں اضافہ کریں۔ لیکن میں چاہتا ہوں کہ وہ فنکار کو بھی اپنا کام کرنے دیں تاکہ وہ بتاتا رہے کہ جو دنیا انھوں نے بنائی ہے اس میں آدمی کے جینے کا تجربہ کیا ہے۔ مجھے سیاست پسند نہیں لیکن میں جانتا ہوں کہ سیاست سے مفر ممکن نہیں۔ میں ادب میں بہترین سے کم پر سمجھوتہ نہیں کرتا کیونکہ ادب میں بہترین کی اتنی افراط ہے کہ کمتر پر قناعت تنگ ظرفی ہے۔ لیکن سیاست میں، میں بد کو بدتر پر ترجیح دیتا ہوں کیونکہ جانتا ہوں کہ سیاست اپنی فطرت ہی میں بہترین کی گنجائش نہیں رکھتی۔ سیاست میں، میں اُن لوگوں کے ساتھ جینے پر مجبور ہوں جو سوہانِ روح اور عذابِ جاں ہیں۔ لیکن ادب میں، میں اُن لوگوں کے ساتھ جیتا ہوں جو راحتِ جاں اور جگر لخت کا درماں ہیں۔ میں اپنے ووٹ کو قیمتی سمجھتا ہوں اور اخبار بینی کی اہمیت سے واقف ہوں لیکن میرے لیے وہ لمحہ بہت اہم ہے جسے غم روزگار اور بہرِ جمع خس وخاشاک کی تگ ودو سے بچالایا ہوں۔ اور اسے میں وقف کرتا ہوں اس طلسمِ حیرت کی سیاست میں جو فنکارانہ تخیل صفحۂ قرطاس پر تخلیق کرتا ہے۔ سیاسی آئیڈیلزم روز بروز کے پتھراؤ سے چکنا چور ہوتا رہتا ہے اور خوش نصیب ہے وہ آدمی جو اس سنگ باری میں اپنے آدرش کو سالم بچالے جائے اور میں جانتا ہوں کہ میں اُن خوش نصیبوں میں سے نہیں ہوں۔ میں فنکارانہ تخیل کو فن کی دھندلی فضاؤں میں پھلتا پھولتا دیکھنا پسند کرتا ہوں اور نہیں چاہتا کہ سیاسی منطق کی چلچلاتی دھوپ میں فنکار کے خیالات کی کھال کے جھلسنے کا تماشا دیکھوں۔ مجھے اس فنکار پر ہنسنا نہیں آتا جو شترمرغ کی طرح ریت میں منہ چھپاتا ہے کیونکہ میں جانتا ہوں کہ جنھوں نے اپنی آنکھیں کھلی رکھی ہیں انھوں نے سوائے ریت کی آندھیوں کے کچھ نہیں دیکھا۔ وہ جو سیاست کا فریب خوردہ ہے اس کے چہرے پر میں کالک اس لیے نہیں ملتا کہ خود میرے ہاتھ شیشۂ فریب کی ٹوٹی کرچیوں سے لہولہان ہیں۔ ادب کا زندگی سے وہ تعلق نہیں جو سیاست کا ہے۔ خراب نظم زیادہ سے زیادہ ذہنی کدورت پیدا کرتی ہے لیکن خراب سیاست تو گیس چیمبر کے دھوئیں سے تاریخِ انسانیت کو سیاہ کار بناتی ہے۔ اسی لیے میں سیاسی پیمانوں سے ادب کو پرکھنے کی بدعت کو اپنے وقت کی سب سے بڑی لعنت سمجھتا ہوں۔ مجھے یہ بات پسند نہیں کہ شاعر اور فنکار کو عوام کی عدالت میں کھڑا کر کے عقل ومنطق کی تیز روشنی میں اسے اپنے سیاسی موقف کی وضاحت پر مجبور کیا جائے۔ میں فنکار کے غلط سیاسی رویوں پر کبیدہ خاطر ہوتا ہوں لیکن کف درو ہاں نہیں ہوتا کیونکہ مجھے اپنے رویوں کے درست ہونے کا یقین نہیں۔ میں جانتا ہوں کہ وقت کی جھولی میں ایسے پتھروں کی کمی نہیں جو جامِ یقین کو پاش پاش کرتے ہیں اور اچھے اچھوں کا بھرم توڑ دیتے ہیں۔ فاشزم کے جہنم زار سے گزرنے کے بعد نوبل انعام یافتہ اطالوی شاعر مونتالے نے اپنے شعر میں کہا تھا:

''آج کل ہم تمہیں صرف یہ بتا سکتے ہیں کہ ہم کیا نہیں ہیں اور کیا نہیں چاہتے۔''
ہم چاہے مستقبل کے رنگین خواب نہ بن سکیں لیکن اتنا تو کہہ سکتے ہیں
کہ ہمیں دوبارہ اس کابوس سے گزرنا قبول نہیں جس سے ہمارا ماضی عبارت ہے۔

## براہِ راست

چہارسو کا ہر ''قرطاسِ اعزاز'' ہمارے دل میں شوق کا اک نیا دریچہ کھول دیتا ہے۔ زیرِ نظر ''قرطاسِ اعزاز'' اس قدر پُر لطف و پر کیف ہے کہ دل و دماغ میں اشتیاق وانبساط کے بے شمار دریچے وا ہو گئے ہیں۔ مقامِ مسرت کہ ہمارے عصر کے بہت ہی نامور، بلند قامت اور قابل احترام پروفیسر **وارث علوی** صاحب نے پیرانہ سالی اور روز بہ روز گرتی صحت کے عالم میں اس اشاعتِ خاص کے لیے جس قدر تعاون، شفقت اور رہنمائی فرمائی اُس کے بعد وہ تمام الفاظ، معنیٰ و مفہوم سے معذور ہو گئے جن کے ذریعہ اظہارِ ممنونیت کیا جاتا ہے۔ البتہ! اس خصوصی اشاعت میں محترمہ پروین شیر، جناب شاہ فیصل اور بھائی نند کشور وکرم ہر طرح کے اظہارِ ممنونیت کے حقدار اس لئے ٹھہرتے ہیں کہ اُن کے تحرک، تعاون اور تدبر کے بغیر یہ خوبصورت علمی، ادبی کوہِ گراں سر کرنا ہمارے لیے قطعی ممکن نہ تھا!!!

**گلزار جاوید**

☆　آپ کی اجازت کے ساتھ گفتگو کی ابتداء خاندانی پس منظر سے کرنا چاہیں گے؟

☆☆　خاندانی پس منظر یہ ہے کہ میرے والد سید حسینی پیر طریقت تھے۔ اردو فارسی عربی گجراتی زبانوں پر عبور رکھتے تھے۔ خاندانی مخطوطات کو سنبھالا اور بڑی تحقیق کے بعد حضرت شاہ وجیہ الدین علوی کے حالاتِ زندگی تذکرالوجیہ کے نام سے اشاعت پذیر کی۔ سال میں ایک مرتبہ مریدوں میں جاتے تو مجھے بھی ساتھ لے جاتے۔ نوجوان مرید مجھے گھیرے رہتے کیونکہ میں آزاد کی آبِ حیات سے کہانیاں سناتا اور شام کو ان کے ساتھ باغ میں جا کر ہری گھاس پر بیٹھتے اور میں فلموں کی کہانیاں سناتا۔ ابا کے بعد میں نے پیری مریدی کا سلسلہ تو نہیں رکھا لیکن والد صاحب کا اثر لیتا گیا تھا کہ لوگ اب بھی آتے ہیں۔ میں خوش دلی سے ملتا ہوں۔ میری صورتِ حال ایبسرڈ ڈرامے کے اس ایکٹر کی ہو گئی ہے جس کا سٹیج کی setting سے رشتہ ٹوٹ چکا ہے لیکن وہ اپنے مکالمے بولتے جا رہا ہے۔ یہ میری زندگی کا عجیب پیریڈوکس رہا ہے۔ نام ہے میرا بغاوت کام ہے میرا اطاعت۔ ہر دقیانوسی چیز کے خلاف بغاوت کی لیکن دقیانوسیوں کے ساتھ علیک سلیک بھی رہی۔

آخر میں صرف والدہ مرحومہ کا ذکر کر کے خاندانی کوائف کے اس تذکرے کو ختم کرونگا۔ نام حفیظ النساء عرف ذبی بی تھا خدا نے انہیں ظرافت کا وہ مادہ دیا تا کہ جہاں سہیلیوں کے بیچ بیٹھ گئیں ہنسی کے فوارے بلند ہوتے اسی حس مزاح کے ورثہ نے راقم الحروف کی تنقید کو زعفران زار بنایا۔

☆　کچھ اپنے دوستوں، اساتذہ اور کتب کا تعارف کرائیے جن کے زیرِ اثر آپ کا مزاج علم و ادب کی جانب راغب ہوا؟

☆☆　میں اپنی ہائی سکول اور کالج کی زندگی تک گھر میں والد صاحب سے لے کر کالج کے تمام اردو فارسی کے اساتذہ اور ہم جماعت طالبِ علموں تک جس کا لگ بھگ ایم اے تک میرا ساتھ رہا محققین سے گھرا رہا۔ اتفاق سے والد صاحب کا ایک چھوٹا موٹا آپریشن صابرمتی ندی کے پل کے اس پار ایک بڑے اسپتال میں ہوا۔ مضافات کا یہ علاقہ میرے لئے ایک نئی دنیا تھا۔ خوبصورت عمارتیں، کشادہ سڑکیں، صاف ستھرے خوش پوش لوگ، میں شہر کے جس علاقہ سے آیا تھا وہ گلی کوچوں، مسجدوں، قبرستانوں، قصاب کی بکریوں مینگنیوں، چھیچھڑوں کھلے میں اجابت کے ڈھیروں اور ان کے وسط میں بیٹھے بیڑیاں پیتے مدقوق مہتروں اور مہترانیوں کا نہایت ہی غلیظ بدبودار علاقہ تھا۔ جس اسپتال میں والد صاحب کا آپریشن ہوا تھا اس کے سامنے ایک نہایت ہی دلکش عمارت رنگ بہ رنگ کے پھولوں سے جنتِ نظارہ بنی ہوئی کھڑی تھی۔ اس پر گجراتی حروف میں کندہ تھا۔ سیٹھ مانگ لال جیٹھالال لائبریری۔

میں نے لائبریری کے اندر قدم کیا رکھا کہ ایک طلسماتی دنیا نظروں کے سامنے آئی۔ وہ بڑے سے ہال میں دیوارں سے چسپاں اخبارات پڑھتے ہوئے لوگ۔ وہ میزوں پر کھلے ہوئے رسالوں کی ورق گردانی کرتے ہوئے نوجوان لڑکے اور لڑکیاں اور اندر سینکڑوں شیلف پر سجی ہوئی کتابیں۔ یکایک میں نے اپنے کندھے پر کسی کا ہاتھ محسوس کیا۔ سفید براّق کھادی میں ملبوس گورے رنگ اور سفید بالوں میں ایک من موہنی صورت والے شخص نے مجھ سے پوچھا۔ کہاں پڑھتے ہو۔ میں نے کہا انجمن اسلام ہائی سکول میں انہوں نے مجھے لائبریری فارم لا کر دیا۔ دوسرے روز لائبریری کے دو کارڈ میری جیب میں تھے۔ دنیا بھر کے ادب سے مالا مال الماریاں میرے لئے کھل جاتیں۔ اس لائبریری نے میرے لئے کالج کے اساتذہ کی جگہ لے لی ورنہ محققین کی صحبت کے زیرِ اثر کسی کاظم علی خان یا کسی ناظم علی خان پر ایک مقالہ لکھ کر خوش ہو لیتا اور دنیا کے کتنے تخلیقی کارنامے میری نظروں سے اوجھل رہتے۔

☆　آپ پر پہلی بار کب اور کس طور آشکار ہوا کہ آپ کے اندر لکھنے کی صلاحیت موجود ہے؟

☆☆　یہ احساس کسی خاص مضمون سے پیدا نہیں ہوا لیکن مختلف اوقات میں قلم اس طرح چل نکلتا کہ میں جملے کو اس گیند کی مانند دیکھتا جو باؤنڈری کراس کرنے والی ہے اور ایک عجیب خوشی اور خود اعتمادی کے ساتھ دوسری گیند پھٹکارنے کیلئے قلم کاغذ پر رکھتا۔ کسی ایسے ہی لمحہ میں میں نے نقاد بننے کا فیصلہ کیا ہوگا۔

☆　بے پناہ علمی، ادبی صلاحیتوں کے باوجود تخلیق کے بجائے تنقید کا

انتخاب کس جذبے کے زیرِ اثر کیا؟

بے پناہ علمی اور ادبی صلاحیتوں اپنے لئے ایسے بھاری بھرکم الفاظ کا استعمال دیکھ کر خوشی ہوئی۔ لیکن یہ الفاظ اتفاق سے زورِ بازو کو ظاہر کرتے ہیں اور اپنے یہاں شاعری نیز دیگر تخلیقی کاموں کیلئے ایک ضرب المثل ہے۔

ایں سعادت زورِ بازو نیست

تانہ بخشد خدائے بخشندہ

☆ دیگر اصنافِ ادب کی نسبت اردو افسانہ آپ کی توجہ کا زیادہ حق دار کیوں ٹھہرا؟

☆☆ اس لئے کہ افسانہ اور ناول پڑھنے کا شوق تھا۔ اس میں آرٹ کے ساتھ ساتھ زندگی اور معاشرے کے مسائل پر بھی گفتگو ہو سکتی تھی ناول کو دورِ جدید کی فلسفیانہ سرگرمی کہا گیا ہے۔ دورِ جدید کو شاعری کا نہیں ناول کا ہی عہد کہا گیا ہے۔ دوسری بات یہ کہ انگریزی کے سبب دنیا کی تمام زبانوں کے بہترین ناولوں سے آپ واقف ہو سکتے ہیں۔ مطالعہ کا اتنا بڑا سرمایہ کسی اور صنف میں نہیں مل سکتا۔ اور ادب کے مطالعے میں شخص اور شوقیہ ترجیحات کی بھی بڑی اہمیت ہے۔

میں انگریزی ادب کا استاد رہا ہوں۔ ادب کے نظریات ارسطو سے لیکر ایلیٹ تک پڑھاتا رہا ہوں لیکن کلاس روم نوٹس کو میں نے مضامین میں تبدیل نہیں کیا۔ البتہ ادب کے ان تصورات جن پر ہمارے یہاں گفتگو ہوتی رہی ہے مثلاً آئیڈیولوجی کا مسئلہ، کمٹ منٹ کا مسئلہ پروپیگنڈے کا مسئلہ وغیرہ پر دل کھول کر لکھا ہے۔

☆ آپ کے ہاں نظریاتی مضامین کے سلسلے کا آغاز کب اور کس طور ہوا اور اس کے نتائج کیا رہے نیز اُس نظریہ کی تفصیل ضرور بتلایئے جس کی ترسیل وتبلیغ کے لیے آپ کو مضامین کی جانب رجوع ہونا پڑا؟

☆☆ میرے بہت سے نظریاتی مضامین، بے شمار شاعروں اور افسانہ نگاروں پر مضامین، منٹو اور بیدی پر میری کتابیں سب نہایت سنجیدہ اور پروقار اسلوب میں لکھی گئی ہیں۔ لیکن میرے چٹخارے دار اسلوب کے رسیا انہیں پڑھ کر کہا کرتے کہ یہ تمہارے مخصوص اسلوب میں نہیں۔ میرے یہاں اسالیب کا تنوع ہے اور میں نے کسی ایک اسلوب کو اپنی پہچان نہیں بنایا۔

☆ اردو افسانے پر اپنے کام کو آپ ردِعمل گردانتے ہیں مثلاً کس چیز اور شخص کے ردِعمل میں آپ نے افسانہ پر تنقیدی کام کیا اور آپ کے پیشِ نظر کیا چیز زیادہ اہم تھی۔

☆☆ گلزار میاں! سچی بات یہ ہے کہ آپ کا یہ سوال میری سمجھ سے بالا ہے۔

☆ آپ کے تنقیدی اسلوب کو طنزیہ، مزاحیہ اور شوخ کہنے والے کیا کچھ کہنے کی کوشش کر رہے ہیں؟

☆☆ اس سوال کا جواب دینے سے پہلے یہ دیکھنا چاہیے کہ اس قسم کی رائے دینے والے ادب میں کس مقام کے حامل ہیں لہٰذا میں جو کہنا چاہتا تھا بین السطور کہہ دیا فیصلہ آپ پر چھوڑتا ہوں۔

☆ آپ کو فکشن کا باوا آدم کن معنوں میں گردانا جاتا ہے؟

☆☆ یہ تو میں بھی نہیں جانتا اور مجھے تو کسی بھی شعبہ کا باوا آدم بننے کے بجائے گلشن کا گلچیں بننا پسند ہے۔

☆ کچھ لوگ آپ پر ادبی تنقید کا ڈکٹیٹر ہونے کا الزام کیوں لگاتے ہیں؟

☆☆ کیا کبھی آپ نے اتنا ہنس مکھ، ہنسنے ہنسانے والا زندہ دل ڈکٹیٹر کہیں دیکھا ہے جتنا میری اپنی تحریروں سے لوگ محظوظ ہوئے ہیں اس کی مثال ذرا کم ہی ملے گی۔

☆ وہ کون لوگ اور طبقہ ہے جو آپ کے خلاف رسائل اور جرائد میں جھوٹے الزامات پر مبنی خطوط شائع کراتا ہے اور ان کے مقاصد کیا ہیں؟

☆☆ جاوید میاں! ہم تو آپ کو بہت سمجھ دار آدمی سمجھتے تھے آپ بھی ان گپ گولوں کے چکر میں پڑ گئے۔

☆ آج کی نشست میں اُن زیادتیوں کی نشان دہی کیجیے جو اردو والوں نے آپ کے ساتھ روا رکھیں اور اُن کا جواز آپ کے خیال میں کیا تھا؟

☆☆ میری ذات کا جہاں تک تعلق ہے تو میں دوسروں کی زیادتیوں کی نسبت اپنی کوتاہیوں پر زیادہ نظر رکھتا ہوں۔

☆ کچھ لوگوں کے خیال میں آپ تنقید اور تعریف کے بیان میں اس قدر جذباتی ہو جاتے ہیں کہ توازن برقرار نہیں رہ پاتا خاص کر جوش، فراق اور راشد کی حمایت میں یہ امر زیادہ دکھلائی دیتا ہے اور تو اور آپ نے ندا فاضلی کو فراق اور اقبال کے ہم پلہ قرار دے ڈالا؟

☆☆ اقبال، فراق اور ندا فاضلی کی والدہ کے موضوع پر نظموں کا ذکر ہوا ہے۔ تینوں نظموں کا تقابلی مطالعہ بھی نہیں۔ شاعروں کا تقابل بھی نہیں۔ اقبال کی نظم فلسفہ سے بوجھل ہوگئی ہے۔ اس کا اعتراف دوسرے نقادوں نے بھی کیا ہے اور ندا فاضلی یا کسی بھی نئے شاعر کی طرف ایسی حقارت کا رویہ کیوں۔ آپ ذرا اس بات کو بھی دھیان میں رکھیے کہ اپنی تنقیدوں میں میں نقادوں کو جکڑتا ہوں۔ لیکن فنکاروں کی طرف میرا رویہ ہمیشہ ہمدردانہ اور حوصلہ افزا ہوتا ہے۔ ناقدانہ رویوں کی بہت سی نزاکتوں کو آپ ابھی سمجھ نہیں پاتے ہیں۔

☆ کچھ لوگ آپ کے ہاں صنفِ نازک کے لیے نرم گوشے کی نشان دہی کرتے ہوئے بہت سی غیر اہم تخلیق کاروں کی مدح سرائی کا الزام بھی لگاتے ہیں؟

☆☆ لالی چودھری امریکہ میں ہیں۔ ان کی تو میں نے تصویر بھی نہیں دیکھی ظاہر ہوا کہ میں کتابیں دیکھ کر لکھتا ہوں۔ چہرے دیکھ کر نہیں۔

☆ آپ کے بات کہنے کا فن جس قدر دلکش دلنشین ہوتا ہے اُسی قدر

طویل کیوں ہوا کرتا ہے؟

☆☆ چونکہ دل کش اور دل نشین ہوتا ہے۔

☆ اس خیال میں کس حد تک صداقت ہے کہ اردو ادب نے جس قد کاٹھ کے افسانہ نگار پیدا کیے اُس معیار کے قدآور ناقدین نہ مل سکے؟

☆☆ یہ حقیقت ہے کہ ہم افسانہ کے ایسے ناقدین پیدا نہیں کر سکے جو ہمارے نامور افسانہ نگاروں کے ساتھ انصاف کر سکیں۔ اوّل تو فکشن کو موضوع بنانے والے نقاد ہی انگلیوں پر گنے جا سکیں اتنے بھی پیدا نہیں ہوئے اور جو ہوئے ان کے رویے اور راہیں بھی متنازعہ رہیں۔ دراصل ہمارے بیشتر مصنفوں کے ذہن شاعری اور مذہب کے اثرات کے تحت پروان چڑھتے تھے، نثر اور فلسفہ کے ڈھالے ہوئے نہیں تھے۔

☆ آپ کے خیال میں جدید افسانہ نگار کس قسم کی دھوکہ دہی کے مرتکب ہوئے ہیں۔ مناسب خیال فرمائیں تو چند اہم نام ضرور گنوایئے؟

☆☆ دیکھئے وقت گذرنے کے ساتھ بہت سے شعلہ بکف مسائل ختم ہو جاتے ہیں، معاصرانہ چشمکیں دم توڑ دیتی ہیں اور ادبی لڑائیاں اپنی دلچسپی کھو دیتی ہیں، انہیں دہرانا ایک مرے ہوئے گھوڑے کو چابک مارنا ہے۔ پھر آپ کا یہ تقاضہ کہ کچھ نام بھی دئے جائیں بہت نازیبا ہے۔

☆ تاریخی ناول سے آپ کی عدم دلچسپی کے اسباب کیا ہیں؟

☆☆ تاریخی ناول تھوڑے بہت شباب کے زمانہ میں پڑھے ہیں لیکن ان میں بہت دلچسپی نہیں رہی۔ ناول کی بہت سی قسمیں ہیں۔ لیکن ناول کا میرا مطالعہ شروع سے لیکر آج تک مرکزی روایت کے ناولوں کا رہا ہے جن کا تعلق عموماً انسانی مقدر انسانی اخلاقیات سماجیات اور نفسیات سے رہا ہے۔

☆ وہ گھپلے اور دھاندلیاں کس قسم کی تھیں جو آپ کے بقول ترقی پسندوں کے سرخیل کرتے رہے؟

☆☆ آپ ایسے سوال نہ پوچھئے جن کے جواب طویل مضامین کی صورت میں دئے جاتے ہیں۔

☆ ادب کی جگہ آئیڈیالوجی کو اہمیت دینے کے اسباب وعلل اور نقصانات کی بابت آپ کی رائے کیا ہے؟

☆☆ یہ سوال بھی ایسا ہی ہے جس کے جواب میں مجھے کم از کم میرے ہی نصف درجن مضامین کا خلاصہ بیان کرنا پڑیگا۔ مختصراً یہ ہے کہ میں ادب کو آئیڈیولوجی کی زنجیریں پہنانا پسند نہیں کرتا۔

☆ ہیئت پسندوں کی چودھراہٹ ماننے سے انکار والی بات وضاحت طلب ہے؟

☆☆ جس مضمون سے آپ نے یہ سوال پیدا کیا ہے اس میں ہیئت پسندوں کی چودھراہٹ کا ذکر ہوگا۔ اب سیاق وسباق یاد نہیں۔ لیکن اتنی سی بات میں کہہ سکتا ہوں کہ ہیئت پسندوں کا یہ اصرار کہ صرف ہیئت یا زبان یا اسلوب ہی ادبی جمالیات کا تعین کرتا ہے۔ ان کی چودھراہٹ ہے۔ اس سے ادب کی سماجیات نفسیات اور اخلاقیات اب ثانوی بن جاتے ہیں۔ ہیئتی تنقید کے رواج پانے سے قبل ناول اور ڈرامے کی تنقیدیں انہیں قدروں کا چلن تھا۔ انہیں یک قلم شدرد کرنا چودھراہٹ ہے۔

☆ ترقی پسندی بطور فلاسفی اور اُسے Import کرنے کے اسباب کے علاوہ مستقبل میں اس کا انجام کیا نظر آتا ہے؟

☆☆ ایک نظر سے دیکھئے تو ادب میں ترقی پسند تحریک ختم ہو چکی، لیکن وہ اپنے اثرات چھوڑ گئی۔ بائیں بازو کی فکر کو سرمایہ دارانہ نظام ختم نہیں کر سکا۔ اداروں کو وہ ختم کر سکتا ہے لیکن فکر کو نہیں۔ جو آج بھی پوری دنیا میں نوجوانوں کے ناولوں، ڈراموں، فلموں اور شعر ونغمہ میں اپنی جھلکیاں دکھاتی ہے۔ یہ کہنا مشکل ہے کہ یہ جھلکیاں پھر کسی تحریک کی شکل اختیار کرینگی۔ ان مسائل پر گفتگو کرنے کیلئے بہت وقت چاہئے۔

☆ آپ کا شمار جدیدیت کے ناقدین میں کیا جاتا ہے۔ آپ نہیں سمجھتے کہ جدیدیت اور مابعد جدیدیت سرمایہ دارانہ نظام کی پیداوار بلکہ اُس کے فروغ کا اہم ذریعہ تھیں؟

☆☆ کون سی چیز آج سرمایہ داری کا شاخسانہ ہے یا نہیں ہے یہ کہنا بھی مشکل ہے۔ ترقی پسندی یعنی طبقاتی کشمکش کا شعور کارل مارکس کی تصانیف کے ذریعہ فطری چیز تھی۔ لیکن اس کی تحریک تنظیم اور پھر اس پر روسی ایجنسیوں کی گرفت اور ترقی پسندوں کی روس کی پرستش، اور وہاں کی حکومت سے جلب منفعت اور ادب کو ایک ہی ڈھرّے پر ہانکنے کی ان کی کوشش یہ سب غلط تھا اور اس کے خلاف ردِعمل جدیدیت کی صورت میں ہوا۔ بے شک میں جدید نقادوں لیکن میں نے کبھی محسوس نہیں کیا کہ میری فکر پر کسی سرمایہ داری سازش کا سایہ ہے کیونکہ اس فکر نے مشرق ومغرب کے کلاسیکی ادب سے نشوونما پائی تھی جو جمہوری تھا، عوام پسند تھا، لوک سنسکرتی سے۔ جس نے بہت کچھ اخذ کیا تھا۔ مابعد جدیدیت کے متعلق فضیل جعفری نے بتایا ہے اور بعض انگریزی تنقیدوں میں بھی میں نے پڑھا ہے کہ ہر معاشرے میں بڑھتے ہوئے بائیں بازو کے اثرات کے ازالہ کے طور پر ڈریڈا کو امریکہ بلایا گیا اور پھر سے یہ کوشش کی گئی کہ ادب کو صرف زبان، بیانیہ، اور ہیئت تک محدود کر دیا جائے۔ انہی وجوہات کی بنا پر مابعد جدیدیت میں میری دلچسپی نہیں رہی۔ میں نے دیکھا کہ اس تصور سے ادبی معاملات پر کوئی نئی روشنی نہیں پڑتی، شاید فن تعمیر اس سے زیادہ فیض حاصل کرتا ہو۔

☆ اردو شاعری کو حسن وعشق کی بہتات اور متشاعروں کے نت نئے تجربات نے جس حال تک پہنچا دیا ہے اُس کا ازالہ کس طرح ممکن ہے؟

☆☆ موضوع حسن وعشق ہو یا کچھ اور شاعروں کے ہاتھوں شاعری خراب ہی ہوگی۔ اس کا ازالہ اچھے شاعر اپنی شاعری کے ذریعہ ہی کر سکتے ہیں۔ آج کل گجراتی میں غزلوں کا بڑا زور ہے۔ مسٹر مودی نے ولی گجراتی غزل اکاڈمی

قائم کی ہے جو ہر سال لاکھ روپے کا انعام غزل کے بہترین شاعر کو دیتی ہے۔ غزل کے میگزین نکالتی ہے اور غزل پر سیمنار منعقد کرتی ہے۔ جو بے تحاشا غزلیں کہی جا رہی ہیں وہ حسن وعشق کے موضوع پر اتنی نہیں جتنی کہ جدید غزل نے بے سرو پا غزلیں کہہ کر تک بندی کرکے، جدید غزل کا خاکہ تعمیر کیا ہے اسی سے اکتساب موضوعات ہوتا ہے۔ یہاں ایک دلچسپ بات یہ بھی عرض کر دوں کہ ولی گجراتی غزل اکاڈمی کو ولی گجراتی کے آگے سے ہٹا کر ولی کے آگے رکھ دیا اور اکاڈمی صرف گجراتی غزل کی اکاڈمی بن گئی۔ خاکسار نے بحث پر فل سٹاپ لگایا اور میٹنگ سے اسی طرح اٹھ کر چلا آیا جس طرح غزل سے حسن وعشق کے مضامین رخصت ہوئے اور چلتر بازیوں کا رنگ جمنے لگا۔

☆ کلیم الدین احمد، گوپی چند نارنگ، شمس الرحمٰن فاروقی، وزیر آغا، فضیل جعفری اور دیگر ناقدین کی نسبت آپ کے اختلافی نظریات ادبی حلقوں میں زیرِ بحث رہا کرتے ہیں مگر آپ کا سخت گیر قلم ان ناقدین کے ذکر میں اکثر نرم بلکہ فکاہیہ ہو جاتا ہے؟

☆☆ میں فکاہیہ کا مطلب نہیں سمجھا، کیا میں تالی کے لئے ہاتھ بڑھا کر مَیں کرنے لگتا ہوں۔

☆ غور وفکر سے عاری وہ کون سا طبقہ ہے جسے نارنگ صاحب اور فاروقی صاحب نے ذہنی طور پر کرپٹ کیا۔ الزام درست مان لیا جائے تو سوال یہ ہے کہ اُن کے اس عمل میں کیا مقاصد کارفرما تھے نیز یہ کہ صرف نارنگ اور فاروقی اس عمل کے مرتکب ہوئے یا دیگر ناقدین کو بھی موردِ الزام ٹھہرایا جاسکتا ہے؟

☆☆ آپ ایسے سوال نہ پوچھیے جن کے جواب کیلئے مجھے اپنے مضامین پھر دہرانے پڑیں۔

☆ آج کی نشست میں اُن خود ساختہ ناقدین کی نشان دہی ضرور فرمایئے جو آپ کے خیال میں نقاد تو کیا قاری کے معیار پر بھی پورا نہیں اُترتے؟

☆☆ ایسے لوگوں کے پیچھے وقت غارت نہیں کرنا چاہئے۔

☆ آپ حالی کی شاعری، سرسید کی انشا پردازی سے زیادہ اُن کی تنقیدی بصیرت کے قائل کیوں ہیں؟

☆☆ سوال میں سے لفظ زیادہ نکال دیجئے۔ میں حالی کی شاعری کا اتنا ہی قائل ہوں جتنا ان کی تنقیدی بصیرت کا۔

☆ آزاد اور شبلی کے تنقیدی روّیوں کو آپ کس نظر سے دیکھتے ہیں؟

☆☆ یہ سوال تو بالکل امتحان کے پرچے جیسا ہو گیا۔ امتحان اور انٹرویو میں جو فرق ہے وہ بھی آپ کو بتانا پڑیگا۔

☆ سودا کی ہجویہ شاعری کا دفاع بھی بعید از قیاس ہے؟

☆ انڈو پاک کے ادب اور تنقید کو خانوں میں تقسیم کیا جاسکتا ہے اگر ہاں تو نتائج کیا برآمد ہوتے ہیں؟

☆ یہ ہی سوال اگر اردو تنقید کی نسبت کیا جائے تو نتائج کیا ہونا چاہیے؟

☆☆ یہ تینوں سوالات میرے نزدیک اہمال کے لبریز پیالے ہیں۔

☆ سیکولر بھارت میں اردو زبان وادب کا حال اور مستقبل آپ کے خیال میں کس طرح کا ہونا چاہیے؟

☆☆ بالکل اسی طرح جس طرح نان سیکولر۔

☆ رسم الخط کی بحث کے حوالے سے آپ کا نقطہ نظر کیا ہے؟

☆☆ جن مسائل کا حل دور دور تک نظر نہیں آتا میں ان پر بحث نہیں کرتا۔

☆ آپ کم وبیش نصف درجن زبانوں اردو، ہندی، عربی، فارسی، گجراتی اور انگریزی پر عبور رکھتے ہیں اگر آپ سے ان زبانوں کے ادب اور تنقید کے موازنے کا کہا جائے تو آپ کا جواب کیا ہوگا؟

☆☆ میرا جواب وہی ہوگا جو بقراط اور سقراط کا ہوگا۔

☆ آپ کے بعد کی نسل میں ایسے ناقدین کی تعداد کتنی ہے جن سے اردو ادب بہتری کی اُمید لگا سکتا ہے۔ اگر ناموں کی مدد سے نشان دہی ہو جائے تو بہتر ہے؟

☆☆ آپ کو ایسے سوال قائم کرتے وقت میری عمر (86 سال) اور صحت (دن بہ دن گرتی ہوئی) کا خیال کرنا چاہئے۔ خیر غالب کا ایک مصرع یاد آرہا ہے۔

دھمکی سے مر گیا جو نہ بابِ نبرد تھا

☆ ہماری خواہش اُن ناقدین سے آگاہی کی ہے جنہیں آپ غیر جانب دار اور بالغ نظر گردانتے ہیں اور جن کے اثرات آپ کے ہاں تلاش کیے جاسکتے ہیں؟

☆☆ اتنے سب نام جمع کرکے آپ کیا کریں گے۔

☆ اگر یہ استدلال درست ہے کہ آپ کی تنقیدی روح کا سفر طے نہیں ہوا تو اس کا جواز اور ذمہ دار کون ہے؟

☆☆ سوال میں غلط بحث ہے۔

☆ آپ کی تقریر دلپزیر کے بے شمار مداح پائے جاتے ہیں مگر یہ کوئی نہیں جانتا کہ آپ ہر تقریر کے بعد پہلے سے زیادہ مضطرب اور منتشر کیوں دکھائی دیتے ہیں؟

☆☆ آپ نے میری کوئی تقریر سن کر یہ بات کی ہوتی تو میں وہ دھراتا۔ لیکن آپ نے تو میری ایک بھی تقریر نہیں سنی۔ ویسے لوگ باتیں تو بناتے ہی رہتے ہیں۔

☆ آنے والے وقتوں میں دنیا کی بے شمار زبانوں کے مستقبل کی بابت طرح طرح کے خدشات اور اُن کے خاتمے کی پیش گوئی کی جارہی ہے۔ اردو زبان وادب کی نسبت آپ کا موازنہ اور رہنمائی نہایت اہم ہے؟

☆☆ یہ آخری سوال وہ بم ہے جو انٹرویو کے شروع میں پھٹ جاتا تو ہم بہت سے مہمل سوالات اور بے سروپا جوابات کی یلغار سے بچ جاتے۔ نہ رہتا بانس نہ بجتی بانسری۔

# ''جب بھی دیکھا تجھے''

شفاعت قادری

(احمد آباد، بھارت)

**وارث علوی** خطرناک چیز ہیں۔ وہ ہمارے عہد کے سربرآوردہ نقاد ہیں۔ معاصر تنقید میں انہیں بلند مقام حاصل ہے۔ اردو تنقید میں وارث علوی کا یہ کارنامہ ہے کہ ان کی تجزیاتی نگاہ، فکر ونظر کی تازگی اور تنقیدی بصیرت نے اردو تنقید کو سوچ کی نئی رفعت بخشی اور ہم عصر دانشورانہ فضا کو شدت سے متاثر کیا ہے۔ انہوں نے اپنے بے تکلف بے باک اور طنزیہ، مزاحیہ اسلوب سے اردو تنقید کے خارزار کو لالہ زار Readable اور دلچسپ بنایا ہے۔ یہ اسی تنقید کا نتیجہ ہے جو قاری کو اردو کے بہترین تخلیقی شاہکاروں کی طرف متوجہ کرتی ہے۔ اگر وہ ان تخلیقی شاہکاروں پر تنقید نہ لکھتے تو قاری کا ان تخلیقی شاہکاروں سے رشتہ منقطع ہو چکا ہوتا۔ وارث علوی ایک ایسے نقاد ہیں جن کی ذہنی تربیت مغربی تنقیدی پیمانوں اصولوں اور تھیوری سے نہیں مشرق ومغرب کے اعلیٰ ترین فنی شاہکاروں کے تنقیدی مطالعہ سے ہوئی ہے۔ ان کے یہاں وہ بصیرت ہے جو ادب کے بے لوث اور نشاط جو مطالعہ کے زائیدہ ہوتی ہے۔ میر، سودا، غالب، اقبال، جوش، فراق، راشد، فیض، مجاز، سردار جعفری، ساحر، اختر الایمان، باقر مہدی، محمد علوی، ندا فاضلی، منٹو، کرشن چندر، راجندر سنگھ بیدی، قرۃ العین حیدر، بلونت سنگھ، رام لعل، خواجہ احمد عباس، اوپندر ناتھ، اشک، اقبال مجید، بانو قدسیہ، غلام عباس، غیاث احمد گدی، عصمت چغتائی اور ضمیر الدین احمد پر نئے زاویئے سے لکھے ہوئے مضامین ان کی عملی تنقید کے اچھے نمونے ہیں۔ عملی تنقید کے علاوہ انہوں نے فن فنکار، ادب کلچر، سماج، عوام، پروپیگنڈہ، کمٹمنٹ اور تعلیم کے موضوعات پر بھرپور اور مبسوط طریقے سے نظریاتی مضامین لکھے ہیں جو حرف آخر کی حیثیت رکھتے ہیں۔ ادب آرٹ اور تہذیب کے معاملے میں وہ کسی تحریک رجحان یا مکتب سے کمٹ ہونا پسند نہیں کرتے۔ انہیں اپنی نظر پر اعتماد ہے اور وہ نظر کو کسی نظریہ کا پابند کرنا گوارا نہیں کرتے۔ وارث علوی کے یہاں Killer Instinct ہے جو ان کی تنقید کو جارحانہ اور بے رحمانہ تنقید بناتی ہے۔ انہوں نے سماج، تعلیم، تحقیق، کمرشل کلچر، ہارٹی کلچر، بورژوا کلچر، ریاستی کلچر، اکاڈمک کلچر، آئیڈیولوجی کمٹمنٹ اور اسٹبلشمنٹ کو اپنی جارحانہ تنقید کا ہدف بنایا ہے۔ اپنی زہرناک تنقید کے ذریعہ مکتبی معاشرتی تدریسی مارکسی لسانیاتی اسلوبیاتی اور ساختیاتی تنقید نگاروں کی سطحیت اور کھوکھلے پن کو بے نقاب کیا ہے۔ سفید پوش، وضعدار اور پوپلے منہ والے ثقہ نقادوں کی بہت ہی منطقی انداز میں دلائل کے ساتھ قلعی کھولی ہے۔ اپنی تنقیدی قوت کے ذریعہ ان نقادوں کو آمریت کے خلاف آواز بلند کی اور ان نقادوں کو خوف زدہ کیا جن نقادوں نے اپنی تنقید سے سچے شاعروں اور ادیبوں اور ادب کے عام قاری پر اپنی ہیبت طاری کی تھی۔ وارث علوی نے اپنے فکر انگیز مضامین کے ذریعہ ہمیں صرف چونکایا ہی نہیں جھنجھوڑ کر رکھ دیا ہے۔ ادبی حلقوں میں ان کے مضمون کا انتظار کیا جاتا ہے اور وہ مضمون مباحث کے نئے باب کھولتا ہے۔ وارث علوی کی تنقید کیا ہے؟ یہ تنقید انکشاف اور دریافت کا عمل ہے۔ یہ تنقید Exposure ہے۔ یہ تنقید ایک مہذب آدمی کی دوسرے مہذب آدمی سے سرگرم گفتگو ہے۔ یہ تنقید ادبی سناب پیشہ ور اور ادب کے خودساختہ محافظ نقادوں کو Shock Treatment دینے کا عمل ہے۔ وارث علوی کی اردو تنقید کو یہ دین ہے کہ انہوں نے اردو تنقید کی ایک نئی تعریف پیش کی ہے۔ بقول وارث علوی تنقید دنیا میں جو کچھ بہتر سوچا گیا ہے اسے اپنے اندر سموتی ہے۔ تنقید جہاں افکار ہے جس کی سیاحت ولولہ خیز ثابت ہوتی ہے۔ تنقید ادب کا تذکرہ ہے اور ذکرِ یار وصل یار کا لطف رکھتا ہے۔ اسی لئے تنقید شعر وادب کے شوق کو انگیز کرتی ہے۔ ذوق کو نکھارتی ہے۔ تلاش و تجسس کے جذبہ کو وقار دار بناتی ہے۔ ماضی کے ادب میں ہماری دلچسپی کو برقرار رکھتی ہے۔ ادب خلوت کا مشغلہ ہے لیکن ذہن میں محفلیں برپا کرتا ہے۔ تنقید ادب کی بزم آرائی ہے۔ ان محفلوں اور ہنگاموں کا بیان جو قاری کے ذہن میں برپا ہوتے رہتے ہیں۔ تنقید وہ سر دلبراں ہے جو منبر پر فاش کیا جاتا ہے۔ وہ وعظ ہے جو راز کی صورت میں راز دانوں کو بتایا جاتا ہے تنقید تخیل کی جادونگری کی سیر ہے۔ جہاں افکار کی سیاحت ہے۔ ماضی کے کھنڈروں میں زندہ تجربات کی تلاش ہے۔ شعر کے مئے دوآتشہ کی سرمستی اور سرشاری ہے۔ لفظ کی کسوٹی زبان کی پرکھ اور معنی کا پیمانہ ہے۔ تنقید سے ادب میں گفتگو کا سلسلہ جاری رہتا ہے ورنہ قاری اپنی پسند اپنے تجربہ اور اپنے مطالعہ کا زندانی بن جائے۔ تنقید رابطہ ہے قاری اور قاری کے بیچ، قاری اور فنکار کے بیچ اور نقاد اور فنکار کے بیچ۔ اپنی آخری شکل میں تنقید گفتگو ہے اہل علم کی اہل علم سے، اہل دل کی اہل دل سے خوش طبعی ہے یاروں کے بیچ۔ بے تکلفی ہے احباب کے درمیان۔ بحث وتکرار ہے مشربوں سے۔ چھینا جھپٹی ہے مخالفوں سے، پھکڑ اور ٹھٹھول ہے حریفوں سے۔ آپ کچھ بھی کہئے تنقید سے ادب میں چہل پہل ہے گرمی ہے حرارت ہے۔ لیکن آج کل جو تنقید لکھی جارہی ہے وہ وارث علوی کی مندرجہ بالا تعریف کے میعار پر پوری اترتی ہے؟ آج کل تنقید میں جو کچھ ہورہا ہے اسے پڑھ کر ایک عجیب اندرونی خلفشار پیدا ہوتا ہے۔ آج کے زمانے میں قاری کو تنقید نے اتنا بڑا دھوکا دیا ہے جتنا کہ جدید افسانہ نگاروں نے۔ اگر نقاد قاری کی تربیت یافتہ شکل ہے تو جو نقاد ہم نے پیدا کئے ہیں وہ تربیت یافتہ اور غیر تربیت یافتہ شکلیں تو ہیں لیکن ادب کے قاری کی نہیں بلکہ مذہب کے مولوی کی سیاست کے کھلاڑی کی اور کالج کے

مدرس کی۔ان سب کی کچھ دینی اور پیشہ ورانہ مجبوریاں ہیں جن کے تحت وہ ادب کا مطالعہ ایک بے لوث قاری کی لگن سے نہیں بلکہ چند شخصی اور دانشورانہ تحفظات کے تحت کرتے ہیں۔سوال یہ ہے کہ جو کام انہیں مذہب سیاست صحافت کے تعلیم کے میدان میں کرنا چاہئے تھا انہیں چھوڑ کر انہوں نے اپنی کارکردگی کے لئے ادب کا میدان کیوں پسند کیا؟ انہیں ادب میں دیکھ کر ہی حیرت ہوتی ہے جو میخانہ میں واعظ کو دیکھ کر۔ دراصل انہیں مذہب پڑھنا چاہئے تھا۔سیاست پڑھنی چاہئے تھی اور لسانیات پڑھنی چاہئے تھی اور انہی موضوعات پر کام کرنا چاہئے تھا۔ ان کا ذہن ایسے ہی کاموں کے لئے بنا تھا۔عقیدت مندانہ راحت مندانہ مقصدیت کا حامل اپنے مذہبی اور سیاسی تصورات کا زندانی، آدرشوں کا غلام، احتساب اور اخلاقی سخت گیری کا خوگر اور نشاط زیست سے گریزاں۔ادب کی جادوگری میں داخل ہونے کی پہلی شرط تو یہ ہے کہ قاری کا ذہن غیر ابر آلود ہو۔ حیرت خانہ طلسم کا تماشائی ہو۔مسرت کا خوگر ہو۔چشم ہر رنگ میں وا ہونے کے آداب جانتی ہو۔ورنہ پڑھنے کے لئے مذہبی رسالوں اور سیاسی پمفلٹوں کی کہاں کمی ہے۔ وہ جو ذہن کی آزادانہ جستجو کا حوصلہ نہیں رکھتے ایسی ہی چیزیں پڑھا کرتے ہیں۔ان کو سب سے بڑی مسرت ان کے عقائد کی تشفی ہے۔ ان کا نصب العین بھی دوسروں پر اپنے عقائد لادنا ہے۔دوسروں کو اپنا ہم خیال، ہم مشرب اور ہم سفر بنانا ہے۔ارادت مندوں کا کارواں تیار کرنا ہے۔تا کہ ایک ایسا معاشرہ اور ریاست قائم کی جاسکے جو ان کی مذہبی اور سیاسی آئیڈیولوجی کے مطابق ہو۔تنقید کے سامنے اپنے حوصلہ مند عزائم نہیں ہوتے۔ وہ ایک آزاد ذہن کی سرگرمی ہے جو دوسروں کو اپنا ہم خیال یا ہم عقیدہ بنائے بغیر انہیں ادب کے تجربے میں شریک کرنے کی کوشش کرتی ہے۔تنقید ایک کھلے ذہن کا دانشورانہ عمل ہے۔تنقیدی شعور کا کام ہی یہی ہے کہ وہ ذہن کی ایسی تربیت کرے کہ وہ بڑی سے بڑی آئیڈیولوجی اور طاقتور تصورات کے سیلاب میں بہہ جانے کا خوف لئے بغیر ان سے آنکھیں چار کر سکے۔ادب اور ادب کا تنقیدی مطالعہ اس نظر کو عام کرتا ہے کیونکہ ادب کا ایک اہم فنکشن (Function) حقیقت اور دکھاوے کے فرق کو نمایاں کرنا ہے۔ادب کے تنقیدی مطالعہ کا لازمی نتیجہ اس بصیرت کا حصول ہے جو زندگی کی بنیادی سچائی سے مالا مال ہوتی ہے۔

یوں تو ہمارے یہاں Mediocrity رائج ہے Excellence کمیاب ہے لیکن اس Mediocrity میں وارث علوی کا ذہن منفرد ذہن ہے اردو ادب میں ایسا ذہن کمیاب ہے۔ان کی تنقید ایک مہذب شائستہ تربیت یافتہ شوخ طرار اور متجسس ذہن کا عکس ہے۔انہوں نے اپنے طاقتور اسلوب میں چند بصیرت افروز مضامین لکھے ہیں جن کی بنیادیں بہت مضبوط ہیں۔ان مضامین میں Relevant سوالات اٹھائے گئے ہیں۔ ان مسائل کو موضوع بحث بنایا گیا ہے۔جو انہیں اہم دل پسند اور معنی خیز بناتے ہیں۔نقادوں کی بھیڑ میں وارث علوی کی اپنی شناخت ہے۔وہ ادب کو انسان کی تہذیبی اور روحانی زندگی کے تناظر میں دیکھتے ہیں۔ان کی تنقید کا تعلق ادب زندگی اور سماج سے براہ راست ہے۔ وہ ادیب کی آدرشی وابستگی مقصدیت کے محدود تصور اور سطحی حقیقت نگاری کے مخالف ہیں۔ان کی Penetrate کرتی ہوئی نظر فن کا Totality سے مطالعہ کرتی ہے۔ فنکار زندگی کو اس کی اصلیت میں دیکھتا ہے۔ وہ زندگی کے تاریخی اور انفرادی المیہ اور طربیہ کا شاہد ہوتا ہے اور یہ نظر وارث علوی کو فنکاروں کی عطا کی ہوئی ہے۔وارث علوی کی شخصیت کا برہنہ اظہار ان کے تنقیدی اسلوب میں ہوا ہے۔ان کا اسلوب حسن عسکری اور سلیم احمد کے اسلوب سے کتنا مختلف ہے۔ وہ حسن عسکری اور سلیم احمد کے اسلوب کو Surpass کر گئے ہیں۔اس اسلوب میں تصنع نہیں بناوٹ نہیں نرمی اور ملائمت نہیں، شاعرانہ اسلوب کا لجلجا پن نہیں، عبارت آرائی نہیں۔مضامین دوسرے علوم کے خام مواد سے اٹے ہوئے نہیں اس لئے اصطلاحوں کلیشیز اور Taboos کا بھی استعمال نہیں ہے۔وہ اختصار پسند نہ سہی لیکن ان کی زبان کا کمال یہ ہے کہ یہ زبان تنقیدی زبان ہے۔وارث علوی کی نثر انگی باغ و بہار طبیعت کی آئینہ دار ہے۔انہوں نے نثر کو اپنے انفرادی رنگ میں جو کچھ وہ کہنا چاہتے تھے اسے خوبصورت انداز میں ادا کیا ہے۔ان کی نثر میں زبردست Power ہے۔ یہ نثر بول چال کی زبان سے قریب اور آرائش سے بے نیاز ہے۔ان کی تنقید میں گھٹن کا احساس نہیں۔ یہ تنقید احساس جرم پیدا نہیں کرتی کیونکہ وہ برابری کی سطح پر مخاطب ہوتے ہیں۔نہ کہیں علم کی نمائش، نہ رعب، نہ دانشورانہ فوقیت کا اظہار۔ پیش پا افتادہ خیالات نہیں، سرسری اور عمومی نوعیت کی باتیں نہیں۔نہ اپنی رائے منوانے پر اصرار نہ دوسروں کو غلط ثابت کرنے کی کوشش۔ ان کے یہاں کشادگی کا احساس ہوتا ہے۔تنقید میں گہرائی ہے۔ ندرت ہے کیونکہ وہ موضوع کا چیلنج قبول کرتے ہیں۔دقت طلب مسائل سے الجھتے ہیں وضاحت کرتے ہیں مثالیں دیتے ہیں سوالات پوچھتے ہیں اور کسی ایک فیصلے پر پہنچنے کی کوشش کرتے ہیں۔ان کے یہاں لہجے کی بے تکلفی اور طنز کی کاٹ ہے۔وہ طنز کا تنقید میں سلیقے سے استعمال کرتے ہیں اور یہ سلیقہ اپنی شخصیت کو صحیح انسانی اور اخلاقی قدروں پر تعمیر کرنے سے پیدا ہوا ہے۔ان کے یہاں طنز اور تنقید یکساں طور پر اپنا جادو جگاتے ہیں۔ایسا نہیں کہ وہ تنقید کرتے ہیں تو طنز اپنا اثر کھو دیتا ہے اور طنز کرتے ہیں تو تنقید نہیں ہوتی۔ان کے یہاں شخصی غور و فکر ہے بصیرت ہے طنز ہے بذلہ سنجی ہے جملے بازی ہے اور فقرے بازی ہے۔کہیں بھی تجریدی فکر نہیں تجریدی نثر نہیں۔نثر میں پیکر تراشی کرتے ہیں اور پیکر تراشی میں فقرے بازی اور جملے بازی کرتے ہیں۔ میں یہ محسوس کرتا ہوں کہ وارث علوی کے چند مضامین وقت کی گرد برد سے بچ جائیں اور جو مضامین بچ نہیں سکیں گے انہیں بھی ان کو جملے بازی اور فقرے بازی کے لئے ضرور پڑھا جائے گا۔

وارث علوی کے لئے تنقید ایک سماجی تہذیبی اور ذہنی سرگرمی ہے تخلیقی فنکاروں کے نقاد بھی انہی کے سطح کے ہوتے ہیں۔اردو کے چند تخلیقی فنکاروں پر وارث علوی کا تفکر اور بصیرت کا تجربہ ان تخلیقی فنکاروں کی شاعری

افسانہ نگاری اور ناول نگاری کے تجربہ سے مختلف کم ہوش ربا سہی لیکن فکر انگیز اور بصیرت افروز ثابت ہوتا ہے۔ بے شک تخلیقی تجربہ حسن ہے جو تنقید نہیں ہوتی۔ تخلیق کا تجربہ جمالیاتی ہے تنقید کا دانشورانہ لیکن خیال کا بھی اپنا حسن ہوتا ہے اور اظہار خیال کا بھی۔ دونوں مل کر تنقید کو وہ حسن عطا کرتے ہیں جو عموماً خشک مکتبی اور مدرسانہ کتابوں میں نہیں ہوتا۔ تنقید چونکہ بے مثال فن پاروں اور بڑے فنکاروں سے تعلق رکھتی ہے اس لئے ان کے متعلق خیال آرائی کا اپنا ایک حسن ہوتا ہے جو اپنا حسن لے کر آتا ہے۔ میں یہ محسوس کرتا ہوں کہ اردو کے چند بڑے فنکاروں کا مطالعہ کرنے والے لوگ اپنی مشکلات حل کرنے کے لئے یا ان کو تحسین اور تفہیم کی خاطر یا ان تصورات اور خیالات کو گہرائی کا شعور حاصل کرنے کیلئے ان تنقیدوں کو بھی ضرور پڑھیں گے جو وارث علوی کی وسیع مطالعہ اور طویل عرصہ پر پھیلی ہوئی دانشورانہ ریاضت کا ثمر ہے۔ وارث علوی تجربات کی دنیا کے سیاح ہیں۔ ان کی تحریروں کو پڑھنا زندگی کی کتاب کو پڑھنے کے مترادف ہے۔ ان کا مطالعہ وسیع ہے لیکن تحریروں میں مطالعہ کا بوجھ نہیں ہے۔ ان کی تحریروں میں مستعار کچھ بھی نہیں ہے جو کچھ ہے وہ ذاتی تجربہ کے علاوہ کچھ بھی نہیں۔ انہیں پڑھتے ہوئے ہم یہ محسوس کرتے ہیں۔ جیسے ہم ترقی یافتہ شعور کی صحبت میں ہوں موضوعات کی رنگارنگی اور اس پر انفرادیت کی چھاپ، ایسے لکھتے ہیں جیسے گفتگو کر رہے ہوں۔ ان کی تحریر بظاہر آسان نظر آتی ہیں لیکن دراصل فکر انگیز ہوتی ہیں۔ یہ تحریریں اس قدر آسان اور دلچسپ کیوں ہیں؟ مجھے تو اس کی یہی وجہ نظر آتی ہے کہ جس شخص کے یہاں Clarity of mind اور Clarity of Idea ہو عمل میں چوکھا پن اور باطن میں کوئی الجھن نہ ہو پریشانیاں نہ ہوں اور اگر ہوں بھی تو ان الجھنوں اور پریشانیوں کو کس طرح حل کرنا چاہئے اس کی سمجھ بوجھ ہو وہی شخص اتنی آسانی سے لکھ سکتا ہے۔

ہمارے زمانہ میں نقادوں کی کثیر تعداد اپنے آپ کو ادب کا Clearing Agent سمجھتی رہی ہے۔ ان نقادوں کو معلوم ہی نہیں کہ تنقید کا افق وسیع اور زیادہ آزاد ہوا ہے۔ فن کی اپنی صداقتیں ہوتی ہیں۔ تنقید میں صرف علم کام نہیں آسکتا ہے بلکہ علوم سے حاصل شدہ بصیرت کو پس منظر میں رکھتے ہوئے فن کی اپنی صداقتوں کو اجاگر کرنا پڑتا ہے۔ مختلف ادبی روایتوں کا شعور مختلف سماجی اور تہذیبی رویوں پر تجزیاتی نگاہ اور تجربات کی تنقید میں اہمیت ہوتی ہے۔ وہ تجربات جو زندگی کو مشاہدے اور ادب کے عمیق مطالعہ سے حاصل ہوتے ہیں۔ تجربات کا دھارا رک جائے تو تحریر خشک ہو جاتی ہے۔ اس میں تازگی باقی نہیں رہتی۔ اکادمی کے انعام کے لائق ہو جاتی ہے۔ وارث علوی ادب سے لطف اندوز ہوتے ہیں اور اپنے تجربات میں دوسروں کو بھی شریک کرتے ہیں۔ انہوں نے صرف عملی اور نظریاتی تنقید ہی نہیں کی بلکہ اردو کے بیشتر نقادوں کی شخصیت کے مضحک پہلوؤں پر اپنے طنز کا حربہ استعمال کیا ہے۔ ان نقادوں کی سطحیت اور کھوکھلے پن کو بے نقاب کیا ہے اور ان پر یہ واضح کر دیا ہے کہ ان کا شعور ناقص مطالعہ سطحی اور علم فرومایہ ہے۔ وہ نقاد تو کیا اچھے قاری بھی نہیں ہیں۔ وارث علوی کو اپنی ذات پر اعتماد ہے اس لئے سب کو خوش رکھنے اور سب کے ساتھ چلنے کے لئے سلامتی کا راستہ پسند نہیں کرتے۔ اپنی زہرناکی تنقید بت شکنی اور معرکہ آرائیوں کے باعث ملامتوں کے درمیان زندگی بسر کرتے ہیں۔ وہ ان لوگوں میں سے ہیں جو دوست کم اور دشمن زیادہ بناتے ہیں۔ ان کے مضامین کا شدید ردعمل ہوتا ہے لیکن میں نے آج تک ایسا ایک بھی مضمون نہیں پڑھا جو ان کے تنقیدی مضمون کی تردید میں لکھا گیا ہو۔ برعکس ادبی رسائل میں ان کے خلاف خطوط شائع ہوتے ہیں۔ جن میں ان کی ذات پر اوچھے اور گھٹیا قسم کے حملے کئے جاتے ہیں۔ حالانکہ ان خطوط سے ان کے مضمون کی تردید نہیں ہوتی کیونکہ یہ خطوط بے معنی ہوتے ہیں۔ ان کے لئے یہ خطوط تفریح اور تفنن کا سامان بہم پہنچاتے ہیں۔ وہ اپنے لکھے ہوئے مضامین سے مطمئن ہیں۔ اس لئے تنقید برداشت کرنے کا حوصلہ رکھتے ہیں۔ انہیں یہ خوف نہیں ہے کہ ان کے خلاف تنقید سے ان کی کارکردگی پر پانی پھر جائے گا۔ ضرورت اس بات کی ہے کہ ان کے خلاف بھی ایسے ہی مضامین لکھے جائیں جو ان مضامین کا سخت تنقیدی محاسبہ کر سکیں۔ وارث علوی کی تمام لڑائیاں نقادوں سے ہی ہیں فنکاروں سے نہیں۔ ان کی تنقید کا دامن سخت اختلافات سے بھرا پڑا ہے۔ شمس الرحمٰن فاروقی، گوپی چند نارنگ، سردار جعفری، مختار حسین، احتشام حسین، آل احمد سرور، وزیر آغا، عبادت بریلوی، محمود ہاشمی، سلیم احمد، شکیل الرحمٰن، شمیم حنفی، وحید اختر، ابن فرید، محمد حسن، قمر رئیس اور دوسرے بے شمار چھوٹے بڑے نقاد ہیں۔ جہاں انہیں اختلاف ہوا برملا کہا اور سخت کہا۔ جبکہ فاروقی اور نارنگ کے خلاف نظریاتی جنگ چھیڑی، جہاں تک فاروقی اور نارنگ سے اختلاف کا سوال ہے فاروقی کا تعلق شرح و تفسیر تعبیر و معنی آفرینی فصاحت و بلاغت عروض و قوافی دیباچہ نگاری تبصرہ نگاری اور ادارت سے ہے۔ نارنگ کا تعلق تصنیف و تالیف ترتیب و تزئین اور تحقیق و تنظیم سے ہے۔ یعنی ایک شارح ہے مفسر ہے مبصر ہے عروض داں ہے اور مدیر ہے۔ دوسرا مصنف ہے، مرتب ہے مولف ہے اور منتظم ہے۔ یہ دونوں ان کاموں کے مرد میدان ہیں۔ یہ دونوں سب کچھ ہیں لیکن خالص ادبی نقاد نہیں ہیں۔ فاروقی اور نارنگ نے اردو قارئین کے سر پر اپنے ان غیر تنقیدی کاموں کو تنقید کے نام پر منڈھ دیا ہے۔ بقول وارث علوی " فاروقی اور نارنگ بنیادی طور پر نقاد نہیں ہیں جیسے کہ آرنلڈ ایلیٹ وسٹ اور ایلن ٹیری ہیں۔ وہ ادب سے نہیں لسانیات اور اسلوبیات سے آئے اور دوسرے علوم مثلاً علم بیان اور ساختیات میں چلے گئے۔ " اردو زبان و ادب میں ان دونوں کا سب سے بڑا عطیہ یہ ہے کہ انہوں نے شخصیت پرستی کو رائج کیا۔ ذہن کے آزادانہ جستجو سے قاصر عقیدت مندوں ارادت مندوں اور شخصی غور و فکر سے عاری محدود مفادات کا حاصل طبقہ پیدا کیا۔ اس طبقہ کو ذہنی طور پر Corrupt کیا اور اسے آزادانہ طور پر پنپنے نہیں دیا۔ فاروقی اور نارنگ نے سوچے سمجھے منصوبے کے تحت غیر ادبی طریقوں سے

خود کو اس طرح Project کیا جیسے صرف وہی ہندوستان کے عظیم نقاد ہیں۔ دونوں اپنے اپنے ادبی عقیدے کے خود ساختہ پیغمبر بن گئے۔ دونوں پیغمبروں کا یہ دعوی کہ ایمان لاتو صرف ہم پر۔ ہمارا عقیدہ صحیح ہے۔ نتیجہ یہ ہوا کہ شاعر ادیب افسانہ نگار اور اساتذہ ان دونوں پیغمبروں کی امت میں بٹ گئے۔ لیکن وارث علوی نے ان دونوں پیغمبروں کے پیغمبرانہ دعوے کو چلینج کیا اور ان کے خلاف اس وقت آواز بلند کی جب ان کے پیغمبرانہ جلال شہرت اور عظمت کا سورج نصف النہار پر تھا۔ انہوں نے اپنی جارحانہ تنقید اور بت شکنی سے ان دونوں کے دانشورانہ کردار کو بے نقاب کیا۔ ان کے خلاف نظریاتی جنگ چھیڑی لیکن نظریاتی جنگ کو شخصی جنگ نہیں بنایا۔ انہوں نے معرکہ آرائی کو محاذ آرائی اور محاذ آرائی کو ذاتی جنگ میں بدلنے نہیں دیا۔ میں یہ محسوس کرتا ہوں کہ معاشرے کی توانائی کا اندازہ اس میں اختلاف رائے تو پنپنے کے امکانات سے ہوتا ہے۔ کسی معاشرے میں اختلاف رائے کے مواقع جس قدر زیادہ ہوں گے وہ معاشرہ اس قدر صحت مند ہوگا۔

وارث علوی کل وقتی ادیب ہیں۔ انہوں نے خود کو پڑھنے اور لکھنے کے لئے وقف کردیا ہے۔ وہ اس غلط فہمی میں مبتلا نہیں کہ "میں تو ادب کی خدمت کر رہا ہوں۔ " وہ ادبی سرگرمی کے علاوہ کسی اور سطح پر فعال نہیں ہیں۔ ان کی وابستگی زبان سے نہیں Intellectualism سے ہے۔ اور یہ وابستگی اس درجہ راسخ بھی نہیں کہ اپنی ذات اپنی نجی اور گھریلو زندگی دانشورانہ سرگرمی کے مقابلے میں ثانوی حیثیت اختیار کرلے۔ اب نہ کانفرنس میں شرکت کرنے کا شوق ہے نہ سیمینار میں۔ ایک وقت وہ تھا جب وہ سیمیناروں میں شرکت نہ کرتے تو انہیں جو شہرت ملی ہے وہ نہ ملی ہوتی۔ لیکن آج وہ اس مقام پر ہیں کہ وہ جس سیمینار میں نہ ہوں وہ سیمینار یک طرفہ پژمردہ بے کیف اور بے جان محسوس ہوتا ہے۔ وارث علوی یہ نہیں چاہتے کہ کوئی انہیں نقاد کی حیثیت سے تسلیم کرے۔ ان کی تو صرف یہ خواہش ہے کہ انہیں ایک ذہین قاری کے طور پر تسلیم کیا جائے۔ وہ ان لوگوں میں سے ہیں جن کا تعلق Book Culture سے ہوتا ہے اور جو Living Literature میں زندہ رہتے ہیں۔ ادب ان کے لئے نہ ترقی ہے نہ شخصیت کی زینت ہے۔ نہ دانشوری کی زرکاوی ہے۔ ادب ان کے لئے جینے کا اسلوب ہے۔ ایک جذباتی ضرورت اور ایک روحانی طلب ہے۔ مطالعہ کرتے ہیں اپنے لئے دوسروں کے لئے نہیں۔ علم کی نمائش کے لئے نہیں Well Read کہلانے کے لئے نہیں۔ دانشورانہ لطف اندوزی Intellectual Pleasure کے حصول کے لئے۔ وارث علوی نے جو مطالعہ کیا ہے۔ وہ نقاد بننے یا لکھنے کے لئے نہیں کیا ہے۔ ان کے مطالعہ میں سکالر اور Subject Expert کا نظم وضبط نہیں ہے، بلکہ ان کے یہاں ایک تجسس ہے۔ ایک سیاح کا تجسس ہے۔ یہی وجہ ہے کہ وہ شاعری، ناول، افسانہ، ڈرامہ اور تنقید کے علاوہ تاریخ، مذہب، نفسیات، سماجیات اور دوسری کتابوں کا مطالعہ کرتے ہیں۔ پڑھنا اچھا پڑھنا لکھنا اچھا لکھنا اور وہ بھی متنوع مصنوعات پر اسلوب کے تنوع کے ساتھ لکھنا کتنا مشکل عمل ہے۔ ہم ان کی تحریروں سے اتفاق کرسکتے ہیں یا اختلاف۔ انہیں قبول کرسکتے ہیں یا رد لیکن انہیں نظر انداز نہیں کرسکتے۔ وارث علوی تو اس دن کے انتظار میں ہیں جب کوئی انہیں یہ کہے کہ انہوں نے جو کچھ لکھا ہے بکواس ہے وارث علوی مست ہے فراڈ ہے۔ ہمارے زمانے میں اردو ادب میں شخصیت پرستی اور پائے لاگن کی رسم رائج ہے۔ آج تک وارث علوی پر خصوصی گوشہ اور نمبر شائع نہیں ہوا۔ خصوصی گوشہ اور نمبر تو کیا آج تک ان پر کسی نے ایک مضمون تک نہیں لکھا۔ جب کہ وارث علوی جنہیں اپنے ہم مشرب و ہم پیشہ اور ہم راز کہتے ہیں جن کا ادب میں رعب اور دبدبہ ہے جو اپنے قصیدہ گویوں کے ٹولے پالتے ہیں ان پر خصوصی گوشے اور نمبر شائع ہوتے ہیں۔ اور اب تو بقول فضیل جعفری ان کے چغلخوروں پر خصوصی گوشے اور نمبر شائع ہوچکے ہیں۔ بے شک وارث علوی ایک بے نیاز اور اپنی مستی میں مست رہنے والے آدمی ہیں لیکن ان کی طرف اردو تنقید کی بے رخی خود ہمارے ناقدانہ کردار کی اچھی مثال قائم نہیں کرتی۔ آج تک وارث علوی کی حالی مقدمہ اور ہم، اپنے پیارے لوگو، تیسرے درجے کا مسافر، پیشہ تو سپہ گری کا، بھلا کچھ بچالایا ہوں، خندہ ہائے بیجا، منٹو، بیدی، فکشن کی تنقید کا المیہ، اوراق پارینہ، سرزنش خار، لکھتے رقعہ لکھے گئے دفتر، بورژ واژی بورژ واژی، ناخن کا قرض، جدید افسانہ اور اس کے مسائل، ادب کا غیر اہم آدمی، گنجینہ باز خیال اور دیگر کتابیں شائع ہوچکی ہیں۔ لیکن انہوں نے ان کتابوں کی تقریب رونمائی نہیں کی۔ بروشر نہیں چھپوائے کسی سے اپنی کتاب پر فلیپ اور دیباچہ لکھوانے کی ضرورت محسوس نہیں کی اور نہ ہی اپنی کتاب پر کسی سے تبصرے کے لئے کہا۔ انہیں ان چیزوں کی ضرورت ہی نہیں۔ انہیں اپنی اہمیت کا پورا احساس ہے۔ جس کا ثبوت وہ تین ہزار خطوط ہیں جو ان کے چاہنے والوں نے لکھے ہیں۔ وارث علوی اتنے منکسر مزاج بھی نہیں جو یہ کہیں کہ "میں تو بہت معمولی لکھنے والا ہوں"۔ وہ محسوس کرتے ہیں کہ انہوں نے جو مضامین لکھے ہیں وہ صرف انہی کا حق ہے۔ انہیں اس بات کا بھی احساس ہے کہ انہوں نے بہت اچھے مضامین لکھے ہیں۔ دوسروں کی نظر میں یہ مضامین اچھے ہوں یا برے۔ یہاں اچھے اور برے کی اہمیت نہیں ہے۔ انہیں اپنے آپ پر اعتماد ہے کہ وہ مستقبل میں بھی ایسے ہی مضامین لکھتے رہیں گے جو استاد کا درجہ رکھتے ہیں۔ یہ ان کی رعونت ہے یا انانیت؟ میں یہ محسوس کرتا ہوں کہ قلم کار کے لئے رعونت اور انانیت کا عیب بھی لازمی ہے۔ وارث علوی کی رعونت یا انانت اپنی ناقدانہ بصیرت پر اس اعتماد کا نتیجہ ہے جو صلہ کی پروا اور ستائش کی تمنا سے ماورا ہوتی ہے۔ انہوں نے بڑی مشکل سے خود کو منوایا ہے لیکن یہ Recognition غیر ادبی طریقوں سے حاصل نہیں کیا ہے۔ وہ ادب کی دنیا میں ہر غیر ادبی چیز کے مخالف ہیں۔ ان کے اس موقف کے باعث ان کے ساتھ کس قدر ناانصافی ہوئی ہے اور اس ناانصافی کا سلسلہ آج تک جاری ہے

لیکن انہیں اس ناانصافی کا رنج نہیں ہے۔ کیونکہ ناانصافی فن کار یا ادیب کی ادبی توانائی کے لئے ضروری ہی نہیں ناگزیر بھی ہے۔ وارث علوی کے لئے یہ ناانصافی مفید ثابت ہوئی ہے۔ اس ناانصافی کے باعث ان کی اصول پسندی ایمانداری راست بازی بے باکی بے چینی اور غصہ کی وقار اور تیز ہوتی ہے اور وہ شاعری افسانہ نگاری ناول نگاری اور تنقید نگاری کے مختلف موضوعات پر لکھنے میں کس قدر کامیابی کے ساتھ عہدہ برآ ہوئے ہیں۔

وارث علوی کی تقریباً کتابیں شائع ہو چکی ہیں لیکن آج تک انہیں ساہتیہ اکادمی ایوارڈ یا اور کوئی بڑا انعام نہیں ملا اور اب یہ انعام ملنے کی کوئی امید بھی نہیں ہے میں یہ محسوس کرتا ہوں کہ اب اگر انہیں ساہتیہ اکادمی ایوارڈ ملے تو انہیں چاہیے کہ وہ اس انعام کو ٹھکرا دیں۔ کیا معنی ہیں اس ایوارڈ کے جب صحیح وقت پر صحیح فنکار یا ادیب کو صحیح کتاب پر نہ ملے۔ جہاں تک انعام کے حصول کا تعلق ہے انعام حاصل کرنے کا سوال ہی پیدا نہیں ہوتا۔ وارث علوی ایک قلم کار ہیں انہیں چاہئے کہ وہ بے بصیرت مفاد پرست جاہ طلب اور ترقی کوش افراد سے تشکیل کردہ انعامات تقسیم کرنے والی کمیٹیوں اور اکادمیوں کی مخالفت کریں۔ ان لوگوں کو بے نقاب کریں۔ یہاں سوال اخلاقی قدروں اور شاعر و ادیب کے Self-Respect کو خریدنے والی کمیٹیوں اور اکادمیوں کا نہیں ہے۔ سوال شاعر ادیب یا دانشور کی خودداری اور غیرت وحمیت بے نیازی اور لا ابالی پن کا ہے۔ ماضی کے ان فنکاروں اور دانشوروں کا ہے جو ادبی روایت کے کہکشاں میں درخشندہ ستارے کی طرح اپنی تابناکی چھوڑ گئے۔ سوال مستقبل کی ادبی شاہراہ پر اپنے نقش قدم چھوڑ جانے کا ہے۔ سوال مفاد پرست خوشامد پرست اور بونوں کو بے نقاب کرنے کا ہے۔ اگر وارث علوی یہ فریضہ انجام نہیں دیں گے تو اور کون دے گا؟ انعاماتی کمیٹیوں کی تشکیل کون کرتا ہے؟ کیا انعاماتی کمیٹیوں کے طریقے کار میں Transparency ہوتی ہے؟ انعاماتی کمیٹیوں میں کس ذہنی سطح اور ادبی قد کے اراکین شامل ہوتے ہیں؟ کس کتاب کو "اعلیٰ ترین اور معیاری" قرار دے کر انعام دینے والوں کے اعلیٰ معیار کے کون سے پیمانے ہیں؟ خاطر نشاں رہے کہ انعامات اعزاز اور سرکاری قدردانی کی دنیا میں احباب نوازی اور اقربا پروری کا زہر کہاں تک سرائیت کر گیا ہے۔ اکاڈمیوں کی جانب سے دئے جانے والے انعامات و اکرامات سے لکھنے والے کی قدر شناسی ہوتی ہے لیکن ادیب یا دانشور کی کھری کسوٹی تو ادب ہی کا میدان ہے۔ محض انعامات و اکرامات کے زور پر کوئی ادیب بڑا ادیب نہیں بنتا۔ بڑائی اسکی اس میں ہے کہ ذہین قارئین کا طبقہ اس کی تحریروں کی پذیرائی کس صورت میں کرتا ہے۔ عزت اور احترام آسانی سے نہیں ملتے۔ ریاضت محنت ذہنی یکسوئی اور عرق ریزی سے حاصل ہوتے ہیں۔ جس شخص کو عزت واحترام کا نشہ چڑھتا ہے۔ وہ ہوش وحواس کھو بیٹھتا ہے انسان دولت تو ہضم کر سکتا ہے لیکن عزت تو کچے سیماب کی طرح پھوٹ نکلتی ہے۔ کئی آدمی ہر روز اخبار میں اپنا نام اور ٹی وی پر اپنا چہرہ دیکھ کر یہ طے کر لیتے ہیں کہ وہ ابھی زندہ ہیں۔ یہ دور Self advertisement کا دور ہے۔ ہر آدمی اپنا ڈھول پیٹ رہا ہے۔ شاعر وادیب اپنا جشن مناتے ہیں۔ خصوصی گوشے اور نمبر شائع کراتے ہیں۔ دراصل یہ شہرت یہ عزت یہ اقتدار سب کچھ انسان کی خود پسندی سے پیدا ہونے والے مرض کی علامتیں ہیں۔ مقبولیت جو ہے وہ Credit یا Esteem نہیں ہے۔ مقبولیت آدمی کے نام کا Inflation ہے۔ جب کہ Reputation جو ہے وہ Credit کا عرق ہے۔ کئی اشخاص مقبول ہونے کے ساتھ ہی باعزت باوقار بھی ہوتے ہیں۔ شہرت Reputation نہیں ہے۔ Publicity اور Fame بھی ہم معنی نہیں ہیں۔ آدمی کی موت کے یا سال کے بعد بھی اس کا نام زندہ رہے اسے Reputation یا Esteem کہتے ہیں۔ آدمی حیات ہو اور اس کی زندگی میں اسے جو کچھ ملے وہ Publicity ہے۔ ساہتہ اکاڈمی ایوارڈ ہو یا گیان پیٹھ ایوارڈ ہو سرسوتی سمان ہو بکر پرائز ہو یا نوبل پرائز ہو یہ سب Publicity ہی کا حصہ ہیں۔ حافظ، خیام، میر، غالب، راشد اور منٹو کو کون سا ایوارڈ ملا تھا؟ آج بھی کوئی آدمی ان کی شاعری یا افسانہ پڑھ کر مسرت اور بصیرت حاصل کرتا ہے تو یہ ان کا Reputation ہے۔ کئی آدمی ماضی میں حاصل کی ہوئی Credit کی جگالی کرتے رہتے ہیں اور اسے Cash کرتے رہتے ہیں۔ صلاحیت خدا دیتا ہے۔ لوگوں کے ذوق اور دلچسپی میں تبدیلیاں ہوتی رہتی ہیں۔ لیکن لوگوں میں گھرے ہونے کے باوجود لوگوں میں بکھر نہ جانے والا فنکار یا دانشور اپنے مرکز پر قائم رہتا ہے۔ وارث علوی نے جو Reputation حاصل کیا ہے وہ Public Relation, Self Projection, Self Promotion اور دیگر غیر ادبی طریقوں سے حاصل نہیں کیا بلکہ اپنی صلاحیتوں اور قلم کے ذریعہ حاصل کیا ہے۔ ان کے مضامین میں ایک ادیب کی خوداعتمادی ہے اور جو ادیب اپنی خوداعتمادی کی حفاظت کرے شہرت اس کے قدم چومتی ہے۔ Credit یا Reputation مانگے سے نہیں ملتے۔ اس کے باوجود بھی ہم اس کے دروازے پر کشکول گدائی لئے دستک دیں تو ہم فنکار ادیب یا دانشور نہیں بھکاری ہیں۔

جو شخص وارث علوی کے قریب ہو اسی شخص کو معلوم ہو سکتا ہے کہ ان کے لاتعداد چاہنے والے ہیں۔ وہ اپنے مضامین کی طرح تقاریر کے ذریعہ اور الفاظ کے جادو سے اپنے حسن بیان سے لوگوں کے دل میں بس گئے ہیں۔ لوگوں کو آج بھی ان کی وہ تقریریں یاد ہیں جو انہوں نے "سخن کدہ" کی ادبی محفلوں میں کی ہیں۔ یہاں "سخن کدہ" کے متعلق یہ وضاحت کرنا ضروری ہے کہ شہر احمد آباد میں انجمن ترقی اردو اور انجمن ترقی پسند مصنفین کے بعد ایسا کوئی حلقہ بے ارادہ نہیں تھا۔ جہاں دانشورانہ سوچ بچار کیا جا سکے۔ ضرورت اس بات کی تھی کہ ایسا کوئی حلقہ بے ارادہ قائم کیا جائے۔ راقم المعروف عادل منصوری جبینت پرمار اور شہر کے دیگر ادب نواز حضرات ایسے ادبی حلقے کی کمی کو ایک عرصے سے محسوس

کررہے تھے۔ مندرجہ بالا مقصد کو مدنظر رکھتے ہوئے شہر کے ادب نواز حضرات اور باذوق نوجوانوں نے " سخن کدہ " کے نام سے ایک ادبی حلقہ قائم کیا ہے۔ خاطر نشاں رہے کہ " سخن کدہ " شاعروں یا ادیبوں کی انجمن نہیں ہے Writers Guide نہیں ہے بلکہ یہ تو ان لوگوں کا حلقہ ہے جن کا تعلق شعرو ادب فکروفن اور کلچر سے ہے اور جن کی دلچسپی افکار وتصورات میں ہے اور جو شعرو ادب کے حوالے سے حیات وکائنات اور اس کے مسائل کو سمجھنے کی کوشش کرتے ہیں۔ " سخن کدہ " کے قیام کے دیگر مقاصد یہ ہیں کہ آزادی فکری وخیال اور دانشورانہ روایت کو قائم رکھا جائے۔ ذہین اور منتخب قارئین پیدا کیے جائیں اور شہر کے نئے لکھنے والوں کی صلاحیتوں کو بروئے کار لایا جائے۔ " سخن کدہ " ایک ایسا حلقہ ہے جس کا نہ تو کوئی صدر ہے کوئی سیکریٹری اور نہ کوئی خازن۔ صرف دو کنوینر ہیں وارث علوی اور شفاعت قادری۔ جو مہینے میں دوبارہ ایسی نشستوں اور محفلوں کا اہتمام کرتے ہیں جن میں کسی ایک فنکار اور فن پارے پر فکر انگیز تقریر کی جاتی ہے۔ تقریر کی زبان اردو ہندی گجراتی یا انگریزی کوئی بھی ہوسکتی ہے۔ زبان کے Barrier کو توڑنے کا نتیجہ یہ ہوا ہے کہ ان محفلوں کے لئے شہر کے مقتدر عالموں اور دانشوروں کی خدمات حاصل کرنے میں سہولت ہوئی ہے اور تقاریر کے موضوعات کا دائرہ ملکی زبانوں کے علاوہ غیر ملکی زبانوں کے ادبی شاہکاروں تک وسیع ہوگیا ہے۔ وارث علوی " سخن کدہ " کی ہر ادبی محفل میں شرکت کرتے ہیں۔ ان کی موجودگی سے ایک پرلطف اور خوشگوار فضا بنتی ہے۔
یہاں یہ بات اہم ہے کہ احمد آباد جیسے صنعتی اور تجارتی شہر میں " سخن کدہ " کی دانشورانہ سرگرمیاں ایک محدود لیکن مخصوص حلقے کے لوگوں کو فکر ونظر کی تازگی اور بصیرت کا سامان بہم پہنچا رہی ہیں۔ میں نے یہاں " سخن کدہ " کے قیام اور اغراض ومقاصد کا صرف اس لئے ذکر کیا کہ وارث علوی اور ان کی طرح مجھ جیسے دیگر نوجوانوں کی دلچسپی اور وابستگی صرف زبان سے نہیں افکار وتصورات سے ہے Intellectualism سے ہے۔ " سخن کدہ " کے زیر اہتمام جلسوں میں وارث علوی نے میر، فیض، راشد، جوش، فراق، سلیم احمد بیدی، غلام عباس اور انتظار حسین پر فکر انگیز تقاریر کی ہیں۔ ان تقریروں میں چند ایسے معنی خیز نکات بیان کئے ہیں جو آج تک ان کی تحریروں میں بھی شائع نہیں ہوئے۔ کاش ان تقریروں کو ریکارڈ کرلیا جائے۔ وارث علوی جب تقریر کرتے ہیں اس وقت محفل میں بھی ایک پرلطف، خوشگوار اور بے تکلف فضا تو بنتی ہے لیکن ان کے اردگرد محفل کا Nucleus تعمیر نہیں ہوتا جو سردار جعفری گجراتی کے نامور شاعر اور اسکالر اوما شنکر جوشی اور نرنجن بھگت کی موجودگی سے تعمیر ہوتا ہے۔ میں یہ محسوس کرتا ہوں کہ اس کی وجہ یہ ہے کہ ان کے یہاں علمی رعب اور دبدبہ ہیں۔ وہ ایک بے تکلف شگفتہ خوش مزاج اور بذلہ سنج شخص ہیں۔ وارث علوی جادو بیاں مقرر ہیں۔ ادبی موضوعات پر فی البدیہہ تقریر کرتے ہیں۔ تقریر کرتے وقت ان کا مخصوص انداز ہوتا ہے۔ سینے کا بالائی حصہ آگے کی طرف ہوتا ہے۔ اکثر دونوں ہاتھ پیچھے کی طرف ہوتے ہیں یا پھر دونوں ہاتھ اشاراتی حرکت کرتے ہیں۔ لہجے کے اتار چڑھاؤ کے ساتھ یہ حرکت تیز یا سست ہوتی رہتی ہے۔ تقریر کا آغاز ٹھہراؤ سے ہوتا ہے۔ آہستہ آہستہ لہجہ چڑھائی کی طرف جاتا ہے۔ مگر ایک حد تک تقریر پھر اعتدال پر آجاتی ہے۔ مکالماتی انداز میں Conviction کے ساتھ الفاظ کی ادائیگی، الفاظ میں شخصیت کا وزن اور شدت جذبات کا احساس ہوتا ہے۔ دردمند لہجہ میں خیالات کا دھارا بہتا رہتا ہے۔ لیکن پھر بھی تقریر Sentimentalize نہیں ہوتی۔ کیونکہ اپنی بذلہ سنجی کے ذریعہ تقریر میں توازن برقرار رکھتے ہیں۔ ان کی تقریر ناقدانہ اور پرمغز ہوتی ہے۔ اپنی تحریروں کی طرح تقریر میں بھی عمومی اور سرسری نوعیت کی باتوں سے گریز کرتے ہیں۔ سردار جعفری کی طرح خطیبانہ انداز میں تقریر کرتے ہیں نہ Anecdote کا استعمال کرتے ہیں۔ خاطر نشاں رہے کہ وارث علوی سردار جعفری کو بڑا مقرر سمجھتے ہیں۔ وہ سردار جعفری کی جادو بیانی کے قائل ہیں۔ پہلے وہ سردار جعفری کے انداز میں ہی تقریر کرتے تھے لیکن بعد میں انہوں نے ریاضت اور مشق کے ذریعہ اپنا ایک انفرادی انداز پیدا کیا۔ وہ تقریر کے بعد مطمئن نہیں مضطرب نظر آتے ہیں۔ میں نے کئی بار ان کی تقریریں سنی ہیں ان کی تقریروں میں Viality سحر آفرینی اور ندرت تو ہوتی ہے لیکن پھر بھی مجھے کسی چیز کی کمی محسوس ہوتی ہے۔ شاید اس کی وجہ یہ ہو کہ میں نے انہیں گھنٹوں اور پہروں سنا ہے۔ جس کے باعث میں اثر پذیری کے عمل سے محروم ہو چکا ہوں۔

میں نے وارث علوی کے ساتھ احمد آباد دوردرشن سے میر، جوش، فراق، فیض، ساحر، مجروح، کیفی، سردار جعفری، اختر الایمان، بیدی اور احمد ندیم قاسمی کی شخصیت اور فن پر TV پروگرام پیش کئے ہیں۔ ان پروگراموں میں جب وہ بولتے ہیں تو یوں محسوس ہوتا ہے جیسے وہ الفاظ سے حیرت زدہ نہیں کرتے الفاظ سے ہمارا رشتہ وابستہ کررہے ہوں۔ یہ الفاظ ان کی Transparent خاموشی میں تشکیل پاتے ہیں۔ ان کے یہاں الفاظ کا ہجوم مشعل لے کر آگے نہیں بڑھتا بلکہ ان کے الفاظ میں چراغ کا ایسا اجالا ہوتا ہے جو اندھیروں کو چیرتا ہے۔ ٹی وی پر وہ عالمانہ انداز میں نہیں بلکہ عام سہل پسند تجزیاتی اور دلچسپ انداز میں اپنے خیالات کا اظہار کرتے ہیں۔ اپنی ناقدانہ بصیرت سے فن پاروں کے حسن اور معنویت کو اجاگر کرتے ہیں۔ فنکار کی شخصیت کے مختلف پہلوؤں کو بیان کرتے ہیں۔ مکالماتی انداز میں واقعات آسانی سے ترتیب پاتے ہیں اور نکات آسانی سے بیان ہوتے ہیں۔ پوری گفتگو فن پارے کی شکل میں نمودار ہوتی ہے اور ہمارے سامنے وارث علوی کی صاف بلند آواز دلنواز شخصیت خیالات احساس اور تجربہ کی شکل میں الفاظ نما جسم باقی رہ جاتا ہے۔

شہر احمد آباد میں وارث علوی کی شناخت ایک بزلہ سنج خوش گفتار شخص پروفیسر روشن خیال دانشور اور جادو بیان مقرر کی ہے۔ وارث علوی شہر احمد آباد میں پیدا ہوئے یہیں ان کی پرورش ہوئی یہیں تعلیم حاصل کی۔ انجمن اسلام

ہائی سکول میں ڈھائی سال تک سکول ٹیچر کی حیثیت سے اپنی خدمات انجام دیں۔اس کے بعد سینٹ زیویرس کالج میں انگریزی زبان کے پروفیسر کی حیثیت سے ان کا تقرر ہوا بقول وارث علوی میں چاک وچوبند بیروکریٹ نہیں۔ وہ پروفیسر نہیں جو ڈھائی لاکھ کے وظیفہ پر ان موضوعات پر تحقیق کرتا ہے جن پر کام کرنے والے پیٹ پر پتھر باندھ کر کام کر چکے۔ میں اساتذہ کی کانفرنس کے پریسڈیم کا صدر نہیں۔ ادیبوں کے وفد کا لیڈر نہیں۔ کسی میموریل کا ڈائریکٹر نہیں۔ وزارت تہذیب کی آنکھ کا تارا اور ساہتیہ اکاڈمی کا راج دلارا نہیں۔" ترقی کا یہ حال کہ پہلے فارسی پڑھائی بعد میں انگریزی پڑھائی اور بطور پروفیسر ملازمت کی اور انگریزی ڈپارٹمنٹ کے صدر کی حیثیت سے سبکدوش ہوئے۔ نہ موٹر کار نہ بنگلہ نہ شان وشوکت نہ سماجی اقتدار۔ وارث علوی کی ادبی زندگی کا آغاز بھی احمد آباد میں ہوا۔ آج وہ جس مقام پر ہیں وہ شہر احمد آباد کی بدولت ہیں۔ یہ شہر دہلی لکھنؤ علی گڈھ اور الہ آباد جیسے اردو مراکز سے بہت دور ہے۔ اس لئے اس شہر میں قیام پذیر ہونے کا انہیں سب سے بڑا Privilege یہ حاصل رہا ہے کہ وہ بے باک بے لاگ زہرناک اور جارحانہ تنقیدی مضامین لکھنے میں کامیابی کے ساتھ عہدہ برآ ہو سکے ہیں۔ آج اگر وارث علوی، وارث علوی ہیں تو اس شہر میں قیام پذیر ہونے کے باعث ہی ہیں۔ اگر وہ اردو مرکز میں قیام پذیر ہوتے تو وارث علوی نہ ہوتے کچھ اور ہی ہوتے۔ اس شہر کے لوگوں نے ان سے جتنی محبت کی اتنا ہی انہوں نے لوگوں کو پیار دیا ہے۔ اس شہر سے انہیں بے پناہ لگا ہے۔ وہ آج اس شہر کے غریب اور متوسط طبقے کے مسلمانوں کے محلے میں اپنے قدیم طرز کے آبائی مکان میں رہتے ہیں۔ ان کے گھر میں ایک کتب خانہ ہے جس میں انگریزی شاعری ناول ڈرامے اور تنقیدی کتابوں کا ذخیرہ ہے۔ اردو کی انگنت کتابیں ہیں لیکن اردو کی خریدی ہوئی کتابیں بہت کم ہیں کیونکہ نقاد ہونے کا سب سے بڑا فائدہ یہ ہے کہ آئے دن اردو کی کتابیں اور رسالے تحفے میں موصول ہوتے رہتے ہیں۔ سرخ وسپید رنگ کلین شیوڈ چہرہ سر پر برائے نام بال میانہ قد گٹھا ہوا جسم صاف اور بلند آواز پرکشش شخصیت۔ وہ محفلوں میں جدید طرز کا لباس پہنتے ہیں تاکہ ڈھلتی ہوئی عمر کا احساس نہ ہو اور اپنے آپ جوانی اور تازہ دم محسوس کر سکیں۔ اس شہر میں ان کے شناسا تو بہت ہیں دوست بہت کم اور ہمراز کوئی نہیں ہے۔ شاید اس لئے کہ ان کے کوئی راز ہیں ہی نہیں۔ زندگی کھلی کتاب کی طرح ہے۔ ان کے مکان پر مختلف قسم کے لوگ آتے ہیں۔ ہمسایہ عزیز وقارب طلبا سکول ٹیچر پروفیسر سیاسی اور سماجی کارکن۔ چھوٹا بڑا کوئی بھی شخص ہو جس وقت بھی ان سے ملنے کے لئے آیا ہو چاہے ان کو مصروفیات کے دوران ہی ملنے کے لئے آیا ہو پھر بھی وہ Disturb ہوئے بغیر اس سے اس طرح ملتے ہیں کہ ان سے ملنے والا شخص بھی ایک قسم کا اطمینان محسوس کرتا ہے۔ وہ اس کے ساتھ Undivided ہو کر باتیں کرتے ہیں۔ وہ تو آدمی کو دیکھ کر خوش ہو جاتے ہیں۔ کسی کی بھی بات کو غور سے سنتے ہیں۔ آپ بات کر رہے ہوں اس وقت وہ محض جسمانی طور پر ہی نہیں دماغی طور پر بھی حاضر ہوتے ہیں۔ کسی کو مکمل طور پر ملنا ہی سب سے اہم بات ہے۔ آدمی وہ ہے جس سے مل کر دوسروں کو خوشی محسوس ہو۔ اہمیت اس بات کی نہیں کہ ملاقات کے لئے کون کتنا وقت صرف کرتا ہے۔ ملاقات اس وقت معنی خیز ہوتی ہے۔ جب کسی سے مکمل طور پر ملا جائے۔ وارث علوی سے مل کر ایک مہذب اور شائستہ آدمی سے ملنے کا احساس ہوتا ہے۔ ان کی تہذیب وشائستگی نے ان میں خود نمائی اور خود پسندی کی بجائے بے نیازی اور انکساری پیدا کی ہے۔ وہ شگفتہ مزاج اور خوش گفتار شخص ہیں۔ میں نے ان کے ساتھ گھنٹوں اور پہروں باتیں کی ہیں۔ ان کے یہاں بات سے بات نکلتی ہے وہ برابری کی سطح پر بے تکلف انداز میں باتیں کرتے ہیں۔ مخاطب کو Penetrate کرتی ہوئی نظر سے دیکھتے ہیں بغور سنتے ہیں اور جب بولتے ہیں تو زیر بحث موضوع کے نئے پہلو اجاگر کرتے ہیں۔ جب کوئی شخص اپنی الجھنوں میں گرفتار ہو اور ان سے ملے تو اسے مشورے دیتے ہیں غمگساری کرتے ہیں چاہے اس کے دکھوں کا مداوا نہ کر سکیں۔ ان کی باتیں دکھے ہوئے دلوں کے زخم پر مرہم رکھتی ہیں۔ وارث علوی ہنستے بہت ہیں دوسروں پر کم اپنے آپ پر زیادہ۔ قہقہے لگاتے ہیں اور یہ قہقہے اتنی تیزی سے سننے والوں کے دل ودماغ پر اثر انداز ہوتے ہیں کہ وہ بات کی اصلیت اور اہمیت کا اندازہ لگا نہیں سکتا۔ جب وہ مذاق کرتے ہیں تو یوں محسوس ہوتا ہے جیسے مذاق انہوں نے نہیں جس شخص سے باتیں کر رہے ہوں اس نے کیا ہو۔ جیسے مخاطب خود خوش طبع شخص ہو۔ وارث علوی ہر شخص میں دلچسپ لیتے ہیں لیکن اس شخص میں زیادہ دلچسپی لیتے ہیں جس کا تعلق کتابوں اور رسالوں سے ہو۔ اکثر پوچھتے ہیں آج کل کیا پڑھ رہے ہو؟ کیا لکھ رہے ہو؟ نئی کتابیں لائیں ہوں تو وہ دکھاتے ہیں۔ نیا پڑھا ہو تو اس کی باتیں کرتے ہیں۔ کس کتاب میں کیا پڑھا کیا بہت پسند آیا کون سی کتاب میں کیا لکھا ہے کون سی کتابوں کے لئے کیا کرنا چاہئے۔ ان سب باتوں کا سلسلہ جاری رہتا ہے۔ ان کی گفتگو کا دائرہ مختلف موضوعات پر پھیلا ہوا ہوتا ہے۔ ادبی موضوعات پر عالمانہ انداز میں رائے پیش کرتے ہیں فلسفہ سیاست اور تہذیب کے متعلق عالمانہ رائے پیش کرنے کے بجائے سوالات اٹھاتے ہیں۔ اور اپنے مخاطب کو سوچنے پر مجبور کرتے ہیں۔ تاریخ اور مذہب بھی ان کے مطالعہ کے مرغوب موضوعات رہے ہیں۔ مذہب میں تشکیک ان کا مقدر تھا اور آج بھی ہے۔ تشکیک ان کے لئے وادی سرسبز نہیں تو دشت پرخار بھی نہیں۔ ایک ذہنی اور فکری حالت ہے جس سے ہم آہنگ ہونے میں انہیں کسی بے پناہ روحانی اضطراب سے گزرنا نہیں پڑتا۔ مذہب کے نام پر انسان نے انسان کے ہاتھوں جو سلوک کیا ہے اس نے ان کے لئے تاریک کو ایک بھیانک خواب اور مذہب کو ایک استحصالی ادارہ بنا دیا ہے۔ خیر بات کہاں سے کہاں نکل گئی۔ اگر دوران گفتگو بحث کی نوبت آجائے تو ان کی یہ شعوری کوشش ہوتی ہے کہ ان کی رائے پر کسی اور کی رائے غالب نہ آجائے۔ اسی لئے اپنی بذلہ سنجی سے مخاطب کے دلائل کو چٹکیوں

میں اڑا دینا بھی جانتے ہیں۔ اپنی بات کو اہم بنا کر مخاطب کی اہم بات Over Simplify کرنے کے گر سے بھی بخوبی واقف ہیں۔ وارث علوی اپنی ذہانت، علم اور قابلیت کے باوجود چھوٹے لوگوں کو یہ احساس نہیں دلاتے کہ وہ چھوٹے لوگ ہیں۔ جب کوئی نا اہل ان سے ملتا ہے تو نہ وہ اس کی ذاتی نا اہلیت کا احساس دلاتے ہیں اور نہ ہی اپنی قابلیت کا رعب گانٹھتے ہیں۔

کسی بھی قسم کے وسوسہ کے بغیر اور خالص خوشی کے زندہ رہنے والے انسان میں نے بہت کم دیکھے ہیں۔ جب آدمی خود ہو کر باتیں کرتا ہو اور خوشی کے ساتھ زندہ ہو تو اس کا یہ مطلب نہیں کہ اس کے اپنے مسائل نہیں ہیں۔ لیکن وارث علوی یہ محسوس کرتے ہیں کہ مسائل کے حل کا ایک ہی راستہ ہے کہ زندگی کو سچائی زندہ دلی اور بھرپور طریقے سے جینا چاہئے۔ گلہ شکوہ اور فریاد کرنے سے کچھ بھی حاصل نہیں ہوتا۔ محبت کرنے کی ان میں غضب کی طاقت ہے۔ جب وہ کسی کو اپنا سمجھتے ہیں تو اس کی چھوٹی چھوٹی اور معمولی باتوں میں دلچپی لیتے ہیں۔ اس کے سکھ دکھ کا خیال رکھتے ہیں۔ میں یا میرے سوا دوسروں کے مسائل میں دلچپسی لیتے ہیں۔ وہ اتنے انسانوں میں دلچپی لیتے ہیں کہ حیرت ہوتی ہے ۔مسائل میں دلچپسی لینا اور مسائل حل کرنے کے بعد اسے بھول جانا۔ کسی پر احسان کرنے کے بعد اسے فراموش کر دینا اس احساس کے بغیر کہ اس پر احسان کیا ہے۔ وارث علوی دوسروں کے مسائل میں تو دلچپسی لیتے ہیں لیکن اپنے مسائل کے متعلق بہت کم بات کرتے ہیں۔ اپنے نجی اور ذاتی پریشانیوں الجھنوں اور بیماریوں کا شاید ہی ذکر کرتے ہیں۔ کئی آدمی ایسے ہوتے ہیں جو گلہ شکوہ اور فریاد کئے بغیر رہ نہیں سکتے۔ دراصل یہ فریاد کرنے والے اشخاص غیر مطمئن لوگ ہوتے ہیں۔ رحم کے طلبگار رہوتے ہیں۔ کوئی ان کی طرف متوجہ ہو تو انہیں اچھا لگتا ہے لیکن کچھ لوگ ایسے بھی ہوتے ہیں جو تمام پریشانیوں تکلیفوں اور مصیبتوں کو خاموشی سے برداشت کر لیتے ہیں۔ ترحم کے جذبات سے دور رہتے ہیں۔ ناگہانی تکلیف اور مصیبت کو قبول کر لیتے ہیں کیونکہ دوسروں سے رحم کی طلب کرنا ذات کی توہین ہے۔ جسمانی یا ذہنی پریشانی کا برسرعام نیلام نہیں کرنا چاہئے۔ افسردہ چہرہ لئے پھرنے سے زندگی اور بھی الجھتی ہے۔ خالص خوشی اور مسرت سے اس کا مقابلہ کیوں نہ کیا جائے۔ کئی آدمیوں میں خودداری ہوتی ہے۔ اول درجہ کی خودداری وارث علوی انہی لوگوں میں سے ہیں۔ غضب Will Power کے آدمی ہیں۔ گمبھیر سے گمبھیر اور موذی بیماریوں میں مبتلا ہوئے لیکن انہوں نے شاید ہی اپنی بیماریوں کا ذکر کیا ہو۔ ان کی عیادت کے لئے گئے ہوں اور بیماری کی بات نکل جائے تو وہ یہی کہتے ہیں کہ "اس جسم نے بہت کچھ بھوگا اب بیماری کو بھی Enjoy کرے گا۔ کیا سوچا تھا اور کیا ہو گیا اس کے بجائے جو کچھ ملا بے پناہ ملا اس کی خوشی ہے۔ دوسرا کچھ ملا یا نہ ملا انسانی زندگی ملی اس سے بڑی بات اور کیا ہو سکتی ہے؟ " کسی چیز کا وسوسہ نہ ہو اور اسی کا نشہ ہو اسی میں زندگی کی معنویت ہے۔ ○

○

وارث علوی باغ و بہار طبیعت کے آدمی ہیں۔ وہ پر تصنع اور پرتکلف محفل کے قائل نہیں ہیں۔ وہ سنجیدہ اور گمبھیر محفل کی بجائے بے تکلف محفل زیادہ پسند کرتے ہیں۔ بلکہ یوں کہنا غلط نہ ہوگا کہ ان کی موجودگی سے سنجیدہ محفل بے تکلف محفل میں تبدیل ہو جاتی ہے۔ جس قسم کی بذلہ سنجی ان کی تحریروں میں ہے ان کی گفتگو بھی اسی قسم کی ہوتی ہے۔ جیسے وہ اپنی تحریروں میں بذلہ سنج ہیں ویسے وہ خود ہیں۔ وہ محفل میں ہلکی پھلکی اور دلچسپ باتیں کرتے ہیں۔ بات میں مزاح کے پہلو نکالتے ہیں۔ فقرے کستے ہیں اور جب آپ بھی ان پر فقرے کسیں تو وہ لطف اندوز ہوتے ہیں۔ وہ محفل میں اپنے ہر چھوٹے بڑے انسان سے باتیں کرتے ہیں۔ محفل میں شریک ہر کسی سے مخاطب ہوتے ہیں۔ اس کی باتوں کو توجہ سے سنتے ہیں۔ ہر شخص کو اظہار خیال کا موقع دیتے ہیں اور کسی کو بھی یہ پریشانی نہیں ہوتی کہ صرف انہی کی باتیں سننا پڑ رہی ہیں۔ ان کے ساتھ باتیں کرتے وقت ان کی شخصیت رکاوٹ نہیں بنتی۔ وہ اس محفل میں بوریت محسوس کرتے ہیں۔ جہاں ان کی حیثیت محض Passive Listener کی ہو۔ اور وہ بھی یہ نہیں چاہتے کہ دوسرے لوگ بھی ان کی باتیں Passive Listener کی طرح سنتے رہیں۔ وارث علوی اپنی تحریروں سے کہیں زیادہ شگفتہ اور دلچسپ صحبت میں ہوتے ہیں۔ انہوں نے اپنی بذلہ سنجی کو اپنی تحریروں سے زیادہ محفلوں میں بے دریغ لٹایا ہے۔

زندگی میں کچھ نام ایسے ہوتے ہیں جنہیں سنتے ہی دل جذبات سے لبریز ہو جاتا ہے۔ میرے لئے ایسا ہی ایک نام وارث علوی ہے۔ وارث علوی میرے بزرگ دوست ہیں۔ مجھے وہ پسند ہیں اس کی وجہ یہ نہیں ہے کہ وہ ایک ادیب نقاد یا دانشور ہیں۔ میرے اور ان کے تعلقات جبکہ وہ نقاد نہیں تھے اس سے قبل کے ہیں۔ ہماری قربت اور دوستی کو برسوں بیت گئے اور خدا کے فضل سے یہ دوستی گہری اور مضبوط ہوتی رہی ہے۔ دوست کا ایک ہی مطلب ہے دوستی۔ دوستی کا کوئی نعم البدل نہیں ہے۔ دوست کی صحبت میں صرف بات کی اہمیت نہیں ہوتی الفاظ نہ ہوں تو خاموشی بھی گونجتی رہتی ہے۔ گفتگو اور خاموشی کی جو عزت کرے وہ دوست۔ دوست وہ جس کی صحبت میں دکھ سکھ کی باتیں خود بخود نکلتی رہیں۔ دوست وہ جس سے مل کر مسرت کی انتہا کا احساس ہو اور دکھ ہلکا ہو جائے۔ کسی بھی مقصد کے بغیر ملنا بغیر کسی وجہ کے معمولی باتوں میں ہنسی کی پھلجھڑیاں چھوٹتی رہیں۔ ایسے دوست کہاں ہیں جن سے ہم ربط کی باتیں کریں اور جو ہر پل ہمارے ساتھ جئیں۔ کہاں ہیں ایسے دوست جن سے مل کر Holiday of mind کا احساس ہو۔ میری خوش نصیبی ہے کہ مجھے وارث علوی جیسا دوست ملا اور مجھے ان کے منفرد ذہن اور قد آور شخصیت کی قربت میسر ہوئی۔

جب بھی دیکھا تجھے عالم نو دیکھا ہے
مرحلہ طے نہ ہوا تیری شناسائی کا

(احمد ندیم قاسمی)

# ""حقیقت اور تخیل""

ش۔ک۔نظام
(جودھ پور، بھارت)

برصغیر کے ناقدین کا اگر سخت سے سخت انتخاب کیا جائے تو بھی وارث علوی کا نام اس میں شامل ہوگا۔ حیرت ہے کہ اس کے باوجود ان کی تنقید نگاری پر ہمارے پاس ایک بھی مضمون نہیں ہے۔ مغربی اور دوسری مشرقی زبانوں کو تو چھوڑیے اگر ہماری علاقائی زبانوں میں بھی ایسی تنقیدی تحریریں موجود ہوتیں تو اب تک ان پر دو چار کتابیں منظر عام پر آچکی ہوتیں۔ اردو میں تو ایسا ہوتا ہی ہے !بات تو بالکل ٹھیک ہے لیکن ایسا کیوں ہوتا ہے؟ کیا ہمیں اس پر غور نہیں کرنا چاہیے؟ اگر وارث علوی کی تنقید سنجیدگی سے غور کرنے کی چیز نہیں ہے تو ان کی کتابوں کو اتنے شوق سے کیوں پڑھا جاتا ہے؟ آخر ان میں ایسا کیا ہے جو ہمیں اپنی طرف کھینچتا ہے؟ میرا موضوع مجھے ان اور ایسے سوالات کی تفصیل و تفتیش میں جانے کی اجازت نہیں دیتا لیکن بار بار یہ سوال میرے ذہن میں سر اٹھاتا ہے۔ اس لیے بھی کہ میری محدود معلومات کے مطابق، اب تک وارث علوی کے تقریبا ڈیڑھ درجن مجموعہ ہائے مضمون شائع ہو چکے ہیں۔ تیسرے درجے کا مسافر (۱۹۸۱)، اے پیارے لوگو (۱۹۸۱)، حالی مقدمہ اور ہم (۱۹۸۳)، خندہ ہائے بے جا (۱۹۸۷)، کچھ بچالایا ہوں (۱۹۹۰)، پیشہ تو سپہ گری کا بھلا (۱۹۹۰)، جدید افسانہ اور اس کے مسائل (۱۹۹۰)، فکشن کی تنقید کا المیہ (۱۹۹۲)، منٹو: ایک مطالعہ (۱۹۹۷)، اوراق پارینہ (۱۹۹۸)، بورژ واژی بورژواژی (۱۹۹۹)، لکھتے رقعہ لکھے گئے دفتر (۲۰۰۰)، ادب کا غیر اہم آدمی (۲۰۰۱)، منتخب مضامین پاکستانی اشاعت (۲۰۰۰)، حالی مقدمہ اور ہم (۲۰۰۰) میں پاکستان میں شائع ہوئی۔ انہوں نے ساہتیہ اکادمی کے لیے راجندر سنگھ بیدی (۱۹۸۹) اور سعادت حسن منٹو (۱۹۹۵) پر دو مونوگراف لکھے۔ ان مجموعوں کے مطالعہ سے معلوم ہوتا ہے کہ وارث علوی نے مختلف موضوعات پر مضامین لکھے ہیں۔ نظریاتی مضامین میں انہوں نے ادب اور سیاست، ادب اور سماج، فسادات اور ادب، فائسزم وغیرہ پر استدلال کے ساتھ بحث کرتے ہوئے اپنے موقف کی وضاحت کی ہے اور یہ بتایا ہے کہ جب ادب مرکز سے ہٹ جاتا ہے تو ادب کے نام پر کیسی کیسی غیر ادبی باتیں ہوتی ہیں۔ ان مضامین میں انہوں نے کمٹ منٹ اور ترقی پسند تحریک کی اس ذہنیت کو نشانہ بنایا ہے جس نے ادب کی جگہ آئڈیولوجی کو مرکز میں رکھا تھا۔ ان کے ان مضامین نے جدیدیت کو ادب میں پاؤں جمانے میں بڑی مدد کی۔ نظریاتی مباحث کے بعد انکی دلچسپی فکشن کے آرٹ سے ہے۔ شمس الرحمٰن فاروقی نے جب افسانے کو دوسری اصناف ادب سے کمتر قرار دیا اور ہر طرف خاموشی نیم رضا کے مصداق سناٹا چھا گیا، تب وارث علوی ہی نے وہ سناٹا توڑا اور یہ ثابت کر دکھایا کہ زمان و مکاں کی قید کے باوجود افسانہ اتنا اسفل و ابتر نہیں ہے جتنا کہ بتایا جا رہا ہے۔ انہوں نے منٹو، بیدی، قر العین حیدر، عزیز احمد، ضمیر الدین، عصمت چغتائی، کرشن چندر، بلونت سنگھ، اوپندر ناتھ اشک، رام لعل وغیرہ پر جس پیار سے لکھا ہے وہ فکشن کے آرٹ سے عشق کیے بغیر ناممکن ہے۔ افسانے کے آرٹ سے وارث علوی کا عشق اندھا نہیں ہے بلکہ یہ آرٹ کے اعجاز کا اعتراف اور عرفان سے پیدا ہونے والا عشق ہے۔ افسانے کے علاوہ انہوں نے شاعروں پر بھی بھرپور مضامین لکھے ہیں۔ ان میں سودا، غالب، ن۔م۔راشد، مجاز، جاں نثار اختر، باقر مہدی، اختر الایمان، محمد علوی، ندا فاضلی وغیرہ پر جو مضامین لکھے ہیں، وہ ان شعرا کو سمجھنے کے لیے ایک نئی سمت دیتے ہیں۔ شاعروں کے علاوہ انہوں نے تنقید پر بھی تنقید لکھی ہے۔ مثلا آل احمد سرور کی دو کتابیں: "نظر اور نظریے "اور "مسرت سے بصیرت تک" میں انہوں نے سرور صاحب کی تنقید کا محاکمہ اور محاسبہ کیا ہے اور ان کی تحدید کی نشاندہی کی ہے تو شمس الرحمٰن فاروقی کی کتاب "افسانے کی حمایت میں "پر " فکشن کی تنقید کا المیہ " لکھی ہے اور "شعر، غیر شعر اور نثر "پر طویل تبصرہ کیا ہے۔ ان تحریروں کو ان کے اتفاق و اختلاف کی دستاویز کہا جا سکتا ہے۔ تبصرے میں جہاں انہوں نے فاروقی کی جی کھول کر تحسین و تعریف کی ہے، وہیں ان کے محاکموں کی تنقیص اور محاسبوں کی تنکیر بھی وضاحت سے کی ہے۔ "ڈاکٹر وزیر آغا کی تنقید نگاری "میں انہوں نے وزیر آغا کی نظریہ سازی اور عملی تنقید کا تذکرہ کرتے ہوئے اپنے اختلافات کا تفصیل سے ذکر کیا ہے تو شمیم حنفی کی کتاب "جدیدیت کی فلسفیانہ اساس "پر لکھتے ہوئے انہوں نے شمیم حنفی کے علم کا اعتراف کیا ہے لیکن یہ بھی دکھایا ہے کہ علم کیوں تنقید بننے سے رہ گیا۔ ان مثالوں سے یہ واضح ہو گیا ہوگا کہ انہوں نے اس طرح کے مضامین میں اردو کے اہم اور اپنے معاصرین ناقدین کے اہم کارناموں سے بحث کی ہے۔

جس نقاد نے مختلف موضوعات پر ایسا اور اتنا لکھا ہو اس کا چند صفحات میں احاطہ کرنا ناممکن حد تک دشوار ہے۔ پھر انہوں نے ہر موضوع پر لکھتے ہوئے اس کے تمام سیاق و سباق کی بھی چھان پھٹک کی ہے اور مذکور موضوع کے تناظر میں تنقید کے تفاعل کی بھی وضاحت کی ہے۔ مثلا متعدد مقامات پر انہوں نے بھی ہر نقاد کی طرح، تنقید کیا ہے، کا جواب ڈھونڈنے بتانے کی کوشش کی ہے۔ تو دوسرے تنقید نگاروں کا تجزیہ کرتے ہوئے انہوں نے یہ بتانے کی کوشش کی ہے کہ تنقید کیا نہیں ہے؟ اس عمل میں انہوں نے یہ بھی واضح کیا ہے کہ ہماری تنقید کی تحدید کیا ہے اور اچھی اور بری تنقید میں تفریق کیا ہے؟ مثلا انہوں نے ایک جگہ لکھا ہے کہ تنقید بت شکنی کا عمل ہے۔ تو اچھی اور بری تنقید میں تفریق

کرتے ہوئے لکھا ہے کہ "بری تنقید رسومیات میں قید ہوتی ہے اور اچھی تنقید رسومیات کو توڑتی ہے۔" دوسری جگہ لکھا ہے کہ "اچھی تنقید فکر انگیز ہوتی ہے، خراب تنقید اشتعال انگیز۔ اچھی تنقید دانشورانہ سوال اٹھاتی ہے۔ خراب تنقید احمقانہ۔" ان کے نزدیک تنقید تو رابطہ ہے، یعنی وہ توڑنے کا نہیں، جوڑنے کا عمل ہے۔ ان کے الفاظ ہم آگے دیکھیں گے۔ پھر ہم یہ کیوں بھول جاتے ہیں کہ تنقید تخریب کے مترادف نہیں ہے۔ اگر وہ بقول وارث علوی بت شکنی کا عمل ہے تو کعبہ سازی کا بھی تو عمل ہے۔ ادھورا دیکھنا غلط دیکھنا بھی ہے۔ تخلیق تجربہ بھی ہے اور تجربہ تبدل وتغیر سے بھی عبارت ہے۔ اگر تخلیق تجربہ، تبدل اور تغیر ہے تو اس کی تفہیم، تشریح اور تعبیر بھی مروج ومقبول معیار سے کیسے ممکن ہوگی؟ تخلیق کو محض روایت کی روشنی میں دیکھنا بھی صحیح نہیں ہے اور اسے صرف نئے معیار سے دیکھنا پرکھنا بھی صحیح نہیں۔ والیری نے بالکل ٹھیک کہا تھا کہ ترقی اور روایت انسانی نسل کے دو بڑے دشمن ہیں۔ " بحرالفصاحت " ہی کی بنیاد پر میراجی اور راشد کا مطالعہ ممکن نہیں لیکن ہمارے لیے تو نہ " بحرالفصاحت " بے کار، نہ میراجی اور راشد۔ ادب میں دونوں کی اہمیت مسلم ہے۔ اس لیے ان کے ایسے جملوں سے یہ رائے قائم کرلینا کہ وہ انہدام کے عاشق ہیں غلط ہے۔ آج حالی کا جو مقدمہ اردو تنقید میں اساسی اہمیت رکھتا ہے، جب وہ منظر عام پر آیا تب کیا ہوا تھا؟ کیا مقدمہ کے معاصرین نے اسے بھی متنازع فیہ نہیں کہا تھا؟

خیر یہ تو جملہ معترضہ تھا۔ بات تو وارث علوی کی تنقید اور اس کی تفہیم کی ہے۔ کسی بھی تنقید نگار کی تفہیم کا سب سے معتبر وسیلہ اس کی تحریر ہے۔ چنانچہ ہمیں بھی وارث علوی کی تحریروں ہی سے یہ جاننے کی کوشش کرنی چاہیے کہ ان کا تنقیدی عمل کیا ہے؟

شمس الرحمٰن فاروقی کی کتاب "شعر، غیر شعر اور نثر" پر تبصرہ کرتے ہوئے وارث علوی نے لکھا ہے:

" مجھے حالی کا نظریۂ شعر، جو بنیادی طور پر اخلاقی ہے، بہت زیادہ پسند نہیں، اس کے باوجود میں حالی کو اردو کا سب سے بڑا نقاد سمجھتا ہوں۔ کسی نقاد کے نظریے کو قبول نہ کرنے کے باوجود اسے بڑا نقاد سمجھنے کا مطلب ہے اس کی فکر و نظر کی اس طاقت کو شناخت کرنا جو اسے اس کی نظریاتی حدود سے بلند کرتی ہے۔ حالی پر میں نے جو طویل مضمون لکھا تھا، اس کا مقصد اردو تنقید میں حالی کا مقام متعین کرنا نہیں تھا بلکہ یہ دیکھنا تھا کہ اخلاقی نظریہ شعر کی طرف میری ذہنی کشمکش کی نوعیت کیا ہے۔ ایک معنی میں دیکھیے تو میں حالی کے مسائل نہیں، بلکہ حالی نے جو مسائل میرے لیے پیدا کیے تھے، انہیں کو حل کر رہا تھا۔ مضمون میں جس چیز پر میری گرفت مضبوط تھی وہ حالی کی تنقید نہیں، بلکہ خود میرے Dilamma کے دوسینگ تھے۔"

یہ اقتباس ان کے تنقیدی عمل کو سمجھنے میں ممدومعاون ثابت ہوسکتا ہے۔ وہ حالی کے نظریہ شعر، جو بنیادی طور پر اخلاقی ہے، کو زیادہ پسند نہیں کرتے۔ اس کے باوجود حالی کو اردو کا سب سے بڑا نقاد سمجھتے ہیں۔ جملہ میں تضاد ہے۔ لیکن جب سب بتاتے ہیں تو جواز بھی سامنے آجاتا ہے۔ یعنی فکر ونظر کی اس طاقت کی شناخت جو حالی یا نقاد مذکور کو نظریاتی حدود سے بلند کرتی ہے۔ پھر یہ اعتراف کہ وہ طویل مضمون حالی مقدمہ اور ہم: جو صفحات کی کتاب ہے حالی کے مقام کو متعین کرنے کے لیے نہیں بلکہ اپنی ذہنی کشمکش کی نوعیت کو سمجھنے کے لیے ہے۔ بہ الفاظ دیگر ان کی تنقید خود تفہیمی کا عمل ہے۔ آگے کہتے ہیں میں اس مضمون کے وسیلے سے حالی کے مسائل حل نہیں کر رہا تھا بلکہ مقدمہ نے جو مسائل قاری کے لیے پیدا کیے، انہیں حل کرنے کی کوشش ہے۔ یعنی تنقید کسی مسئلہ کا حل نہیں بلکہ حل کرنے کی کوشش ہے۔ ادب اور اخلاق کے رشتوں کے ڈائیلیمہ (Dilamma) پر گرفت بھی اسی بات کا اعلان ہے کہ وہ جس موضوع پر لکھتے ہیں اس موضوع کے حوالے سے اپنے مسائل (ذاتی نہیں ادبی اور نظریاتی) کو حل کرنے کی سعی کرتے ہیں۔ جس نقاد کی ادب سے رشتوں کی نوعیت ایسی ہو، اس کے متعلق یہ سوچنا کہ وہ مخاصمت میں مضمون لکھتا ہے یا اس کا طریقہ کار معاندانہ ہے، صحیح نہیں۔ ایک سچا اور کھرا قاری کسی تخلیق یا تجربہ سے اور کس طرح مکالمہ کرتا ہے؟ ایک قاری احساس کی سطح پر ہی تخلیق سے رشتہ قائم کرتا ہے؟

تنقید نگار کے تفاعل کا تعین کرتے ہوئے ڈبلو۔ ایچ۔ آڈن نے پوچھا ہے کہ نقاد کون ہے؟ پھر خود ہی جواب دیتا ہے کہ جو میرے لیے مندرجہ ذیل میں سے کوئی ایک یا زائد خدمات انجام دے:

ا۔ وہ مجھے ان مصنفین یا تصانیف سے متعارف کرائے جن سے میں اب تک ناواقف تھا۔

۲۔ وہ مجھے اس بات کو باور کرائے کہ میں نے مصنف مخصوص یا تصنیف کی قدر سنجی میں کوتاہی برتی، کیوں کہ میں نے اسے خاطر خواہ توجہ سے نہیں پڑھا۔

۳۔ وہ مجھے مختلف ادوار کے ادب پاروں اور تہذیبوں کے تعلق کو سمجھنے میں مدد کرے جنہیں میں اپنی کم علمی کے باعث نہ تو جانتا تھا، نہ جان سکتا تھا۔

۴۔ وہ میرے سامنے کسی فن پارے کا ایسا مطالعہ (Reading) پیش کرے جو فن پارے کی تفہیم میں ممدومعاون ثابت ہو۔

۵۔ فن کارانہ تخلیقی عمل (Making) کو منور کرے۔

۶۔ فن کے زندگی، سائنس، معاشیات، مذہب، اخلاقی اقدار وغیرہ کے رشتوں پر روشنی ڈالے۔

آڈن کہتا ہے کہ پہلے تین مطالبوں کی تکمیل کے لیے Scholarship درکار ہے جب کہ آخری تین چیزیں Superior Knowledge نہیں بلکہ Superior Insight کا مطالبہ کرتی ہیں۔

آڈن کے آدرش ناقد کا جو تصور ہم نے دیکھا، کیا وارث علوی ان میں سے بیشتر کی تکمیل نہیں کرتے؟ جن لوگوں نے ان کی تحریروں کا بغور مطالعہ کیا ہے

یعنی محض حظ حاصل کرنے کے لیے نہیں پڑھا یا جوان کی تحریروں کو اپنے معاصرین کی بھد خراب ہوتے دیکھنے کے لیے نہیں پڑھتے، وہ مجھ سے اتفاق کریں گے کہ انہوں نے محض تنقید کو دلچسپ بنانے کے لیے یہ اسلوب اختیار نہیں کیا ہے۔ وہ جو بات کہنا چاہتے ہیں اسے شاید اسی طرح کہا جا سکتا ہے۔ پھر ویسے بھی تنقید کا کوئی طے شدہ اسلوب تو ہوتا نہیں ہے کہ آپ اس طرح لکھیں گے تو تنقید ہوگی، ورنہ ایک تحریر محض ہوگی۔ بنیادی چیز تو تجزیہ ہے۔ اگر وہ نہیں تو پھر سنجیدگی اور نام نہاد بردباری کا بھی کیا مطلب ہوگا۔ جیسا کہ میں نے عرض کیا کہ انہوں نے متعدد مقامات پر تنقید کی تعریف کی ہے، اس ضمن میں ان کا یہ قول دیکھیے:

" تنقید رابطہ ہے قاری اور قاری کے درمیان، اپنی آخری شکل میں تنقید گفتگو ہے اہل علم کی اہل علم سے، اہل دل کی اہل دل سے۔ خوش طبعی ہے یاروں کے بیچ، بے تکلفی ہے احباب کے درمیان، بحث و تکرار ہے ہم مشربوں سے، چھینا جھپٹی ہے مخالفوں سے، پھکڑ اور ٹھٹھول ہے حریفوں سے۔"..

جو تنقید نگار تنقید کو رابطہ مانتا ہو، گفتگو جانتا ہو، اس سے کلاس روم کے آداب و اطوار کی توقع تو بے معنی ہے۔ چند لوگوں کا خیال ہے کہ یہ تنقید کی زبان نہیں۔ کیوں نہیں ہے؟ اگر تنقید مختلف مدارج و مذاق و مزاج کے لوگوں سے گفتگو یا رابطہ کا وسیلہ ہے تو یہ زبان کیوں تنقیدی زبان نہیں؟ دوسری بات یہ ہے کہ اگر یہ تنقید کی زبان نہیں یعنی یہ تنقید نہیں کیوں کہ ادب کا ہر فارم پہلے زبان ہے بعد میں کچھ اور، تو ہم اسے کیا سمجھ کر پڑھ رہے ہیں؟ جس طرح یہ ضروری نہیں کہ ہم مختلف مزاق، معیار اور مدارج کے احباب سے ان کی زبان میں گفتگو کریں، ویسے ہی یہ کہاں ضروری ہے کہ آپ اور ہم لندن کے پارک یا منبر پر بیٹھے، بغیر اس بات کی فکر کیے کہ کوئی ہماری بات سن سمجھ بھی رہا ہے کہ نہیں، بولتے چلے جائیں۔ پھر یہ بھی نہ بھولیے کہ وہ تخلیق اور تنقید میں صاف فرق کرتے ہیں اور انشائیہ بہر حال تخلیق ہے وہ تنقید نہیں انشائیہ لکھتے ہیں" چند احباب کا یہ خیال ہے وارث علوی نے لکھا ہے " تخلیق کا تجربہ جمالیاتی ہے تنقید کا دانشورانہ "۔ صاف ظاہر ہے کہ وہ تجربے کی سطح پر دونوں میں تفریق کرتے ہیں۔ تو کیا اس سے یہ نتیجہ اخذ نہیں کیا جا سکتا کہ تنقید ایک دانشورانہ تجربہ ہے جس کا اظہار " گفتگو " تحریری یا تقریر کے توسط سے ہوتا ہے۔ وارث علوی بنیادی طور پر قاری ہیں۔ ادب کے عاشق صادق، ان کی کوشش ہے کہ مطالعہ سے مصنف اور قاری کے مابین رشتہ قائم ہو، چنانچہ لکھتے ہیں:

”بڑے ادیبوں سے رابطہ عالمی کانفرنسوں میں قائم نہیں ہوتا۔ تنہائی اور تخلیہ میں ان کتابوں کے پرسکون مطالعہ کے ذریعہ ان سے شناسائی حاصل کی جاتی ہے۔ سنجیدہ مطالعہ کیلئے ضروری ہے کہ ذہن کھلا ہو، غیر آلودہ ہو، بیدار خلاق ہو، سفید کاغذ پر تو سیاہ حروف ہی بکھرے ہوتے ہیں، لیکن پڑھنے والے کا ذہن ان حروف سے ایک پوری کائنات تخلیق کرتا ہے۔"

ابھینو گپت (Abhinavagupta) نے ایسے قاری ہی کو تو قاری کہا ہے۔ ایسے میں مطالعہ مصنف سے مکالمہ ہی نہیں بلکہ اس کے تجربات احساس اور اظہار دونوں میں شریک ہونا ہے۔ تجربات میں شرکت تب تک ممکن نہیں جب تک آپ تخلیق کے آگے ارادت و انکسار سے پیش نہ ہوں۔ رگ وید میں اسی لیے تو کہا ہے کہ فن کی دیوی صاحب ذوق کے آگے ہی اپنے اسرار کا انکشاف کرتی ہے۔ میر نے بھی شاید ایسی ہی کسی کیفیت میں کہا تھا۔

سرسری تم جہان سے گزرے
ورنہ ہر جا جہانِ دیگر تھا

اگر قاری نقاد بھی بنیادی طور پر تو قاری ہی ہوتا ہے خود ہر جا جہانِ دیگر کا دیدار نہ کرے تو آڈن کی بتائی ہوئی دوسری خدمت کو کیسے سرانجام دے گا۔ وارث علوی نے قاری کے اوصاف میں یہ اضافہ کیا ہے کہ اس میں تخلیقِ مکرر کی صلاحیت ہو۔ چوں کہ وہ تخلیق کے عاشق ہیں اس لیے ان کی تنقید تخلیق کی طرف دار ہے۔ وہ ادب کے ساتھ نقاد کے آمرانہ رویے کو برداشت نہیں کر سکتے۔ تنقید کو قاضیوں کا فرمان تکفیر نہیں ماننے کا بھی یہی سبب ہے۔ ادب میں اختلاف کو تو وہ پسند کرتے ہیں لیکن انتہا پسندی سے انہیں نفرت ہے۔ وہ Prejudices کے بغیر تخلیق یا مصنف سے مکالمہ کرتے ہیں۔ چنانچہ لکھتے ہیں:

" مطالعہ ذہن کی اعلیٰ ترین سرگرمی ہونے کے سبب حرکی اور جدلیاتی ہے، فکر انگیز، بصیرت افروز اور معلومات افزا ہے۔ اسی لیے مطالعہ ایک مفکرانہ اور ناقدانہ عمل ہے۔"

اختلاف رائے کے متعلق لکھتے ہیں:

" اختلاف رائے نہ ہو تو تنقید ایک ایسا اکھاڑا ہے جس میں ورزش سب کرتے ہیں، کشتی کوئی نہیں لڑتا ہے، کمزور نقاد کمزور شاعروں پر برستا ہے۔ طاقتور نقاد کمزور شاعروں کا ذکر رواداری سے کرتا ہے۔ ان پر اس کی کتاب کتبہ ثابت ہوتی ہے۔"

وارث علوی کی کتاب " فکشن کی تنقید کا المیہ، جدید افسانہ اور اس کے مسائل "اور مجاز لکھنوی پر لکھا ان کا مضمون وغیرہ تحریریں ان کے اختلاف رائے ہی کا اظہار ہے۔ یہ ماننا بالکل غلط ہے کہ انہوں نے ایسے مضامین اور کتب اپنی پسند پر ہوئے حملے کے جواب میں لکھیں۔ دراصل یہ تحریریں ایک قاری کی دوسرے قاری سے عالمانہ گفتگو ہے، جو اختلاف کا اظہار بھی ہے اور آڈن کے بتائے گئے دوسرے اور چوتھے مطالبہ کی تکمیل بھی ہے۔ یہ قاری کا احتجاج بھی ہے، جو اپنے معاصر قاری سے یہ کہتا ہے کہ آپ نے تخلیق کو خاطر خواہ توجہ سے نہیں پڑھا، یا آپ نے اسے جس طرح پڑھا ہے وہ طریقہ تخلیق کے طلسم نہیں کھولتا بلکہ تخلیق کو مجروح کرتا ہے اور قاری کی نظر میں اس کے اعتبار کو کم کرتا ہے۔ پھر تخلیق کی تفہیم کیلئے آپ نے جس راستے کا انتخاب کیا ہے وہ ادب فہمی کا واحد راستہ نہیں، اس کے علاوہ بھی بہت سے ممکن راستے ہیں مثلاً ایک تو وہی ہے جو

میں بتارہا ہوں۔ انہیں ناقدین سے شکایت ہے تو یہی ہے کہ "وہ ادب کے پرشوق قاری نہیں ہیں۔" وہ لکھتے ہیں:

"ان کی تنقیدوں میں علم اور اکسپرٹائز بھی ہوتی ہے اور محنت اور مشقت بھی لیکن وہ بصیرت نہیں ہوتی جو نقاد کو ادب کے باشعور و باذوق مطالعہ کے ذریعہ حاصل ہوتی ہے۔ ان کے مضامین غیر تخیلی اور غیر تخلیقی ہوتے ہیں۔"

شاید یہی سبب ہے کہ " فکشن کی تنقید کا المیہ " میں وہ لکھتے ہیں "اردو تنقید ابھی بھی منتظر ہے اس نقاد کی جو عظیم ماں کا روپ ہو۔ " اسی لیے انہوں نے اسی کتاب میں لکھا ہے کہ:

"ہماری تنقید کا المیہ بھی یہی ہے کہ ہم پہلودار نقاد پیدا نہیں کر پائے۔ سرور صاحب سے فکشن پر تنقید نہیں سنبھلی۔ کلیم الدین احمد شاعری اور تنقید کے دائرے سے باہر نہیں نکلے۔ افسانوں اور ناولوں پر ان کے یہاں ایک بھی مضمون نہیں۔ ممتاز شیریں شاعری اور تنقید سے بالکل بے بہرہ رہیں۔ احتشام حسین شاعری اور تنقید پر اچھا لکھ گئے لیکن فکشن کی طرف متوجہ ہوئے تو ان پر تھکن طاری ہو چکی تھی اور ان کے مضامین محض سرسری جائزے بن کر رہ گئے۔ فاروقی کی زیر تبصرہ کتاب بھی بتاتی ہے کہ فکشن ان کے بس کا روگ نہیں۔"

یہ ساری باتیں اس بات کی طرف اشارہ ہے کہ ہماری تنقید سے وارث علوی کا مطالبہ کیا ہے۔ وہ اس عظیم ماں کے منتظر ہیں جو ادب کی حد تک گور کی کی ماں سے بھی بڑی ہو۔ جو ادب کی ہر صنف اور شعبہ کی پرورش، پرکھ اور پہچان کرائے اور یہ ساری چیزیں ادبی انا چھوڑے بغیر ممکن نہیں۔ انا اور عشق میں دوستی ممکن نہیں۔ ادب عشق چاہتا ہے۔ اسے انا پسند نہیں۔ وہ علم نہیں عرفان چاہتا ہے۔ وہ ادب کو گفتگو مانتے ہیں اس لیے ادب کی سماجی صفات کے بھی معترف ہیں۔ افسانے کے متعلق انہوں نے لکھا ہے کہ:

"افسانہ بنیادی طور پر Social Gossip کا آرٹ ہے .. افسانہ کا آرٹ بنیادی طور پر زندہ انسانوں اور ان کے تعلقات اور مسائل میں کانا پھوسی کرتی ہوئی عورتوں کی طرح دلچسپی لینے کا آرٹ ہے Social Documentation کے بغیر افسانہ وجود میں آ ہی نہیں سکتا۔"

رابطہ ان کا نصب العین ہے۔ رابطہ کی کئی شکلیں ہیں وہ گفتگو یا Gossip کو مقدم مانتے ہیں۔ لیکن اس کا یہ مطلب نہیں کہ وہ ادب کے بصری اوصاف سے انکار کرتے ہیں۔ ان کا پورا اسلوب اسی مسئلہ کا احاطہ کرتا ہے وہ رابطہ چاہتے ہیں لیکن تنہائی اور تخلیہ میں فرق کرتے ہیں۔ انہیں جدید افسانہ نگاروں کے مقابلہ میں منٹو، بیدی، کرشن چندر، عصمت، قرۃ العین حیدر وغیرہ زیادہ پسند آتے ہیں۔ اس ضمن میں ان کے وہ تجزیے دیکھئے جو انہوں نے منٹو اور بیدی کے افسانوں پر کیے ہیں۔ "بابو گوپی ناتھ " "پران کی کتاب" "منٹو: ایک مطالعہ" میں دو مضامین ہیں۔ اسی طرح بیدی کے افسانوں کی اسطور سازی، تہذیب اور افسانوی روایت کو سمجھنے اور سمجھانے کا جو کام وارث علوی نے کیا ہے، وہ اردو کے کس نقاد نے کیا ہے؟ بعض احباب کا خیال ہے کہ افسانے پر ان کا جتنا کام ہے وہ ردعمل ہے۔ میرا نہایت ادب سے یہ پوچھنا ہے کہ کیا تنقید تخلیق پر ردعمل نہیں ہے؟ پھر دیکھا تو یہ جانا چاہیے کہ اس ردعمل سے سامنے کیا آیا ہے؟ کیا ان تجزیوں کو پڑھ کر مذکورہ افسانہ کو مکرر پڑھنے کی خواہش بیدار نہیں ہوتی؟ اگر ہوتی ہے تو نقاد کا کام تو ہو گیا نہ !

وارث علوی کے اختلاف کی مثالیں تو ہم نے دیکھیں، اب ان کی وہ مثالیں بھی ملاحظہ کر لیں جو انتہا پسندی کے خلاف ہیں۔ اپنے مضمون " کمٹ منٹ " میں وہ لکھتے ہیں:

"ادب کا موضوع تجریدی تصورات نہیں بلکہ تجربات اور حقائق ہوتے ہیں سوشلزم ادب میں ایک NORM اور ایک قدر کے طور پر کام آ سکتا ہے لیکن موضوع اور مواد کے طور پر کام نہیں آ سکتا۔"

اسی مضمون میں وہ ایک جگہ لکھتے ہیں:

"ادب حقیقت کا تخلیقی اور تخیلی بیان ہوتا ہے۔"

اور یہ مضمون اس جملہ پر ختم ہوتا ہے کہ "اگر فن کار کو کمٹ منٹ کی ضرورت پڑی بھی تو یہ کمٹ منٹ سوائے فن کے اور کس کے ساتھ ہو سکتا ہے؟"

مجھے یہاں ہندی کے بڑے کوی اگیئے کا جملہ یاد آتا ہے جس میں انہوں نے کہا ہے کہ اگر مٹنا ہی ٹھہرا تو کم مٹنا کیوں، سب مٹیے۔ کم مٹ (Commit) سب مٹ (Submit) سے جو بات پیدا ہوئی ہے وہی تو وارث علوی چاہتے ہیں۔

فن کار کے لیے حقیقت کیا ہے؟ وارث کہتے ہیں:

"فن کار کے لیے تو وہی حقیقت ہے، جسے وہ تخیل کی آنکھ سے دیکھ رہا ہے .. فن کار حقیقت کا ادراک اپنے وجدان سے کرتا ہے اور فن کار کے لیے کسی بھی مخصوص حقیقت کے وجدانی ادراک کا شعلہ صرف ایک بار بھڑکتا ہے اور پھر ہمیشہ کے لیے سیاہ پوش ہو جاتا ہے۔"

ترقی پسند ناقدین کے تمام مطالبات کو رد کرتے ہوئے وہ لکھتے ہیں:

"فن کار کی اگر کوئی سماجی ذمہ داری ہو سکتی ہے تو صرف یہ ہے کہ وہ بھیڑ، پبلک، عوام، عام آدمی کے ہاتھوں آرٹ کے Vulgarization کی تمام کوششوں کی مخالفت کرے۔ اپنے تخلیقی تجربے کے آزادانہ تجسس کے اختیار پر زور دے۔"

فن اور فن کار سے مطالبات کی فہرست جب شاعری کی شرح بننے لگتی ہے اور جب ادب کا معیار محض " عوام ہی کے لیے " ہونے لگتا ہے۔ جب آدمی کی خواہش یہ ہونے لگتی ہے کہ فن کار اس کی روٹی کپڑا اور مکان کے مسائل حل کرے۔ ریاست اسے اپنے آدرشوں اور منشور کے مبلغ کے روپ میں دیکھنا چاہتی ہے تو فن اور فن کار دونوں ہی انتہا پسندیوں کے حصار میں آ جاتے ہیں۔ پارٹی کی سوچ جب فن کار پر صلابت کرنے لگے تب؟ ترقی پسندی کا عاشق

وارث بغاوت کرتا ہے اور فن وفن کار کی طرف داری کرنے لگتا ہے۔ انقلابی کا Fanatic ہونا ضروری ہے جب کہ فن یا فن کار Fanatic نہیں ہوسکتا۔ وارث علوی کے وہ مضامین جو ترقی پسندوں اور "سب مرے سوا کافر" کی ذہنیت کے خلاف ہیں۔ وہ ان کا احتجاج ہے۔ انکار میں اٹھی ہوئی انگلی ہے۔ "ترقی پسند تنقید کا اسلوب" میں وہ لکھتے ہیں:

ترقی پسند تنقید کی بنیاد چند اعتقادات، مفروضات اور تصورات پر ہے جو ادب سے نہیں بلکہ ایک مخصوص فلسفے سے ماخوذ ہیں۔ اس لیے جو ان کے ہم عقیدہ نہیں انہیں ترقی پسند یا تو اپنا دشمن سمجھتے ہیں یا اگر کشادہ دلی کا ثبوت دیں تو ناگوار دوست۔ ترقی پسند تنقید یا تو مبلغانہ ہے یا محاربانہ .. ادب اور زندگی کی تفسیر Dogmatic اور Partisan ہوتی ہے اور اسی سبب سے ترقی پسند، تنقید کے بنیادی عناصر یعنی آزاد فکری تفحص، معروضی تحقیق و تجزیہ اور تحلیل سے مبرا ہیں۔ حالانکہ تنقید ایک ایسی ذہنی سرگرمی ہے جس کی تعمیر نقاد کے عقائد کی بنیاد پر نہیں بلکہ ادبی حقائق کی بنیاد پر ہوتی ہے۔"

ترقی پسندوں سے ان کا تخالف جگ ظاہر ہے۔ لیکن اسے بھی انہدان سے تعبیر کرنا غلط ہے۔ میں نے ابھی عرض کیا کہ وہ انتہا پسندی کے خلاف ہیں۔ ان کا اختلاف انتہا پسندوں کے اس رویے سے ہے جس میں ادب اور ادیب کی حیثیت پر ہی استفہامیہ لگ جاتا ہے۔ اگر وہ ترقی پسندوں کے خلاف ہیں تو مجاز کے دفاع میں مضمون کیوں لکھ رہے ہیں؟ علی سردار جعفری کی کیوں تعریف کر رہے ہیں؟ کرشن چندر پر کیوں لکھ رہے ہیں۔ منٹو تو خیر ترقی پسندوں کے لیے مطعون اور ملعون تھا۔ بیدی اور عصمت پر کیوں لکھ رہے ہیں؟ صاف ظاہر ہے کہ ان کا اختلاف انتہا پسندی سے ہے، ترقی پسند ادب سے نہیں۔ بہ الفاظ دیگر ان کا اختلاف سرخیلوں کی غیر ادبی سرگرمیوں سے ہے، جنہیں وارث علوی "دھاندلی" اور "گھپلے" کہتے ہیں۔ رلکے نے نوجوان شاعر کو تنقید نہ پڑھنے کا مشورہ اس لیے دیا تھا کہ تنقیدی تحریریں طرف داری اور تعصب سے پر ہوتی ہیں۔ وارث علوی کی تنقید ان ناقدین کی طرف داری کو بے نقاب کرتی ہے۔ ان کے تعصبات کو طشت از بام کرتی ہے۔ اس لیے لوگ ان سے محبت بھی کرتے ہیں اور ان سے خائف بھی رہتے ہیں۔ قربت اور دوری کی اس کشاکش میں ایک عجیب Love Hate Relationship ہے۔

وہ ترقی پسند تحریک کی انتہا پسندی کے سخت مخالف ہیں۔ اس لیے کہ وہ ادب کو مرکز میں دیکھنا چاہتے ہیں۔ آئیڈیولوجی کو نہیں۔ یہاں آئیڈیولوجی سے مراد محض کمیونزم نہیں ہے۔ وہ ہر اس نظریے کے خلاف آواز اٹھاتے ہیں جو ادب کی مرکزی اہمیت سے انحراف کرتا ہے۔ اس لیے وہ ہر تجویزی تنقید کے خلاف ہیں۔ ان کی اس فکر میں کہیں کوئی ادغام نہیں ہے۔ لکھتے ہیں:

"ادب تخلیق کرنا ہے تو ادب کے اصولوں پر ہی تخلیق ہوگا اور ادب کا بنیادی اصول ہے، اس کے میڈیم کا مناسب استعمال۔ ادب کا میڈیم لفظ ہے اور لفظ آواز بھی ہے، آکار بھی اور معنی بھی ہے۔ لفظ کے ان تین عناصر میں سے کسی ایک عنصر پر زور دینا یا معنی کو نظر انداز کر کے اسے محض آواز یا آکار کے طور پر ہی استعمال کرنا ممکن نہیں۔ معنی کے ساتھ ہی خیال کے ساتھ ہی شعور کا عمل دخل شروع ہو جاتا ہے۔ گویا ادب کا میڈیم بذات خود فن کار کو اپنے قابو میں رکھتا ہے اور اسے بھٹکنے نہیں دیتا۔"

Form اور Content دو الگ چیزیں ہیں، جو ایسا مانتے ہیں یہ ان کو جواب ہے۔ وہ تو یہ مانتے ہیں کہ ثنویت نہیں ہے۔ ان کا زور تو اس بات پر ہے کہ ادب کی تخلیق ادب کے اصولوں پر ہی ہوگی، انسانی خیر سگالی کے گن گانے والی آئیڈیولوجی کے اشارے پر نہیں۔ ادب کا بنیادی اصول میڈیم کا مناسب استعمال ہے اور ادب کا میڈیم لفظ ہے۔ یعنی ادب الفاظ کا مناسب استعمال ہے۔ اس لیے وہ استادوں کی زبان دانی اور ان کی عروضی موشگافیوں کے بھی اتنے ہی مخالف ہیں۔ یعنی محض زبان و بیان وعروض کی Acrobatics ہی شاعری نہیں ہوتی۔ اس لیے وہ لکھتے ہیں "شاعری کا مسئلہ خیال سے نجات پانے کا نہیں بلکہ خیال کو Image میں بدلنے کا ہے۔ "خیال کو Image میں بدلنے کا عمل کیا ہو؟ میڈیم یعنی لفظ کا مناسب استعمال، مناسب لفظ کے لغوی معنوں پر غور کریں۔ یعنی نسبت رکھنے والا۔ لگاؤ رکھنے والا۔ موزوں، لائق، واجب، موافق، سزاوار، شایاں، زیبا، ٹھیک، درست، معقول، بہتر وغیرہ۔ تو وارث علوی لفظ کی کلیدی حیثیت کو تو تسلیم کرتے ہیں لیکن وہ ہیئت پسندوں کی "چودھراہٹ" کو ماننے سے انکار کرتے ہیں۔ ظاہر ہے ایسے میں وہ کسی آئیڈیولوجی کے ہاتھ پر بیعت بھی کیسے کریں گے؟ تنگ نظری، ملائیت اور کٹر پن کو بھی کیسے قبول کریں گے؟ اس لیے وہ جدیدیت کو ترقی پسندی کی توسیع تو نہیں مانتے لیکن اردو جدیدیت کو وہ کسی تخلیقی تقاضے سے تعبیر بھی نہیں کرتے۔ انہوں نے اپنے مضمون "اواں گارد" میں بہت صاف لکھا ہے:

"ہمارے یہاں جدیدیت کی تعبیر ہی میں اک صورت خرابی کی تھی۔ جدیدیت زندگی کی پارینہ اقدار کے خلاف سرکش نوجوانوں کی بغاوت نہیں تھی بلکہ مرتی ہوئی ترقی پسندی کے خلاف تھکی ہوئی ترقی پسندی کا انحراف تھا۔"

اپنے اسی مضمون میں انہوں نے لکھا ہے کہ:

"جدید ادب میں ادیب کے اعصاب کا تو پتہ چلتا ہے۔ احساس کی خبر نہیں ملتی، کیا جدید ادب کو پڑھ کر ہم جدید فن کار کے یہاں کسی جدید حسیت کا سراغ لگا سکتے ہیں۔"

ادب میں اعصاب کی جگہ احساس کے متلاشی وارث علوی آگے لکھتے ہیں:

''جدیدیت نے ناکارہ لکھنے والوں کا جو جم غفیر پیدا کیا اس نے جدیدیت پر تنقید کے امکانات ہی ختم کر دیے۔ ان کے حوالے سے ادب اور آرٹ اور دور جدید میں تخلیقی اور جمالیاتی رویوں کی گفتگو ہی ممکن نہیں رہی۔

شاعری میں تو خیر روایت نے بہت سوں کو سنبھالا لیکن افسانہ کا تو بنٹا دھار ہو گیا۔

جدید افسانے کا قاری سے رشتہ استوار نہ ہو سکنے کا ایک ممکن سبب یہ بھی ہے۔ لیکن یہاں شعری تنقید کے حوالے سے ایک سوال پیدا ہوتا ہے کہ وارث علوی نے جس روایت کے سبب شاعری کے سنبھلنے کی بات کہی ہے، کیا ہم ترقی پسندوں کی تذلیل کرتے ہوئے وہیں نہیں پہنچ گئے ہیں جہاں سے ترقی پسندوں کے انحراف کی داستان کا آغاز ہوا تھا۔ ترقی پسندوں نے انحراف کرتے ہوئے " کیا کہا ہے " کو مقدم مانا تھا" کیسے کہا " کو ثانوی حیثیت دی تھی۔ یہ دو الگ چیزیں ہیں کہ نہیں، یہ بحث طلب ہے۔ لیکن کیا ہماری شاعری کی تنقید پھر وہیں پہنچ رہی ہے؟ تو کیا ہماری شعری تنقید کا Circle مکمل ہو گیا ہے؟ خیر یہ تو جملہ معترضہ تھا۔ بات تو جدیدیت کی تھی اور وہ بھی اردو جدیدیت کی جو بقول وارث علوی پارینہ اقدار کے خلاف سرکش نوجوانوں کی بغاوت نہیں تھی۔ تو کیا جدیدیت ہمارے یہاں صرف فیشن تھی؟ مغرب میں جدیدیت کے بنیاد گزاروں کا یہ ماننا تھا کہ جدیدیت فن کی آزادی نہیں بلکہ فن کی ضرورت ہے۔ یہ تو ہم سب جانتے ہیں کہ مغرب میں جدیدیت جس فکر کی، جس احساس وادراک کی نمائندگی کرتی ہے، وہ عالمی جنگ اور تکنالوجی سے در آئے انتشار کے سبب تھی۔ ظاہر ہے کہ ہمارے یہاں ایسا کچھ نہیں ہوا لیکن جو ہوا وہ انسانی رشتوں پر ایسا وار تھا کہ اس کے نتائج ہم اب تک بھگت رہے ہیں۔ ہم جس تہذیبی بحران سے گزرے ہیں وہ تو ہمیں جانتے ہیں۔ کیا ایسے میں ہمارے مسائل ان سے مختلف نہیں ہو جاتے؟ ہمارا المیہ یہ ہے کہ ہم ہمیشہ دوسرے کی آنکھ سے خود کو دیکھتے ہیں۔ ہماری شناخت کا دارومدار دوسروں کی شہادت پر ہے۔ ہمارے ادب کی بھی یہی مشکل ہے۔ ہمارے یہاں مذہب افیون کب تھا؟ اور یہ ایک رات میں ہو بھی نہیں سکتا۔ دوسری بات یہ ہے کہ ہمارے یہاں خدا مر ہی نہیں سکتا۔ اس لیے اس کی موت کا ملال اور ماتم ہمارے معاشرے کا مزاج کیسے بن سکتا ہے؟ مستعار احساس وادراک کی رسائی کہاں تک ہوگی؟ اگر ہم اپنے ترقی پسند اور جدید ادب کی تاریخ پر نظر ڈالیں تو معلوم ہوگا کہ ہمارے ادب میں مذہب کا جو روپ رنگ تھا وہ غائب ہونے لگا ہے۔ ہمارے ادب نے دھرم یا مذہب کے اس روپ کا جس کا تعلق Ritual سے ہے، ہمیشہ مذاق اڑایا ہے۔ ہمارا ادب اپنے روز اول سے محبت اور انسان دوستی کا طرف دار رہا ہے اور ہم نے مذہب پر محبت کو ترجیح دی ہے۔ ادب کے اس مزاج سے ہمارے دھارمک یا مذہبی پیشوا بھی واقف رہے ہیں۔ اس لیے وہ اپنی مخالفت کو کبھی مربیانہ مسکراہٹ کے ساتھ تو کبھی چیں بہ چیں ہو کر، تو کبھی خنداں پیشانی کے ساتھ برداشت کرتے رہے ہیں۔ بہ الفاظ دیگر اردو معاشرہ مذاہب کے معاملات میں اپنی رواداری (Tolerance) کا ثبوت دیتا رہا ہے۔ کیا وہ رواداری آج باقی رہی ہے؟ چند واقعات سے اگر صرف نظر کر دیں تو ہم یہ کہہ سکتے ہیں کہ مذہب نے ادب میں ٹانگ اڑانے کی کوشش کم ہی کی ہے۔ مذہبی رسوم سے بیزار لوگ کم از کم ادب کی سطح پر مذہب سے بیزار نہیں تھے، یعنی مذہب بیزار ملحد و مشرک نہیں تھا، اس لیے قابل برداشت تھا۔ ترقی پسندوں اور جدیدیوں نے مذہب (مذہب افیم ہے) اور خدا (God is Dead) کے تصور پر جو چوٹیں کیں اس سے ہم کہاں پہنچے؟ آج معاشرے میں مذہب سے بیزار وہ عام آدمی ہے جس کے لیے ہم ادب تخلیق کر رہے تھے۔ ایمان کی بات تو یہ ہے کہ جس آدرش عام آدمی کے لیے ہم لکھنے کی غلط فہمی پالے ہوئے تھے، اس کا ادب سے کوئی تعلق ہی نہیں تھا اور حقیقت یہ ہے کہ ہم اس کے لیے لکھ کب رہے تھے۔ ہم تو اس کے بارے میں لکھ رہے تھے۔ وہ تو ابجد آشنا ہی نہیں تھا۔ اس غریب کو تو یہ پتہ ہی نہیں تھا کہ ادب کے قاضی اس کے غم میں گھلتے جا رہے ہیں۔ ہماری تنقید بار بار ہماری تخلیق کو ٹوک روک رہی تھی، اسے Dictate کر رہی تھی کہ یوں نہیں لکھو۔ وارث علوی نے تحریروں پر تنسیخ کا خط کھینچا اور قاری کو یہ بتایا کہ ترقی پسند تخلیق (اگر تخلیق رجعت پسند بھی ہوتی ہے تو) ترقی پسند تنقید سے بہ درجہا بہتر ہے۔ جدید تنقید کے پھیر میں ان تخلیقات کو نظر انداز کرنا غلطی محض ہے، لیکن اس کا یہ مطلب بھی نہیں کہ انہوں نے ہر ترقی پسند تخلیق کی تعریف کی ہو۔ انہوں نے ساحر لدھیانوی کی نظم " تاج محل " کا جس طرح تجزیہ کیا ہے وہ آپ اپنی مثال ہے۔ انہوں نے اس نظم کو رد کرتے ہوئے بہت پتہ کی بات کہی ہے کہ " وہی سماجی ادب زیادہ اہم ہے جو سماجی مسئلہ کو محض سماجیاتی طور پر پیش نہیں کرتا بلکہ اسے انسانی مسئلہ بنا کر انسان کو اس طرح پیش کرتا ہے جو تخلیقی ادب کا طریقہ کار رہا ہے۔ " تفصیل کے لیے ملاحظہ ہو احتجاجی ادب کا مسئلہ: مطبوعہ کچھ بچا لایا ہوں اس کے برعکس مجاز لکھنوی کی نظم " آوارہ " کے دفاع میں جو مضمون لکھا ہے وہ بھی دیکھئے۔ اس سے اندازہ ہوگا کہ انہوں نے ان دونوں نظموں کو کس طرح دیکھا ہے اور کیوں مجاز کی نظم ساحر کی نظم سے بہتر ہے۔

وارث علوی خود تنقید نگار ہیں لیکن تنقید، خاص طور سے اردو تنقید کی جیسی قلعی انہوں نے کھولی ہے ویسی کس نے کھولی ہے؟ جیسا کہ میں نے پہلے کہا، وہ بار بار تنقید کی تعریف کرتے ہیں۔ اس سے اپنی توقعات بتاتے ہیں اور ناقدین کے تعصبات سامنے لاتے ہیں۔ فکشن پر لکھتے ہوئے بھی انہوں نے ایسا کیا ہے۔ لکھتے ہیں:

" نقاد کی بڑی آزمایش تو یہی ہے کہ وہ اپنے اندر رہے ہوئے قاری کو جذبہ حیرانی اور آرزوے نشاط کو مرنے نہ دے جو آرٹ کی تخیلی دنیاؤں میں ایک سیاح کی طرح اسے لیے پھرتی ہے۔ قاری کے اعصاب زندہ ہوتے ہیں اور جھوٹ نہیں بولتے۔ تنقید جھوٹ بولتی ہے کیوں کہ تنقید نظریاتی اور گروہی پاسداریوں کے تحت یا اپنی عالمانہ نخوت اور بلند جبینی کی نمائش کی خاطر پر فریب بیانات دینے کے ہتھکنڈوں سے واقف ہوتی ہے۔ "

صورت حال کے بعد وہ تنقید کے تفاعل وتحدید کے متعلق لکھتے ہیں کہ:

"تنقید مردہ تنوں میں جان ڈالنے کا کام نہیں کرتی۔تنقید مسیحانفسی اوراعجاز نہیں ہے، محض چھان پھٹک، پرکھ اور تحسین ہے۔تنقید صرف اتنا کرتی ہے کہ وہ جو ہمارے لیے پرلطف تھا، اسے مزید پرلطف بناتی ہے، مبہم کو واضح اور نیم روشن کو منور کرتی ہے۔فنی پیچیدگیوں اور معنوی تہہ داریوں کو شعور عطا کرتی ہے۔ تنقید نئے تجربات قبول کرنے کے لیے ذہن کو ہموار کرتی ہے اور یہ کام ناکارہ تجربات کو کامیاب تخلیقات ثابت کرنے سے مختلف ہے۔"

وارث علوی کے محولہ بالا اقتباسات "جدید افسانہ اور اس کے مسائل" سے لیے گئے ہیں۔ظاہر ہے یہ باتیں افسانے کی تنقید کے ضمن میں کہی گئی ہیں۔ہم چاہے کتنے ہی سماعی صفات کے قائل ہوں لیکن ہمارے عہد میں افسانہ پڑھنے کی چیز ہے، وہ سنا تو شوقیہ ہی جاتا ہے اور تو اور جدید نانیاں اور دادیاں تک کہانی کہنے کا ہنر بھول چکی ہیں۔یہ متحدہ معاشرہ یا کنبے کی برکتیں تھیں۔اب ہمارے بچے کہانیاں بھی کامکس میں پڑھتے ہیں۔ٹیلی ویژن کی مقبولیت نے ان سے تخیل کی طاقت بھی چھین لی ہے۔اب اساطیری کردار کا جو عکس اس کے ذہن پر نقش ہے وہ اس کی ایجاد نہیں، بلکہ ٹی۔وی سیریل کے ہدایت کار کی ایجاد ہے۔یہی حال تاریخی کرداروں کا ہے۔اکبر کا نام سن کر مغل اعظم کے پرتھوی راج اور اشوک شاہ رخ خان نظر آتے ہیں۔جب میڈیا کی یلغار نہیں تھی تب ہر بچہ کے ذہن میں اس کے اپنے اسطوری، افسانوی اور تاریخی کردار تھے۔دیوداس ہمارے سامنے کی مثال ہے۔اس کے باوجود افسانہ بچا ہوا ہے تو اس لیے کہ ہر افسانے پر فلم یا سیریل بنانا ممکن نہیں۔تو بات یہ ہے کہ افسانہ آج آنکھوں کے لیے ہے۔وہ بصری آرٹ ہے۔اور کہانی جو کبھی وقت بتانے کا وسیلہ تھی، اب وقت بچانے کا آرٹ ہے۔افسانے میں بھی ایجاز واختصار کا وہی مقام ہے جو شاعری میں ہے۔یہی تو ٹوٹتی حد بندیاں ہیں۔وارث علوی اس لیے نقاد کو مشورہ دیتے ہیں کہ اپنے قاری کو بچائے رکھو۔جیسے اخترالایمان نے "لڑکے " کو بچا رکھا تھا۔ افسانے کی پہلی چیز افسانویت ہے۔تنقیدی بیساکھیاں کسی کہانی کو افسانہ نہیں بنا سکتیں۔اس کی Readability ہی اسے افسانے کا اعزاز عطا کرتی ہے۔تنقید اگر قاری کو مکرر مطالعہ کے لیے متحرک نہ کرے تو اس کی ضرورت ہی کیا ہے۔لیکن قاری پہلی بار افسانہ کیوں پڑھتا ہے؟ ظاہر ہے اس کا کوئی حتمی جواب ممکن نہیں۔ہر قاری کے پاس اس کا الگ جواب ممکن ہے۔لیکن اب افسانہ ہے پڑھنے کی چیز۔شاعری کو سن کر بھی حظ حاصل کیا جاسکتا ہے لیکن افسانے کو تو خود کے لیے خود ہی کو پڑھنا ہوگا۔ہاں پرانی کتھائیں جن کا تعلق مذہبی رسوم سے ہے، انہیں آج بھی سنا جاسکتا ہے اور سنا جاتا ہے اور اس صورت میں کتھاواچک کا رول بہت اہم ہوجاتا ہے۔سنی جانے والی کہانیوں کی تعداد اور صفات اب مذہبی مجالس تک ہی محدود ہیں۔ریڈیو کے غائب ہوتے جانے کے ساتھ ساتھ اب ادبی افسانے کی سماعی صفات کی وہ مقبولیت بھی ختم ہورہی ہے۔بہت ممکن ہے کہ ہمارے اکثر افسانہ نویس اپنے ہی افسانوں کو ٹھیک سے نہ سنا پاتے ہوں۔لیکن افسانے کو بنانے والوں یا بنانا چاہنے والوں کے سبب افسانہ کا قاری سے رشتہ منقطع ہوگیا ہے۔جدید افسانے سے وارث علوی کو یہی شکایت ہے:

"اردو ادب کا یہ قاری آج آہستہ آہستہ معدوم ہورہا ہے اور اسے ختم کرنے میں سب سے بڑا ہاتھ جدید افسانے کا ہے۔دنیائے افسانہ اس قاری کے لیے اجنبی بن گئی ہے۔افسانہ اس کی زندگی کا جز نہیں رہا۔اسکے بک شیلف پر انتظار حسین اور سریندر پرکاش کے بعد کسی اور افسانہ نگار کے مجموعے نظر نہیں آئیں گے۔ایک اور نام محمد منشایاد کا اضافہ کرلیجیے، پھر خلا ہی خلا ہے۔"

قاری کے گم ہوجانے کا وارث علوی کو افسوس اسی لیے ہے کہ وہ قاری اور کہانی کا رشتہ جانتے ہیں۔وہ جانتے ہیں کہ ہمارے عہد میں کہانی پڑھنے کی چیز ہے اور اگر پڑھی جانے والی چیز سے آنکھیں روٹھ گئیں تو غضب ہوجائے گا۔اپنے مضمون "افسانہ نگار اور قاری" میں انہوں نے لکھا ہے:

"اب اتنی جرأت تو ایک عام قاری میں کیا، مجھ جیسے جلاد میں بھی نہیں کہ پچھلے پچیس سال سے نئے افسانے کے نام پر جو نان آرٹ بلکہ بوگس لٹریچر کا انبار جمع ہورہا ہے اسے سوختنی قرار دوں۔حالانکہ میں محسوس کرتا ہوں کہ اردو ادب کی نجات اسی میں ہے کہ نئے افسانہ کی گردن بے دریغ ماردی جائے۔۔۔یہ قتل اس لیے ضروری ہے کہ اردو ادب کو اپنا کھویا ہوا قاری مل جائے۔ قاری کے بغیر ادب زندہ نہیں رہتا اور اس قاری کو ہمیں پھر سے پیدا کرنا ہوگا۔"

ضروری نہیں کہ ہم وارث علوی سے متفق ہوں لیکن عدم اتفاق کی صورت میں بھی ہمیں اس سوال کا جواب تو تلاش کرنا ہی ہوگا کہ آخر ہماری کہانی قاری کی عدم توجہی کا شکار کیوں ہورہی ہے یا ہوگئی ہے۔ان کی اس بات سے تو انکار ممکن ہی نہیں کہ ادب قاری ہی سے زندہ رہتا ہے اور جب قاری ہی نہیں ہے تو ادب کس کے لیے؟ اس کی تخلیق کا جواز کیا ہے؟ قاری کو ہمارے ناقدین نااہل وناکارہ کہتے ہیں تو یہ وہی قاری ہے جس نے پریم چند، منٹو، بیدی، قرالعین حیدر، عصمت وغیرہ کو زندہ رکھا ہے۔میڈیا کی یلغار کے باوجود قاری نے ادب سے عشق کرنا چھوڑا نہیں ہے۔وہ بیدی کو بھی پڑھتا ہے اور کلیات راشد ن۔م۔ راشد اور کلیات میراجی کو بھی پڑھتا ہے۔اگر وہ نہیں پڑھتا تو ناشر اسے ہرگز نہ چھاپتا کیونکہ اشاعت گھروں اور اداروں کی دلچسپی ثقافت کے لیے سرمایہ صرف کرنے میں نہیں، بلکہ پیسے سے پیسہ کمانے میں ہوتی ہے، اس لیے اگر بازار میں اس کی مانگ نہ ہوتی تو وہ ہرگز ان چیزوں پر وقت اور دولت ضائع نہیں کرتا۔تو کیا یہ قارئین نااہل ہیں؟ اور صرف اس لیے کہ وہ نئے افسانے کو نہیں پڑھتے۔ جدید افسانے سے ان کی شکایت کا سبب یہ نہیں ہے کہ وہ فرد کی فرسودگی کو، تنہائی کو، مجبوری کو یا اس قبیل کی دوسری چیزوں کو پسند نہیں کرتے بلکہ ان کی شکایت کا سبب یہ ہے کہ وہ حقیقت نگاری سے بچتے ہیں۔اپنے مضمون "ناول پلاٹ اور کہانی "بورژواژی بورژواژی" ملاحظہ کریں میں وہ لکھتے ہیں:

"دراصل جدید افسانہ کا پورا بحران حقیقت نگاری کی ذمہ داری قبول نہ کرنے کا نتیجہ تھا۔"

لیکن حقیقت نگاری اور حقیقت مترادف الفاظ نہیں ہیں۔ پھر بقول وارث علوی آرٹ تو حقیقت اور تخیل کی آمیزش کا نام ہے۔ اس لیے حقیقت نگاری کا مطلب صحافت بھی نہیں ہے۔ حقیقت کا آرٹ میں جو روپ ملتا ہے وہ منٹو اور بیدی کے افسانوں میں ہے۔ اس کی وضاحت انہیں کے الفاظ میں دیکھیے:

"یہ بات یاد رکھیے کہ واقعات اور وارداتوں کو فن کار زندگی سے نہیں لیتا بلکہ زندگی کے حقائق کی ایک نئی ترتیب کے ذریعہ اپنی تخیلی سطح پر ایجاد کرتا ہے۔ فن کار کا ذہن ڈاگما اور ڈاکٹرائن سے جتنا غیر مشروط ہوگا، زندگی کے حقائق کی تخیلی ترتیب کے ذریعہ فن کارانہ حقیقت کی تخلیق کا دائرہ اتنا ہی وسیع ہوگا۔"

یہی وہ چیز ہے جو تخصیص کو تعمیم کا حسن عطا کرتی ہے۔ یہی وہ چیز ہے جس کالمس پا کر خدا کا بنایا ہوا فانی انسان لافانی کردار بن جاتا ہے۔ راجندر سنگھ بیدی کے افسانے " گرہن " کا تجزیہ کرتے ہوئے انہوں نے یہی بات زیادہ وضاحت سے کہی ہے:

"افسانے میں جو حقیقت بیان ہوتی ہے وہ فنکار کے ذہن کی تخلیق ہوتی ہے۔ اس کا خارجی حقیقت سے مماثل ہونا ضروری نہیں۔ البتہ داخلی اور نفسیاتی طور پر مربوط ہونا لازمی ہے۔ اس اصول کی روشنی میں ہمیں ادب اور زندگی میں فرق کرنا چاہیے۔"

اپنے مطالبے بلکہ مطالبات کے شور میں وارث علوی مابعد جدیدیت سے بھی خوش نہیں۔ وہ لکھتے ہیں:

"جدیدیت کی زمین بنجر ہو چکی۔ لہٰذا اب مابعد جدیدیت کی کھاد ڈالی جائے تو جو بوئیں گے اور گیہوں کا انتظار کریں گے۔"

وہ فاروقی اور نارنگ دونوں کو اپنا رفیق مانتے ہیں لیکن دونوں سے اختلاف ہے انہیں۔ فکشن کے معاملہ میں تو خاص طور پر لکھتے ہیں:

"شعر شور انگیز ہو یا ساختیات دونوں میں ادب کے روح پرور مطالعہ کی بجائے کلاس روم کی بو بھری ہوئی ہے۔ وجہ یہ ہے کہ دونوں کا ادب کی طرف رویہ شوقیہ نہیں پیشہ ورانہ اور منصوبہ بند تھا، اس لیے وہ جدید فن کاروں کے ساتھ انصاف نہیں کر سکے۔"

آگے لکھتے ہیں:

"فاروقی اور نارنگ واقعی فکشن کے اچھے قاری ہوتے تو علامت پسندی کی خاطر حقیقت نگاری جو فکشن کا جزو لاینفک ہے کی اس بے دردی سے گردن نہ مارتے۔"

اس شکایت کا سرا ان دو اقتباسات سے زیادہ مندرجہ ذیل اقتباس میں ہے۔ وہ لکھتے ہیں کہ:

"جدیدیت تو اظہار بیان کی مکمل آزادی کی داعی تھی۔ موضوع کے انتخاب میں کوئی قدغن نہیں تھا۔ اس آزادی کا فائدہ اگر فن کاروں نے نہیں اٹھایا کیوں کہ ان میں تخلیقی صلاحیت ہی کالعدم تھی تو اس میں فاروقی کا کیا قصور؟ فاروقی قصوروار وہاں ٹھہرتے ہیں اور نارنگ بھی کٹہرے میں ان کے ساتھ ہیں جب وہ بونوں کو بانس پر چڑھاتے رہے اور خاشاک کے تودوں کو دماوند ثابت کرتے رہے۔ فاروقی کا سب سے بڑا کارنامہ جو میری نظر میں ان کا ادبی گناہ تھا، یہی تھا کہ انہوں نے تخلیقی تجربات کو مکمل آزادی دے رکھی تھی۔"

کہیں اس کا سبب یہ تو نہیں کہ بقول وارث علوی:

"جدید ادب کا دلدادہ ہونے کے باوصف میرا ادبی مذاق کافی کنزرویٹو تھا۔"

اور جو یہ مانتا تھا کہ "آزادی فنکارانہ ڈسپلن کا سرچشمہ ہے"

شعر شور انگیز اور ساختیات دونوں سے انہیں شکایت ہے۔ اس کی ایک وجہ تو یہی ہے کہ وہ ادب سے انبساط یا مسرت چاہتے ہیں لیکن تنقید سے مسرت اور بصیرت دونوں کے طلبگار ہیں۔ اگر وہ فاروقی کے تبصروں اور عسکری کی جھلکیاں کو تکیہ کے دائیں بائیں رکھتے ہیں تو بیدی پر لکھے نارنگ کے مضامین کے بھی معترف اور ایسے معترف کہ یہ تک کہتے ہیں "افسانوی تنقید کے بہت سے گر میں نے ان مضامین سے سیکھے "تو فاروقی کے تبصروں کی تعریف اور انہیں عسکری کی "جھلکیاں" کے ہم پلہ ماننے کا مقصد یہ بتاتے ہیں کہ:

"فقیر کی فکر کو زنگ نہ لگے اور صیقل ہوتی رہے۔"

دونوں سے اس کے باوجود ناراضی کا سبب یہ ہے کہ وہ چیزیں جو انہیں مسرت نہیں بخشتیں یا جنہیں وہ اپنے معیار و مذاق کے مطابق نہیں پاتے، یہ حضرات ان کی تعریف کرتے ہیں اور مدلل تعریف کرتے ہیں۔ وارث علوی کہتے ہیں:

"تنقید کا کام خزف ریزوں کو لعل و جواہر سے الگ کرنا نہیں رہا بلکہ خزف ریزوں کو ہی لعل و جواہر ثابت کرنا رہ گیا ہے۔"

وہ نظریات کے مخالف نہیں نظریہ سازی کے مخالف ہیں اس لیے

"اپنے لیے ادبی نقاد کا جو منصب پسند کیا وہ ادب کی تفہیم اور تحسین تک محدود تھا اور اس مقصد کے لیے ادبی نظریات کی اتنی ضرورت نہیں پڑتی جتنی کہ وسیع اور رنگارنگ ادبی تجربات اور تصورات کی جو بڑے فلسفوں اور نظریوں پر مبنی اور ان سے ماخوذ ہوتے ہیں"

مجھے لگتا ہے کہ تخلیق ان کی توقعات کی تکمیل نہیں کرتی اور جب ان حالات میں تنقید تخلیق پر حاوی ہوتی ہے تو انہیں برا معلوم ہوتا ہے کیونکہ وہ بنیادی طور تخلیق کے طرفدار ہیں۔ وہ یہ چاہتے ہیں کہ تنقید تخلیق کو Dictate نہ کرے۔ انہوں نے لکھا بھی ہے کہ

"رجحان ساز تنقید نہیں تخلیق ہوتی ہے۔ آواں گارد، نقادوں میں نہیں، فن کاروں میں ہوتے ہیں۔ تنقید تو تخلیق کے پیچھے پیچھے چلتی ہے۔"

ان کی یہ شکایت کہ:

" تنقید میں بھی ہم نقادوں کا ہی حق ادا کرتے ہیں، فن کاروں کا نہیں۔ اس سے تو یہی بات سچ ثابت ہوتی ہے کہ ہمارا دور تنقید کا ہے تخلیق کا نہیں اور یہ کوئی دل خوش کن بات نہیں بلکہ الم ناک صورت حال ہے۔ کیا وجہ ہے کہ جتنے اچھے مضامین ہم نے فاروقی اور نارنگ پر لکھے، اتنے اچھے سردار جعفری، راشد، بیدی یا منٹو پر نہیں لکھ سکے۔"

ان اور ایسی باتوں سے لگتا ہے کہ انہیں فن کار اور نقاد دونوں سے شکایت ہے۔ انہیں فن پاروں سے مسرت اور تنقید سے بصیرت نہیں ملتی کیوں کہ اچھے مضامین تو بجائے فن کاروں کے، ناقدین پر آ رہے ہیں۔ دراصل وارث یہ ماننا نہیں چاہتے کہ یہ دور تخلیق کا نہیں تنقید کا ہے یا شخصیت پرستی کا ہے۔ میں نے بار بار کہا ہے کہ وہ قاری ہیں تخلیق ادب کے۔ تنقید وہ تخلیق کی تفہیم کے لیے پڑھتے ہیں۔ اور جب وہاں تحفظ و تعصب پاتے ہیں تو مضطرب ہو جاتے ہیں۔ ادب کا مطالعہ عدم اطمینانی کا موجب ہونے لگتا ہے اور شاید یہی عدم اطمینانی مسلسل لکھنے کی تحریک دیتی ہے۔ مندرجہ بالا سطور میں، راقم نے یہ دکھانے کی کوشش کی ہے کہ وارث کی تنقید نے کیا کرنے کی کوشش کی ہے۔ ان کی فقرہ بازی، جملہ بازی، پھکڑپن یا انشائیہ اسلوب میں ایک عدم اطمینانی پوشیدہ ہے جسے ہم ان دیکھا کر جاتے ہیں اور حظ حاصل کر کے چھوڑ دیتے ہیں۔ ان کی طرفداری یا دفاع میرا مقصد نہیں، ہو بھی نہیں سکتا، اس کے لیے تو خود وارث ہی کافی ہیں۔ کہا جاتا ہے کہ وارث نے کشتوں کے پشتے لگائے ہیں لیکن شمس الرحمٰن فاروقی لکھتے ہیں" سچی بات تو یہ ہے تمہاری تلوار کا قتیل ہونا کس کو اچھا لگے گا۔ "اور اسی اچھے لگنے کی وجہ بھی فاروقی صاحب ہی سے سنیے" اکا دکا مواقع کے علاوہ تم نے زندگی کو اور ادب کی سیاست کو جس بہادری، پامردی اور متانت، ہمسایہ کے خوف سے ماورا ہو کر برتا ہے، اس کی مثال نہ پہلے تھی اور نہ اب ہے۔ کوئی کمتر درجے کا آدمی ہوتا تو جگہ جگہ مفاہمت کر چکا ہوتا۔"

○

# وارث علوی کا قلم ایک پرزم!

پروین شیر
(کینیڈا)

پرزم ایک ایسا انوکھا اور طاقت ور شیشہ ہے جو بہ ظاہر یک رنگی شعاعوں میں نہاں مختلف رنگوں کو الگ الگ کر کے اجاگر کر دیتا ہے۔ جنہیں ہماری آنکھیں نہیں دیکھ پاتیں صرف پرزم کی آنکھیں ہی دیکھ سکتی ہیں۔ کرنوں میں چھپے سب رنگوں کو چھانٹ پھٹک کر ان کی اصل ساخت کو پرکھ کر نمایاں کر دیتی ہیں۔

اس عہد کے غیر معمولی قد آور نقاد، ادیب، تخلیق کار اور دانشور جناب وارث علوی صاحب کا قلم بھی ایک پرزم (Prism) ہے جو فکر و نظر اور تخلیقیت کی کرنوں میں نہاں مختلف اور حقیقی رنگوں کو حق گوئی کے ساتھ ظاہر کر دیتا ہے۔ یہ قلم ایک متوازن تجزیہ کار ہے۔ راستی اس کا چلن ہے۔

میری بدقسمتی یہ ہے کہ مجھے ان سے کبھی ملاقات کا شرف حاصل نہیں ہوا جس کی ایک وجہ یہ بھی ہے کہ میں زمین کے اس گوشے میں مقیم ہوں جو اردو ادب اور ماحول سے بالکل الگ تھلگ ہے۔ گرچہ برسوں پہلے یہاں بھی ان سرگرمیوں کی کوشش کی گئی تھی لیکن ادب میں بے ادبی اور سیاست کے پتھراؤ نے انہیں زخمی کر کے موت کے گھاٹ اتار دیا۔ برفیلے شہر میں یہ جذبات جو زندہ ہوئے تھے تنازع کی برف میں دب کر مر گئے۔

میں وارث علوی صاحب کو محض فون پر ان کی آواز اور ان کی علم و بصیرت سے بھرپور تحریروں کے توسط سے جانتی ہوں۔ لیکن ایسا بھی ہوتا ہے کہ کبھی آواز اور لہجہ شخصیت کی پہچان کا ذریعہ بن جاتے ہیں۔ ٹھیک اسی طرح جب تفتیش کے لیے رگوں سے صرف چند قطرے خون جسم کی پوری کیفیت سے باخبر کر دیتے ہیں۔ میرا تجربہ بھی کچھ یوں ہوا کہ فون کے ذریعہ ہواؤں میں تیرتی ان کی خلیق آواز کی لہریں میری سماعت سے ٹکرا کر اس بات کی دلیل کامل بن گئیں کہ وارث علوی صاحب ایک نہایت خوش طبع، انکسار اور خوش خلق شخصیت کے مالک ہیں اور ان کی بذلہ سنجی کے کیا کہنے! ان کا مشفق لہجہ ہمیشہ خوشیوں سے ہم کنار کر دیتا ہے۔ کیونکہ دنیا کی بہترین شئے زبان ہے اور بدترین شئے بھی زبان ہی ہے۔ کسی نے سچ کہا ہے کہ

"A tongue has no bones ......but it can break a heart.It can be a pillar for building a broken heart."

تو وارث علوی صاحب کا نرم لہجہ اور پر خلوص الفاظ سرشار کر دیتے ہیں۔ یہ ضروری نہیں کہ اعلی ادیب و تخلیق کار اعلی انسان بھی ہو۔ وارث علوی صاحب دونوں خوبیوں سے مالا مال ہیں اور اردو ادب ان کے وجود سے مالا مال ہے۔ ان کا منفرد، فکر انگیز اور انوکھا طرز اظہار دعوت فکر عطا کرتا ہے۔ ان کے قلم کا ظاہر و باطن ایک ہے۔ غیر جانب دار ہے، بے لاگ بولتا ہے، سچ کہتا ہے اور سچ تو سورج ہے جس کے بغیر انسان تاریکی میں راستہ بھٹک جاتا ہے۔ ان کے قلم سے سچ کی کرنوں کی بارش ادبی دنیا کو منور کرتی ہے۔ مشعل راہ بن جاتی ہے۔ ان کی تنقید میں ایمان داری ہے۔ حقیقت نگاری ہے۔ خواہ اس کا رد عمل کچھ بھی ہو۔ خواہ کڑوا سچ پیشانیوں پر برہمی کی شکنیں پیدا کر دے۔ ان کی آواز میں جھوٹا سچ نہیں۔ مصلحت کی نقاب نہیں۔ Crystal کی طرح شفاف ہے۔ یہ کھرا پن آج کل عنقا ہے۔ جو کچھ کہتے ہیں ڈنکے کی چوٹ پر۔ کچھ بھی لگی لپٹی نہیں۔ ان کی حق گوئی و جرأت اظہار فکر و نظر کو مہمیز کرتی ہیں۔ ان کی تحریر کی اساس سچ کی بالادستی ہے۔ یہ فرماتے ہیں۔

"تنقید میرے لیے جوتیاں سیدھی کرنے کا نہیں بلکہ گریباں چاک کرنے کا نام ہے میں جب ڈھائی تولے کے شاعر کو سورما اور تنقید کے بونے کو باون گز کہنے سے انکار کرتا ہوں تو لوگ میری زبان کو غیر مہذب کہتے ہیں۔ کاش وہ یہ بھی دیکھتے کہ فلک سیر تخیل کی معجز نمائیوں کا ذکر میں کس وفور شوق سے کرتا ہوں "(تذکرہ روح کی اڑان کا) (بلا تکلف)

برطانیہ کے معروف شاعر Alexander Pope نے سچ کہا ہے کہ۔

An honest man is the noblest work o f God."

ذاتی طور پر مجھے جھوٹ کے شہد سے زیادہ سچ کا زہر پسند ہے کیونکہ یہ گمراہ نہیں کرتا کہ یہ رہنما ہے جو صحیح راستہ دیکھاتا ہے۔ دوسروں کی خوشنودی کیلئے اپنے دل کی آواز کا گلا دبا دینا اور ہر دل عزیز بن جانا کتنا غیر اخلاقی ہے۔ برطانیہ کے مشہور نقاد Cyril Connolly کے مطابق:

"Better to write for yourself and have no public than to write for the public and have no self."

وارث علوی صاحب کا قلم جو واجب سمجھتا ہے وہی کہتا ہے دوسروں کو خوش کرنے کیلئے نہیں۔ اکثر تخلیق کار ایک خوبصورت دھوکے کے بلبلے میں قید رہ کر خوش ہوتے ہیں۔ بلبلے سے باہر نکلنا انہیں پسند نہیں۔ آئینے کو سخت ناپسند کرتے ہیں۔ اپنی تخلیقت کا ایک ہی رنگ دیکھتے ہیں اور دیکھانا چاہتے ہیں۔ اس کی کرن اگر کسی پرزم تک پہنچ جائے اور دوسرے رنگ بھی ظاہر ہو جائیں تو بے چین ہو جاتے ہیں۔ ناراض ہو جاتے ہیں۔ پرزم (Prism) کو توڑ دینے کی حد تک۔ شاید اسی صورت حال پر معروف اطالوی نقاد Umberto ECO نے کہا تھا کہ۔

"Better reality than a dream! If Some thing is

real, then it is real and you are not to blame."

مجھے حیرت انگیز مسرت یہ ہوئی کہ وارث علوی صاحب اردو دنیا کے مافیا گروپ کے لیڈر یا ممبر نہیں ہیں۔ اردو مراکز سے دور رہ کر بھی انہیں ان کی غیر معمولی اہلیت کی بنیاد پر بین الاقوامی شہرت اور شناخت ملی ہے۔

میں نے جب اردو دنیا میں قدم رکھا تو انگشت بدنداں رہ گئی کہ یہ دنیا تو مافیا جیسے گروہ کی دنیا ہے۔ یہاں وہ Gangs ہیں جو ہمہ وقت ایک دوسرے کو زیر کرنے پر تلے ہیں۔ معتبر ادیب و تخلیق کار بھی خودستائی اور خودنمائی کی بیماری کے شکار ہیں۔ احساس برتری اور خود پسندی میں مبتلا۔ قدآوری کے خول میں نہاں کتنے ہی بونے نظر آئے۔ یہ عالم دیکھ کر مجھے یہ کہنا پڑا

کیسے کیسے شعبدے ہوتے رہے
ہم بہت حیراں کھڑے تکتے رہے

اور مجھے مشہور جرمن فلسفی، شاعر اور نقاد Friedrich Nietzsche کی یہ بات یاد آگئی کہ

"you have made your way from worm to man and much in you is still a worm".

وارث علوی صاحب خودستائی جیسی بیماری کے شکار نہیں ہیں۔ بالکل صحت مند ہیں۔ یہ فرماتے ہیں "بے وقوف انکساری کو کمزوری اور بے نیازی کو احساس کمتری سمجھتا ہے۔" (تذکرہ روح کی اڑان کا) (بلاتکلف)

وارث علوی صاحب اس عہد کے قدآور نقاد، محقق، تخلیق کار اور دانشور تو ہیں لیکن میرے دل میں ان کے لیے بے حد عزت واحترام کی ایک اور وجہ ہے۔ وہ ہے انسان کی سب سے اہم اور بنیادی خوبی اس کا مکمل Family man ہونا جوان میں بھرپور ہے۔ یہ اپنے بچوں اور بچوں کے بچوں سے ایک اٹوٹ بندھن سے جڑے ہیں۔ یہ ایک مضبوط ڈور ہیں اور ان کے بچے موتیوں کی طرح اس ڈور میں پروئے ہوئے ہیں۔ جس طرح کسی گھنے شجر کی شاخوں پر پرندے چہچہاتے ہیں۔ اسی طرح ان کے بچے اور بچوں کے بچے ان کے اردگرد ہوتے ہیں۔ مضبوط تنے سے یہ جڑی شاخیں محبت کی ہواؤں میں جھومتی رہتی ہیں۔ ادب اور فکر کے ہرے پتے سرسراتے ہیں۔ تعلیم و تربیت کے گلابی پھول لہلہاتے ہیں۔ جب بھی میری ان سے فون پر گفتگو ہوئی ان کے الفاظ کے پیمانے سے اپنے نواسے نواسیوں کے لیے محبت کا شہد چھلک چھلک گیا۔ ان کی شخصیت کا یہ پہلو مجھے بے حد متاثر کرتا ہے۔

رسالہ روشنائی (کراچی) میں پروفیسر محی الدین بمبئی والا کے دل چسپ مضمون نے اس حقیقت کی دوبارہ تصدیق کر دی جب انہوں نے وارث علوی صاحب کی شخصیت کے اس پہلو پر روشنی ڈالی۔

"حقیقت یہ ہے کہ وہ صرف کتابوں اور اپنے بچوں میں جیئے۔ اپنی لڑکیوں کو ہی نہیں بلکہ اپنے نواسے نواسیوں تک کو انہوں نے اپنی گود میں بڑا کیا۔ چڑیا گھر بچوں کو لے جاتے اور جانوروں اور پرندوں کے سامنے خود بھی بچہ بن جاتے"۔

اس مضمون سے ان کی ہر دل عزیزی، حسن ظرافت اور نرم دلی کے متعلق مزید معلومات حاصل ہوئیں۔ خاص کر یہ واقعہ پڑھ کر

"مشہور اطالوی فلم بائیسکل تھیف (Bicycle thief) دیکھ کر ہوٹل میں دوستوں کے ساتھ باتیں کر رہے تھے۔ فلم کا انتہائی دردناک انجام بیان کرتے کرتے آنکھوں میں آنسو آگئے اور سب دوست بھی اداس ہوگئے"۔

مجھے فخر ہے کہ وارث علوی صاحب نے میری دونوں کتابوں کو ("کرچیاں" اور "نہال دل پر سحاب جیسے") توجہ سے پڑھا۔ میری شاعری کو بہ نظر تحسین دیکھنے کے ساتھ اپنے متوازن گرانقدر تاثرات سے نوازا۔۔ مجھ میں اور حوصلہ پیدا ہوا۔ یہ تخلیقی قوت کو سراہتے ہیں اور کمزوریوں پر پردہ ڈال کر گمراہ نہیں کرتے۔ ان کے قلم کے پرزم (Prism) سے صرف صداقت کے رنگ نمایاں ہوتے ہیں۔ سچ کے ہزاروں سورج یہ تو اپنی اپنی بصیرت پر منحصر ہے کہ کون اس آگ میں تپ کر کندن بننا پسند کرتا ہے اور کون کذب کی شبنم میں صرف پل بھر کے لیے تر و تازہ رہنا چاہتا ہے۔ کیونکہ آخر کار سچ کی تمازت جھوٹ کی شبنم کو بخارات میں تبدیل کر کے دھوئیں کی مانند اڑا کر بے نشان کر دیتی ہے۔

یہ جان کر حیرت انگیز مسرت ہوئی کہ وارث علوی صاحب مصوری کے اس قدر دل دادہ ہیں جو اردو دنیا میں کم یاب ہے۔ جس طرح انہوں نے میرے محسوساتی پیکر کے مرقع کو نوازا اور میری مصوری کو سراہا۔ وان گو، گوگن اور ریم براں جیسے فن کاروں کے انمول شاہ کار ان کے گھر کی زینت ہیں۔

وارث علوی صاحب کی کتاب "راجندر سنگھ بیدی: ایک مطالعہ" اردو ادب کے لیے ایک قیمتی اثاثہ ہے۔ بیدی کے فن کی مختلف اور انجانی جہات روشن ہوتی ہیں۔ "ناخن کا قرض"، "کچھ بچالایا ہوں"، "اے پیارے لوگو" اور بہت ساری دیگر تصنیفات نے اردو ادب کو مالا مال کر دیا ہے۔

میں تو کینیڈا کے اس شہر (ونی پیگ) میں رہتی ہوں جہاں اردو کی کتاب حاصل کرنا ممکن نہیں۔ بیدار بخت صاحب کی بے حد ممنون ہوں کہ ان کی انمول لائبریری سے کتابیں مستعار لیتی ہوں پارسل کے ذریعہ۔ 'کچھ بچالایا ہوں'، 'اے پیارے لوگو' اور 'پیشہ تو سپہ گری کا بھلا' بھی انہوں نے میری گذارش پر مجھے بھیج دی تھیں۔ معروف نقادوں کے تنقیدی مضامین میری نظر سے گزرے ہیں، زیادہ تر بہت خشک ہوا کرتے ہیں۔ وارث علوی صاحب کا طرز اظہار ایسا ہے جو خود سے باندھ لیتا ہے۔ پڑھنا شروع کیا تو خوبصورت انداز بیان کے سمندر میں بس ڈوبتی چلی گئی۔ کچھ اقتباس۔۔۔

"تجربہ کیا ہے؟......ٹھنڈی ہوا کا لمس، اُجاڑ دن کی ویرانی،

جاڑے کی چمکدار دھوپ، کار کے پیچھے بھاگتا ہوا بچہ، بیتے دنوں کے بوجھ تلے دبا ہوا بوڑھا، خالی مکان میں قدموں کی خوف زدہ چھاپ، وقت کا بے کیف تواتر۔

تجربہ کیا ہے؟...... ذات کا غیر ذات سے ملاپ، ذہن کی خارجی دنیا سے مڈبھیڑ، سلگتے احساس سے دہکا ہوا فانوس خیال، جذبہ کی طلاطم بدوش موجوں کا سنگیت۔

تجربہ جس احساس کو جنم دیتا ہے وہ دھند میں لپٹی ہوئی جھیل کے مانند جتنا نظر آتا ہے اس سے کہیں زیادہ پھیلا ہوا، کہیں زیادہ گہرا اور پُر اسرار ہوتا ہے۔ جھیل کے پانی کا رنگ کہیں نیلا، کہیں سبز، کہیں زرد اور کہیں خاکستری ہوتا ہے۔ دیکھتے دیکھتے ایک رنگ دوسرے میں تحلیل ہو جاتا ہے اور گھلتے ملتے رنگوں کے دائرے بنتے بگڑتے، ابھرتے ڈوبتے رہتے ہیں۔''

(پیشہ تو سپہ گری کا بھلا۔ مضمون محمد علوی کی شاعری)

یہ طرز اظہار یہ تخلیقت سے شرابور تحریریں پوری طرح Intoxicating ہیں میرے لیے، بار بار پڑھنے پر مجبور کرتی ہیں۔ سحر زدہ کر دیتی ہیں۔

زندگی کے قوس وقزح میں جب صرف پیلا رنگ پھیلنے لگتا ہے، یک رنگی فضائیں جھنجھلا کر جھنجھوڑتی ہیں، خشک، ننگی اور نوکیلی شاخیں روح میں چبھنے لگتی ہیں، غبار آلود گلیوں میں چلتے چلتے آنکھیں دھندلا جاتی ہیں تو گھبرایا ہوا دل کتابوں کی طرف دوڑتا ہے، پناہ پانے کو۔ وارث علوی صاحب کی تصانیف بھی ان میں شامل ہیں جو یک رنگی فضاؤں کو ست رنگی بنا دیتی ہیں۔ جھنجھلاتی ہوئی فضا کے لبوں پر مسکراہٹ کی جنبش عود کر آتی ہے۔ گرد سے دھندلی آنکھوں میں تازہ بصارت راستوں کی نشاندہی کرتی ہے۔ غم دوراں کی مٹی میں دبی تخلیقیت کی لاشیں پھول بن کر مٹی سے باہر آ جاتی ہیں۔

وارث علوی صاحب کے فکر کے وسیع آسمان پر اتنے آفتاب دمک رہے ہیں جن کی روشنی سے میرے قلم کی آنکھیں خیرہ ہو گئی ہیں۔ ان کے ادبی کارناموں کو میرے قلم کا دامن کہاں سمیٹ سکتا ہے۔ میری دعا ہے کہ ان کی فکر کے ہزاروں آفتاب اردو دنیا کو اپنی روشنی عطا کرتے رہیں اسی طرح منور رکھیں۔

☆

# ''ایجازِ بیان کا حُسن''

سرورالہدیٰ
(دہلی، بھارت)

' گنجینۂ باز خیال ' میں چھ مضامین شامل ہیں جن کا تعلق فکشن اور فکشن نگاروں سے ہے۔ کتاب کا نام غالب کے درج ذیل شعر سے ماخوذ ہے:

محفلیں برہم کرے ہے گنجفہ باز خیال
ہیں ورق گردانی نیرنگ یک بت خانہ ہم

گنجفہ باز خیال اور غالب کے پورے شعر کی معنوی دنیا کا تعلق وارث علوی کی فکر اور تنقیدی اسلوب سے کتنا اور کس نوعیت کا ہے اس بارے میں گفتگو کا یہ موقع نہیں ہے۔ کیا گنجفہ باز خیال کا کوئی تعلق ان فکشن نگاروں سے بھی ہے جنہیں وارث علوی نے کتاب میں شامل کیا شعر کے ٹکڑے پر رکھا گیا ہے۔ وارث علوی کا تنقیدی اسلوب ایک مستقل مطالعے کا موضوع ہے۔ میری طالب علمانہ رائے یہ ہے کہ وارث علوی کی فکشن تنقید کا ابھی تک ناقدانہ جائزہ نہیں لیا گیا۔ ادھر اُدھر سے ان پر کچھ ضرور لکھا گیا لیکن وارث علوی کی تنقیدی روح تک کا سفر ابھی طے ہونا باقی ہے۔ یہاں میری مشکل یہ ہے کہ وارث علوی کی تازہ ترین کتاب ' گنجفہ باز خیال ' میرا موضوع ہے لیکن وارث علوی کی دیگر کتابیں بعض بنیادی مباحث کے سبب میرے ذہن کو مختلف سمتوں میں بھٹکاتی ہیں۔ پہلی بات تو یہ ہے کہ وارث علوی کی تنقید کا جائزہ لینا میرا مقصود نہیں ہے، میں بڑی مشکل سے کچھ کہنے کی اہمیت کر پایا ہوں، یہ امر واقعہ ہے خاکساری نہیں۔

اس کتاب کے عنوانات کچھ اس طرح ہیں:

- قاضی عبدالستار کے معاشرتی ناول
- لالی چودھری کے افسانے
- فہمیدہ ریاض کا تانیثی افسانہ
- شفق کا افسانوی مجموعہ 'وراثت'
- شیر شاہ سید کی افسانہ نگاری کے چند پہلو
- اردو افسانے کی ایک منفرد آواز ترنم ریاض

وارث علوی کی فکشن تنقید کا اہم ترین حوالہ ان کی دو کتابیں 'سعادت حسن منٹو ایک مطالعہ ' اور 'راجندر سنگھ بیدی: ایک مطالعہ ' ہیں۔ ان کے علاوہ 'جدید افسانہ اور اس کے مسائل ' اور کچھ دوسری تحریریں بھی ہماری فکر اور بصیرت کو روشن کرتی رہی ہیں۔ لیکن اس کتاب میں جن فکشن نگاروں پر تفصیلی گفتگو کی گئی ہے وہ بالکل ایک نئی آگہی اور بصیرت کا پتا دیتی ہے۔ اول تو یہ بات بڑی اہم ہے کہ منٹو اور بیدی پر تاریخ ساز کام کرنے کے باوجود وارث علوی نے اپنے تنقیدی موقف میں کس قسم کے تعصب کو راہ نہیں دی۔ عموماً ہوتا یہی ہے کہ اہم ترین اور بڑے رائٹرس پر لکھنے کے بعد ہمارا نقاد ایک ایسی بلندی پر فائز ہوجاتا ہے جہاں سے اسے ہر لکھنے والا چھوٹا نظر آتا ہے۔ کچھ لوگوں کو حیرت ہوسکتی ہے کہ قاضی عبدالستار، فہمیدہ، شفق وغیرہ کے ساتھ ترنم ریاض پر اتنا تفصیلی مضمون قلم بند کرنے کا کیا جواز ہے۔ ہر نسل اور ہر سطح کے لکھنے والوں کے یہاں کوئی خوبی کوئی بات اگر کسی کو متاثر کرتی ہے تو اسے سچے مطالعے کا نام دینا چاہیے۔ قاضی عبدالستار پر کچھ نہ کچھ لکھا جاتا رہا ہے، اب تو ان پر کئی کتابیں شائع ہوچکی ہیں لیکن وارث علوی یہ محسوس کرتے ہیں کہ ان میں زیادہ حصہ قاضی صاحب کی مداحی کا ہے۔ تنقید مکمل مداحی نہیں۔ میرا خیال ہے کہ قاضی صاحب کے فن کا اتنی ذہانت مگر معروضیت کے ساتھ اس سے پہلے جائزہ نہیں لیا گیا۔ کون سا ایسا قاری ہوگا جس پر قاضی صاحب کی زبان کا جادو نہ چلا ہو۔ لیکن اس جادو نے قاضی صاحب کی فنی کمزوریوں کا کس طرح پردہ بنا ہے اس جانب مجھے نہیں معلوم کس نے اس جرات مندی کے ساتھ اشارہ کیا ہے۔ وارث علوی نے قاضی صاحب کے تاریخی ناول کو اپنا موضوع نہیں بنایا۔ دل چسپ بات یہ ہے کہ وہ مضمون کی ابتدا میں ہی اپنی معذوری کا اظہار کرتے ہیں کہ '' میں تاریخی ناول میں دل چسپی نہیں رکھتا اس لیے ان پر تنقید کے آداب سے میں واقف نہیں۔ '' بہر حال یہ تو ان کی خاکساری ہے کہ میں تاریخی ناول پر تنقید کے آداب سے واقف نہیں۔ وارث علوی نے '' قاضی عبدالستار کے معاشرتی ناول کا عنوان قائم کیا ہے تاکہ کسی کا ذہن 'داراشکوہ ' کی طرف نہ جائے۔ پھر یہ بات بھی اہم ہے کہ قاضی صاحب کے جن ناولوں کو انہوں نے اپنا موضوع بنایا ہے انہیں وہ معاشرتی قرار دیتے ہیں اور شاید ان ناولوں کی زندگی کے سیاق میں اس سے بہتر عنوان کوئی دوسرا نہیں ہوسکتا تھا۔

قاضی عبدالستار کے ناولٹ 'شب گزیدہ '، 'مجو بھیا'، 'بادل ' اور 'غبار شب ' کو وارث علوی نے معاشرتی ناول کا نام دیا ہے۔ لیکن ان کی نگاہ ناول کے فنی سروکار پر مرکوز رہتی ہے۔ وہ ہر ناول میں قصے کے تفصیل بیان کرتے ہوئے کبھی درمیان میں تو کبھی آخر میں فنی کمزوریوں یا فنی مسئلے کی جانب مراجعت کرتے ہیں۔ گویا ناول کی کہانی یا اس کا معاشرتی مسئلہ بالآخر فنی مسئلے کی جانب مراجعت کرجاتا ہے۔ اگر یہ خوبی پیدا نہ ہوتی تو کوئی ناول اپنے تاریخی، معاشرتی سروکار کے باوجود وہ ناول کا فن نہیں بن سکتا۔ وارث علوی ناول کے فن پر موقع موقع سے روشنی ڈالتے ہیں اور ایسا محسوس ہوتا ہے کہ قاضی عبدالستار کی زبان کا جادو انہیں بہت دیر تک اپنی گرفت میں نہیں رکھ سکتا۔ وہ قاضی صاحب کی بیانیہ قوت کا اعتراف کرتے ہیں، وہ اس بات کے بھی قائل ہیں کہ قاضی صاحب کو سنسنی کی فضا قائم کرنے کا بڑا ملکہ حاصل ہے لیکن وہ لکھتے ہیں:

"ان ناولٹوں میں ایک منفرد اسلوب کی کارفرمائیاں ہیں، ایجازِ بیان کا حسن ہے، زبان کا بحرِ ذخار ہے، تشبیہوں اور استعاروں کی دھنک کے رنگ ہیں، جزرس حقیقت نگاری، کھلی آنکھ کے شفاف مشاہدات، سماجی شعور اور زندگی کے المیہ احساس کے ساتھ بکھرتے، ٹوٹتے اور تباہ ہوتے خاندانی رشتوں اور انحطاط سے گزرتے ہوئے پورے معاشرے اور زوال اور پستی اور افلاس کا شکار اس معاشرے کے مختلف طبقات فرقوں، جاتیوں کی عورتوں اور مردوں کے رہن سہن، عادتوں اور طریقوں اور معمولی سے معمولی آدمی کی ایسی نقش گری ہے کہ شبیہ ذہن پر نقش ہو جائے۔ ان تمام خوبیوں نے ناولوں کو اتنا دلچسپ بنایا ہے کہ آدمی ان میں کھو جاتا ہے۔ لیکن جب ان کے طلسم سے باہر نکلتا ہے تو اس کے پاس کوئی ایسی بصیرت، ایسا تجربہ، ایسا کردار نہیں ہوتا جو اس کے ذہن میں تادیر زندہ رہے کہ غور و فکر کے ذریعے اس کے نہفتہ گوشے آشکار ہوتے ہیں۔"

وارث علوی نے مندرجہ ذیل بالا اقتباس میں قاضی صاحب کے فن سے متعلق جن باتوں کو نشان زد کیا ہے وہ ان کی ذہانت اور گہری نظر کی دلیل ہیں۔ میں سمجھتا ہوں کہ اگر کوئی دوسرا نقاد ہوتا تو قاضی صاحب کی اتنی فنی خوبیوں کو گنا کر ان پر ایمان لے آتا، لیکن وارث علوی یہ کہنے میں ہچکچاتے نہیں کہ قاضی صاحب کی اتنی بھری پُری دنیا ہمیں جب اپنے یہاں سے لوٹاتی ہے تو ہمارے پاس کوئی ایسی شے نہیں ہوتی جو ہماری انفرادی یا اجتماعی زندگی میں ہمارا ساتھ دے سکتی۔ وارث علوی نے تین اشیا کا ذکر کیا ہے: بصیرت، تجربہ اور کردار۔ شاید ادبی مطالعے سے انسان کو اگر یہ دولتیں بھی نہ ملیں تو ادب کیوں پڑھا جائے۔ وارث علوی قاضی صاحب کے تعلق سے سنسنی خیزی کو زیرِ بحث لاتے ہیں۔ انہیں محسوس ہوتا ہے کہ اسی سنسنی خیزی نے ان کے فن کو نقصان پہنچایا ہے۔ میں اپنی محدود نظر کی روشنی میں یہ کہہ سکتا ہوں کہ وارث علوی نے ہی پہلی مرتبہ قاضی صاحب کی اس سنسنی خیزی کو ان کی کمزوری قرار دیا ہے ورنہ عام طور پر اسے قاضی صاحب کے فن کا ایک امتیاز قرار دیا جاتا رہا ہے۔

وارث علوی کا تنقیدی ذہن بار بار قاضی صاحب کی سنسنی خیزی کی طرف جاتا ہے لیکن ایسا محسوس ہوتا ہے کہ قاضی صاحب کے ناولوں کی دوسری خوبیاں انہیں اپنے طلسم کے باعث گرفت میں لے لیتی ہے ورنہ وہ یہاں ان کی کمزوریوں کی نشان دہی کے بعد یہ نہ لکھتے:

"قاضی صاحب کی ادبی اہمیت کہانی کی سنسنی خیزی میں نہیں بلکہ ایک خاص دور کی معاشرتی اور تہذیبی آئینہ داری میں ہے۔ گویا استعجاب انگیز، پرتجسس سنسنی خیز کہانی قاری کو اپنی گرفت میں جکڑے رہتی ہے۔"

قاضی صاحب کا فن ایک خاص دور کی معاشرتی اور تہذیبی آئینہ دار ہے۔ یہ وہ رائے ہے جو قاضی صاحب کے سلسلے میں عام رہی ہے۔ وارث علوی کو قاضی عبدالستار کے ناولوں سے جو بنیادی شکایتیں ہیں انہیں بہت واضح انداز میں لکھتے ہیں، انہیں کوئی تذبذب اور مغالطہ نہیں لیکن جب وہ ناول کے مختلف اجزا سے بحث کرتے ہیں تو ایسے ہی انہیں قاضی عبدالستار کی فن کاری بہت اپیل کرتی ہے۔ ایسے موقعے پر محسوس ہوتا ہے کہ وارث علوی قاضی عبدالستار کو مجموعی اعتبار سے کامیاب ناول نگار قرار نہ دے کر جزوی طور پر انہیں سنوارنا چاہتے ہیں۔ 'شب گزیدہ' کا ذکر کرتے ہوئے وہ اسے کامیاب ناول تو کہتے ہیں لیکن اس کا سہرا وہ اس کی کردار نگاری کے نہیں پکچر گیلری کے سر باندھنا چاہتے ہیں۔ 'شب گزیدہ' کے سیاق میں وہ لکھتے ہیں:

"پوری تہذیب، تاریخ کا ایک بیتا ہوا ورق ہمارے ذہن میں زندہ ہوتا ہے اور تصویروں کا یہ نگار خانہ قاضی عبدالستار ہی سجا سکتے تھے۔"

'مجو بھیا' کا تجزیہ کرتے ہوئے وہ ایک مرتبہ پھر کردار کو زیرِ بحث لاتے ہیں:

"کہانی اب کردار کی نہیں پلاٹ کی بن گئی ہے۔ لیکن قاضی صاحب کا کمال یہ ہے کہ مجو بھیا کو ہماری آنکھ سے اوجھل ہونے نہیں دیتے۔"

وارث علوی ایک ذمے دار نقاد کی حیثیت سے قاضی عبدالستار کے فنی پہلوؤں کو اجاگر کرتے ہیں۔ ان کے بارے میں ایک بات یہ مشہور ہوگئی ہے کہ وہ جب کسی فن پارے کی کمزوریاں بیان کرنے پر آتے ہیں تو پھر دائیں بائیں نہیں دیکھتے۔ ممکن ہے کسی تحریر میں ان کے یہاں یہ انداز در آیا ہو لیکن قاضی عبدالستار پر اتنی سخت تنقید لکھتے وقت انہیں ان کی فنی عظمت کا خیال رہتا ہے۔ بظاہر مندرجہ بالا اقتباس میں ایک چھوٹی سی سامنے کی بات بتائی گئی ہے مگر اس کو تلاش کرنا اور پھر نشان زد کرنا آسان نہیں ہے۔ اس مضمون کے علاوہ کتاب کے دیگر مضامین افسانے سے متعلق ہیں، ظاہر ہے کہ ناولٹ کی تنقید کے تقاضے افسانے سے کچھ مختلف ہوتے ہیں۔ لالی چودھری کے افسانوں پر اظہار خیال کرتے ہوئے ایک ایسی خوبی کا بھی ذکر کیا گیا ہے جو انہیں قاضی عبدالستار کے یہاں بھی نظر آتی ہے۔

"لال چودھری کہانی کی طرح بیان کرتی ہیں لیکن پتا چلنے نہیں دیتیں کہ جو واضح اور صاف رسومات ہیں ان کے پیچھے کتنے تاریک منصوبوں اور فاسد عزائم کی کارفرمائی ہے۔"

لالی چودھری کو یہ فن اگر حاصل ہے تو عہدِ حاضر میں ان موضوعات اور مسائل پر لکھنے والوں کے بہت سے چہرے اس آئینے میں شرمندہ ہوتے ہیں۔ آج عالم یہ ہے کہ افسانے کے مسائل زندگی سے بہت قریب ہیں اور ہم یہ کہتے نہیں تھکتے کہ افسانہ تجریدیت اور علامت کے گورکھ دھندوں سے نکل کر زیادہ سماجی اور عصری ہو گیا ہے۔ لیکن ہمارے بیشتر نقاد اور تخلیق کار اس حقیقت کو فراموش کر دیتے ہیں کہ افسانہ محض سماجی اور عصری ہونے کے سبب اچھا یا بڑا نہیں ہو سکتا۔ آخر کوئی ڈھنگ کوئی بصیرت تو چاہیے۔ لالی چودھری کے افسانے ہمیں بار بار اگر روکتے اور ٹوکتے ہیں تو اس کا مطلب یہ ہے کہ اس میں ہمارے مسائل کا اظہار تخلیقی سطح پر ہوا ہے۔ افسانے کی تنقید میں آج بھی حیرت اور استعجاب کو بڑی اہمیت حاصل ہے۔ لیکن وارث علوی لالی چودھری کے فن کو اس لیے سراہتے

ہیں کہ اس میں استعجاب کی کیفیت نہیں ہے وہ کسی دھماکے کا اشاریہ نہیں بنتا بلکہ فطری طور پر کہانی سفر کرتی ہے۔ ان کی یہ رائے بھی قابل غور ہے کہ لالی چودھری کے افسانے میں ایجاز کلامی ہے۔ لیکن یہ ایجاز کلامی تمام تفصیلات اور جزئیات کو اپنے اندر سمیٹے ہوئے ہے۔ بظاہر تو اس خوبی کا اطلاق کسی بھی کامیاب افسانہ نگار پر ہوسکتا ہے لیکن اسے برت پانا آسان نہیں ہے۔ وارث علوی لالی چودھری کے افسانوں میں کسی فلسفے یا دقیق خیال کو تلاش نہیں کرتے۔ ایک خاتون امریکہ میں زندگی کی جن چھوٹی چھوٹی باتوں سے کہانی بناتی ہے وہ زیادہ قابل توجہ ہے۔ ظاہر ہے کہ لالی چودھری کو اپنی حدود میں کہانی بنانے کا ہنر آتا ہے۔ غریب الوطنی میں اپنی شناخت کا مسئلہ جن نفسیاتی کیفیات سے گزرتا ہے اس کا صحیح اندازہ کوئی غریب الوطن ہی کرسکتا ہے۔ خصوصاً ایک مشرقی تہذیب کے ساتھ جب مغربی دنیا کو اپنا مستقر بناتی ہے تو وہ کن ذہنی اذیتوں سے گزرتی ہے، اس کا فنکارانہ اظہار لالی چودھری کے یہاں موجود ہے۔ مشرق اور مغرب ندی کے دو کناروں کی طرح نہیں ہیں۔ وارث علوی نے لالی چودھری کے موضوعات سے زیادہ توجہ اس حقیقت پر دی ہے کہ ان موضوعات کے تئیں ان کا فنکارانہ رویہ کیا ہے، وہ کس طرح ان کی پیش کش میں اپنے ہونے کا ثبوت پیش کرتی ہیں اسی لیے وارث علوی لالی چودھری کو ایک آزاد تخلیقی ذہن کی شکل میں دیکھتے ہیں۔ ہماری تنقید تانیثیت کی تلاش اور مداحی میں اکثر یہ بھول جاتی ہے کہ تانیثیت بذات خود کوئی آرٹ نہیں ہے بلکہ آرٹ وہ فنی اور فکری بصیرت ہے جو تانیثیت کو ایک فارمولے کے طور پر استعمال نہیں کرتا۔

وارث علوی آرٹ کو پہلے آرٹ کی شکل میں دیکھنا چاہتے ہیں باقی دوسرے مسائل اپنی جگہ اہم ضرور ہیں لیکن انہیں اول و آخر آرٹ کے سانچے میں ڈھلنا چاہیے۔ ایک عورت کا باغیانہ رویہ اپنا ایک جواز رکھتا ہے۔ لالی چودھری کے افسانوں میں ایک عورت کی آواز صرف فتح ہی نہیں بلکہ شکست کے احساس سے بھی مملو ہے۔ مجھے وارث علوی کے اس تجزیے نے بہت متاثر کیا:

"لیکن بغاوت اور علاحدگی میں بھی کھونا تو عورت ہی کو پڑتا ہے۔ یہ گویا تانیثی رویے کی شکست بھی ہے۔ لالی چودھری کے افسانوں کا تانا بانا اسی فتح و شکست کی پیچیدہ ڈیزائن سے بنا ہے۔ اسی لیے میں نے کہا ہے کہ وہ فیمنسٹ ہیں بھی اور نہیں بھی۔ عورت کا مسئلہ تو اصلاحی اور میلاناتی ادب بھی پیش کرسکتا ہے لیکن جب یہ مسئلہ حل ہونے کی بجائے المیہ میں بدل جاتا ہے تو وہ آرٹ کا موضوع بنتا ہے اور یہیں سے لالی چودھری اپنا کام شروع کرتی ہیں۔"

لالی چودھری جہاں سے اپنا کام شروع کرتی ہیں اس کا تصور بھی کتنوں کے پاس ہے۔ کسی مسئلے کو المیہ میں تبدیل کردینا ہر ایک کا مقدر نہیں ہوتا۔ اس سیاق میں وارث علوی کا مضمون 'فہمیدہ ریاض کا تانیثی افسانہ' کا مطالعہ دل چسپی کا سامان فراہم کرتا ہے۔ وہ یہاں بھی لالی چودھری پر اچھی خاصی گفتگو کرتے ہیں۔ فہمیدہ ریاض کے دو افسانے 'پرسنل اکاونٹ' اور 'حاصل' زیر بحث آئے ہیں۔ انہوں نے لالی چودھری کے افسانوں میں جن فکری و فنی جہات کی طرف اشارے کیے ہیں انہیں فہمیدہ ریاض کے ہاں تلاش کرنے کی غیر ضروری کوشش نہیں کی ہے۔ اس مضمون کی ابتدا میں مشرق اور مغرب کی تہذیبی روایت کے سلسلے میں جو گفتگو ہے وہ بہت ہی منفرد ہے۔ تانیثیت اور مابعد جدیدیت کے رشتے پر ایسی رائے کہاں ملے گی:

"جب مابعد جدیدیت کے لگ بھگ اردو نقادوں کے اعصاب پر سوار ہوئی تو انہیں عورت یاد آئی، لیکن جو عورت ادب میں ملی وہ تو مشرق کی آزادی نسواں کی تحریک کی عورت تھی، وہ عورت نہیں تھی جو مغرب کی فیمنسٹ تحریک کی پیدا کردہ تھی۔"

فہمیدہ ریاض کے سیاق میں تانیثیت کے اور بھی کئی مسائل زیر بحث آئے ہیں، یہاں فہمیدہ ریاض کی کہانی 'حاصل' کی دو علامات کے سبب اسے اہم کہانی قرار دیتے ہیں۔ انہوں نے ان دو علامات پہیوں والی گاڑی اور ائیر پورٹ سے فکر انگیز بحث کی ہے۔ مضمون کے اختتام پر وہ لکھتے ہیں: "تانیثی افسانہ خوش وخرم ازدواجی زندگی کا نہیں بلکہ ناخوش اور ناہموار جوڑوں کی کہانی ہوتی ہے۔ "ایسے میں کسی تانیثی افسانے سے کسی خوشگوار اختتام یا پہلو کا تقاضا کرنا مناسب نہیں۔ اس کتاب میں ترنم ریاض کی افسانہ نگاری پر ایک تفصیلی مضمون شامل ہے۔ ترنم ریاض نے گزشتہ چند برسوں میں ادب کے سنجیدہ قارئین کو اپنی جانب متوجہ کیا ہے لیکن وارث علوی کے علاوہ کسی اور نے انہیں موضوع نہیں بنایا۔ ایسے میں وارث علوی کے اس مضمون سے کچھ لوگوں کو اگر ترنم ریاض کی کہانیوں کو پڑھنے کی تحریک ملے گی تو کچھ لوگ حیرت کا اظہار بھی کرسکتے ہیں۔ مجھے تو یہ بات اچھی لگی۔ انہوں نے اپنے مطالعے اور بصیرت کی روشنی میں ترنم ریاض کی کہانیوں کی قدر افزائی کی اور اس معاملے میں کسی کی رائے اور مشورے کا کوئی خیال نہیں کیا۔ اکثر اوقات ہماری قرأت دوسروں کی آرا سے تعصب کا شکار ہوجاتی ہے۔ وارث علوی نے ترنم ریاض کے افسانوں سے متعلق جو رائے دی ہے وہ اہم بھی ہے اور چونکا دینے والی بھی۔ حیرت ہے کہ اس عہد کے اہم ترین نقادوں نے ترنم ریاض کو کیوں کر نظر انداز کیا۔ وارث علوی، ترنم ریاض کو ایک فطری افسانہ نگار سمجھتے ہیں جس کے یہاں تمام تر فنکاری کسی بناوٹ، بوجھ اور اوڑھی ہوئی صناعی سے بلند تر ہے۔

"ان کے یہاں کاوش اور کاہش کی جگہ برجستگی اور بے ساختگی ہے۔ تہ در تہ معنویت، پیچیدہ ڈیزائن اور معنی خیز اشاروں اور کنایوں کی ایک دوسرے کو کاٹتی لکیروں کے باوصف افسانہ اپنے حسن سادہ کو برقرار رکھتا ہے۔"

یہ خوبی کسی دوسرے افسانہ نگار کے یہاں بھی ہوسکتی ہے۔ اسی لیے میں نے پہلے ہی لکھا ہے کہ کسی فنکار کے ہاں کسی ایسی خوبی کا پایا جانا جو دوسروں میں بھی ہوسکتی ہے یا ہے، تو اس سے حسن مشترک کا پتا چلتا ہے۔ لیکن یہ حسن مشترک آسانی سے حاصل نہیں ہوتا، لہٰذا ترنم ریاض کے اسلوب کی یہ خوبی نہیں

بہر حال ممتاز کرتی ہے۔فن پارے میں شخصیت کا انعکاس اس وقت عیب بن جاتا ہے جب وہ ذات کا استعارہ بن جائے۔ شخصیت سے تھوڑا فاصلہ ضروری ہے۔ وارث علوی کو ترنم ریاض کی کہانیوں سے شخصیت سے یہ فاصلہ نظر آتا ہے۔ترنم ریاض اپنی کہانیوں سے اپنی شخصیت کو جس طرح الگ کرتی ہیں اسے وارث علوی نفاست سے علاحدہ ہونا کہتے ہیں۔ گویا یہ نفاست ہی ادب کے حسن کو بڑھاتی ہے۔اس مضمون میں وہ ترنم ریاض کی فنی ہنرمندی پر اس لیے اصرار کرتے ہیں کہ ان کا سروکار ذاتی ہوتے ہوئے بھی بالآخر آفاقی اور کائناتی ہو جاتا ہے۔اس پورے عمل کو وارث علوی صاف چھپتے بھی نہیں سامانے آتے بھی نہیں کا نام دیتے ہیں۔اگر اس دلربا کھیل پر غور کریں تو اس میں ایک عورت کا حسن اور اس کی تمام تر کیفیت سمٹی ہوئی معلوم ہوگی۔ وارث علوی اس دلربا کھیل کو خطرناک کھیل کہتے ہیں۔ وارث علوی نے ترنم ریاض کی کہانیوں کے ایک اور اہم وصف کی جانب متوجہ کیا ہے۔وہ لکھتے ہیں:

"ترنم ریاض کا ایک بڑا کارنامہ یہ ہے کہ انہوں نے انسانی تعلقات کے افسانے کو دوبارہ زندہ کیا۔"

انسانی تعلقات کو افسانے میں زندہ کرنا ایک بڑی دولت ہے۔ وارث علوی نے ان کی مختلف کہانیوں کے تجزیے میں انسانی تعلقات کی اس دھوپ چھاؤں کو دیکھا اور محسوس کیا ہے۔انسانی تعلقات کی مختلف صورتیں ہو سکتی ہیں۔وارث علوی نے ان افسانوں کے تاریخی اسباب پر روشنی ڈالی ہے جن کے موضوعات فسادات اور قتل و غارت گری اور اس قسم کے دوسرے انسان کش واقعات ہیں۔ان مسائل نے انسانی تعلقات کو ثانوی حیثیت دے دی۔ وارث علوی بعد کی اردو کہانی کو انسانی تعلقات کی بازیافت کا دور کہتے ہیں جن میں ایک نمایاں نام ترنم ریاض کا ہے۔شفق کا افسانوی مجموعہ 'وراثت' پر وارث علوی کی ابتدائی گفتگو بنیادی طور پر اس نکتے پر مرکوز ہے کہ افسانے کو کیا ہونا چاہیے اور شفق نے اس سے پہلے کے افسانوں میں فنی اعتبار سے جو ٹھوکر کھائی ہے اس کے اسباب کیا ہیں۔اس حصے میں یہاں وارث علوی کا وہ خاص اسلوب بھی سامنے آتا ہے جن کی کاٹ سے بڑے سے بڑا ادیب بھی محفوظ نہیں رہ سکا۔ یہ بات بہت اہم ہے کہ وارث علوی کسی افسانہ نگار کے بارے میں اپنی پرانی رائے کو اس کی نئی تحقیقات کی روشنی میں تبدیل کرنا چاہتے ہیں۔ یہ تو وارث علوی کی بڑائی ہے کہ ان کی نگاہ سے ہر درجے کے ادیبوں اور شاعروں کی کتابیں کم یا زیادہ توجہ سے مگر گزرتی ضرور ہیں۔'شفق' کو دیکھ کر انہیں حیرت ہوئی کہ شفق اب ایک کامیاب افسانہ نگار کی صورت میں سامنے آتا ہے لیکن وہ 'شفق' کی تمام کہانیوں کو کامیاب نہیں کہتے۔اس مضمون میں وارث علوی نے موضوعات و مسائل سے سروکار رکھا ہے لیکن موقع موقع سے یہ بھی بتاتے جاتے ہیں کہ شفق کی ہنرمندی کہاں اپنے جلوے دکھاتی ہے۔موضوعات و مسائل کی پیش کش میں کہانی کار کی ذہانت بصیرت ہی کہانی کو کہانی بناتی ہے:

"پیروڈی، آئرنی، طنز، مزاح، اسطور، تمثیل، گویا افسانوی اظہار بیان کے جتنے بھی ہتھکنڈے فکشن یعنی دنیائے افسانہ نے ایجاد کیے ہیں، شفق کو ان افسانوں میں ان کا استعمال کرنے کے مواقع میسر آئے ہیں اور انہوں نے ان کا خوب استعمال بھی کیا ہے۔"

شیر شاہ سید کی افسانہ نگاری میں وہ کم وبیش ان ہی رویوں سے بحث کرتے ہیں جو ان کے نزدیک کہانی کیلئے ضروری ہیں۔گرچہ موضوعات کا تنوع بھی ان کی نظر میں اہم ہے۔وہ عہدِ حاضر کے مختلف مسائل جن میں القاعدہ، بن لادن، بش، سیاست داں، پولیس وغیرہ شامل ہیں، کے سیاق میں لکھتے ہیں کہ شیر شاہ سید نے اس پورے انتشار کو جس طرح اپنے افسانے کا حصہ بنایا ہے اس کی کوئی دوسری مثال کہیں اور نہیں ملے گی۔ یہاں انہوں نے انتظار حسین کے اسطوری اور علامتی طریقہ کار کو بھی حوالے کے طور پر پیش کیا ہے۔ یہ حوالہ شیر شاہ سید سے ان کے افسانوی اسلوب سے مماثلت کا نہیں بلکہ اختلاف کا ہے:

"شیر شاہ سید کے افسانوں کا زمانہ اس زمانے سے بہت مختلف ہے جو انتظار حسین کے افسانوں کا ہے۔انتظار حسین کا اسطوری اور علامتی طریقہ کار سید صاحب کے حشر ساماں عہد کی ہولناکیوں کو بیان کرنے کے لیے بہت کارگر ثابت نہیں ہوتا۔ اس کے لیے حقیقت پسند طریقہ کار کی ہی ضرورت تھی جو واقعات کو چوکسائی سے بیان کر سکے اور کرداروں کے المیوں کو سامنے لا سکے۔"

یہاں وارث علوی نے شیر شاہ سید کے اسلوب کو اپنے عہد کے تقاضوں سے ہم آہنگ قرار دیا ہے۔گویا حقیقت پسند طریقہ کار کی افسانے میں اپنی ایک اہمیت ہے اور اسے ہمیشہ اسطور اور علامت سازی کی نذر نہیں کیا جا سکتا۔ہمارے نقادوں کو بھی اسطور اور علامت سازی کے مخلوط عمل اور فضا سے اب باہر آنا چاہیے ورنہ آج کا ایک بڑا افسانوی ادب ہمارے لیے اجنبی ٹھہرے گا اور ہم پرانی ڈفلی بجاتے رہیں گے۔ظاہر ہے کہ ہماری آج کی اردو کہانی پیش رو کہانی کاروں کے اسلوب سے بہت آگے نکل چکی ہے۔کہنے کو تو یوں کہا جا سکتا ہے کہ وارث علوی نے اپنی افسانوی تنقید میں بڑی گنجائشیں پیدا کر لی ہیں اور بعض ایسے کہانی کار ان کی محفل میں باریاب ہو گئے ہیں جو وارث علوی جیسے صاحب علم اور صاحب فکر نقاد سے روبرو نہیں ہو سکتے۔لیکن حقیقت یہ ہے کہ وارث علوی اپنے فکر و احساس کی تمام تر بلندی کے باوجود ذرا نزدیک آ کر بعض نئی اور پرانی آوازوں کو دیکھنا اور سننا چاہتے ہیں اور اس پورے عمل میں ان کی انا کہیں حائل نہیں ہوتی۔'گنجفہ بازِ خیال' کے مطالعے سے ایک مرتبہ پھر ان فن کاروں کی طرف متوجہ ہونے کو جی چاہتا ہے جنہیں وارث علوی نے اپنے مطالعے کا موضوع بنایا ہے۔ظاہر ہے کہ ان کی باتیں بے دلیل نہیں ہیں بعض باتوں سے اختلاف بھی ہو سکتا ہے لیکن 'گنجفہ بازِ خیال' سے نئی اردو کہانی کا ایک مسرت بخش اور حوصلہ افزا منظر نامہ سامنے آ جاتا ہے۔

☆

# "بادشاہ اوروں کی خاطر"

ترنم ریاض

(دہلی، بھارت)

سن چھیانوے کے موسمِ گرما میں شملہ کے راشٹری پتی بھون میں منٹو پر ایک سیمینار میں پروفیسر وارث علوی کی تقریر سنی، یعنی فن کے پیالے سے آگہی کی درافشانی ہوتی دیکھی کہ علم کا ایک بحرِ بیکراں خورشید ہا کی ضیا سے منعکس ہو کر جہانِ دانش پر نور بکھیر رہا تھا۔

میں نے اس سے کچھ تین چار برس قبل ذرا سنجیدگی سے لکھنا پڑھنا شروع کیا تھا کہ بچے باقاعدہ سکول جانے لگے تھے اور کئی گھنٹے کا دن میرے اختیار میں ہوا کرتا۔ یہ ایک ہمہ زبان سیمینار تھا جس میں اردو کے بھی بعض اہم دانشوران حضرات نے شرکت کی تھی۔ پہلی بار اردو کی ادبی تقریریں سنی تھیں کہ زیادہ تر امتحانات میں نے سائنس کی طالبہ کی حیثیت سے پاس کیے تھے بلکہ شرکت کی دعوت پا کر، حسبِ عادت خاصی تحقیق کے بعد، منٹو پر ایک مقالہ لکھا تھا جو بے حد سراہا گیا تھا۔

پروفیسر علوی کی تقریر، لہجہ، تلفظ اور دنیا بھر کے لٹریچر پر قدرت، ان کے تنقیدی ذہن کی تخلیقی مہارت اور تجزیاتی خداوندی کا ملکوتی تسلسل دیکھ کر میں اپنی نشست پر منجمد سی ہو گئی۔ میں نے میز کی دوسری طرف بیٹھے اپنے شوہر ڈاکٹر ریاض پنجابی کی جانب دیکھا کہ کہیں میرے چہرے پر ہونقوں والے تاثرات تو نہیں دیکھ لئے اور جلدی سے نگاہیں دوسری طرف موڑ لیں کہ یہ میرے دوست بھی واقع ہوئے ہیں مگر بعد کو تصادم کے وقت ایک طعنے کا اضافہ ہونے کا خدشہ پیدا ہو سکتا تھا۔ مگر وہ بھی دیگر سامعین کی طرح ہمہ تن گوش تھے۔ اصل میں سبب یہ تھا کہ پروفیسر علوی کی زبان جہاں ایک طرف کشمیری رباب کا صوفیانہ سنگیت منکشف کر رہی تھی وہیں میرے لئے بعض الفاظ ایسے مشکل تھے گویا طبلہ نواز نے 'زیر' پر ہاتھ ساکت کر کے 'بم' پر کچھ زیادہ زور کی تھاپ لگا دی ہو۔ اور ابھی علم کے درویشانہ تکیے پر نیم مجذوبانہ، فنافی القلم نووارد کی طرح میں اقتباسات کے حسن اور حسن میں پنہاں علم کو ذہن میں اتارنے کی کوشش کر رہی ہوتی کہ آنے والے کسی اور انجانے لفظ یا نئی ترکیب کے سحر سے محظوظ گاہے حیران تو گاہے پریشان ہو جاتی۔

والدِ محترم نے، کہ خدا غریقِ رحمت فرمائے، مطالعے کی بابت سمجھایا تھا کہ کتاب پڑھتے وقت چیزوں کو یاد رکھنے کی کوشش کرنا ضروری نہیں ہے، جو باتیں پُر اثر ہوں گی خود ہی یاد رہ جائیں گی۔ سو جو باتیں پروفیسر صاحب کو سنتے ہوئے یاد رہیں ان میں آگہی ہی آگہی تھی اور اس کے ساتھ تشفی بھی بلکہ علم کے اس سمندر سے مزید موتی چننے کی آرزو اور تشنگی بھی کہ ذہن نے انہیں بطورِ استاذی بلند ترین مقام پر فائز کر دیا۔ اور ہاں بعض اوقات ایسا بھی ہوا کہ ایکسپریشنز کے معاملے میں استادِ محترم کی بیباک صاف گوئی نے ذرا حیران بھی کر دیا کہ آخر کو عورت ذات کا خاتونِ خوش کلام ہونا ضروری ٹھہرا مگر پھر پروفیسر صاحب کے اسلوب کا یہ تند و ترش حصہ تحریر سے کچھ ایسا میل کھاتا ہے کہ نہایت فطری معلوم ہوتا ہے اور کہیں پر بھی ناشائستگی کے ضمرے میں نہیں آسکتا اور پھر یہ چیزیں اگر 'تجربات وحوادث' کی شکل میں ملی ہوں تو کیا انہیں لوٹایا نہیں جانا چاہیے۔ فنونِ لطیفہ میں تحریر کو ایک عظیم مقام دیا گیا ہے اور اسلوب میں جداگانہ رنگ پیدا کرنا ایک الگ فن ہے جو معنی کو تہہ دار نہ کیا کرتا تو پروفیسر علوی کی تحریریں دورِ حاضر کے جہانِ اردو میں رائج، پھیکے شوربے جیسی یکسانیت کی موجودگی میں ایسے مسالے دار کشمیری روغن جوش کا کام نہ کرتیں جس میں زعفران کی مقدار اچھی خاصی ہو۔

چیڑ اور صنوبر کے بلند درختوں کے درمیان تراشیدہ پتھروں سے بنی پُر شکوہ عمارت کے جس کشادہ کمرے میں سیمینار ہوا تھا، یہ وہی عمارت ہے جس میں ہندوستان کے بٹوارے کا فیصلہ ہوا تھا۔ اس کے دو دروازے ہیں، گو کہ یہ کوئی بڑا ہال نہ تھا جسے دو دروازے درکار تھے مگر بعض اوقات انسانی انا اس قدر بڑی ہو جاتی ہے کہ شخصیت سے پہلے نظر آنے لگتی ہے۔ اور اگر یہ روائت کسی حقیقت پر بنی ہے تو افسوس ناک ہے کہ پنڈت جی اور مسٹر جناح دونوں اس تاریخی فیصلے کے لئے بیک وقت کمرے میں داخل ہونا چاہتے تھے اور اسی لئے دیوار میں دوسرا دروازہ ترشوایا گیا تھا۔ پھر انہیں بھی یہ اندازہ کہاں رہا ہو گا کہ تقسیمِ ہند سے تاریخ انسانی میں ایک ایسے خونیں باب کا اضافہ ہو گا جس کی مثال تہذیب یافتہ دور کی دنیا میں اور کہیں پائی نہیں جاتی کہ قتل و خون ہنوز کسی نہ کسی شکل میں جاری ہے، دونوں ہی جانب۔ اور جہاں تک جمہوریت کا تعلق ہے تو وہ وہاں بھی فیل ہو گئی اور یہاں بھی اور ایک 'دیسی نوآبادیاتی' نظام کی شکل میں نمودار ہو کر مضبوط ہو چکی ہے کہ مفلس کے پاس اب گنوانے یا بچانے کو کچھ نہیں رہا اور دولت مند مزید مالدار ہو گیا اور یہ سلسلہ روز بروز مزید شدید اور ساتھ ہی تشویش ناک ہوتا جا رہا ہے۔ سچ پوچھئے تو جمہوریت کا لفظ کل عالم میں ہی ایک دھوکہ ثابت ہوا ہے۔ اتنی خوبصورت دنیا سے حضرتِ انسان نے کیا کیا بدصورتیاں منسلک کر ڈالی ہیں۔ یہ یک قطبی تصور میں پنہاں حقِ ملکیتِ عالمی کا شوقِ سودائی، یہ نسل پرستی کے رجحان میں نیم عیاں دولت پرستی، اور یہ نج کاری کہ مہلک بیماری جہاں سادہ اور معصوم انسانوں کے سکھ چین کا خاتمہ ہے تو غیر کی ناعاقبت اندیشی کے ساتھ ساتھ اپنوں میں دور اندیشی کے فقدان کا بھی نتیجہ ہے۔ اگر دولت اور سیاست ایک سکے کے ہی دو رخ بن جائیں تو بادشاہت کہلائے گی، طوفان اٹھائے گی۔

ناانصافیوں کے خلاف بلند ہونے والی کسی بھی آواز یا تحریک کو اہل

درد، کہ دنیا کے ہر گوشے میں پائے جاتے ہیں، ہمہ وقت خوشامدید کہنے کے لئے تیار ہی نہیں بے قرار بھی رہتے ہیں بشرطیکہ ایسے رجحانات میں مساوات، اعتدال اور میانہ روی کو ہاتھ سے نہ جانے دیا جائے کہ جذبہء شدت زوال کا پیش خیمہ ہوا کرتا ہے اور اس کی غیر موجودگی پائداری کی ضمانت۔ اور اس کرچی کرچی دنیا میں ایسا ہی کوئی رجحان امید افزا ہو سکتا ہے کیوں کہ بقیہ تمام راستے مسدود نظر آتے ہیں کہ،

وہ کرۂ ارض زخمی کر رہے ہیں
لہو کے جا بجا دھبے پڑے ہیں
کسی کے ظلم سے زِچ ہیں جواں اور
ردا بارُود کی خود اوڑھتے ہیں
(ت ر)

شملہ کی اس قدر خوبصورت عمارت سے کیسی عجب کہانی جڑی ہے۔ دور دور تک ہریالی سے لدی زمرد نگاری سی پہاڑیوں کی مالا کے درمیان نیلم کی طرح جڑی، نیلاہٹ مائل سرمئی پتھروں سے بنی عمارت کو انگریز بہادر بلکہ چالاک انگریز کی ہندوستانی سرکار نے سن ۱۸۶۴ میں تعمیر کروایا تھا اور یہ وائس ریگل لاج کہلاتی تھی کہ شملہ کو گرمائی راجدھانی بنایا گیا تھا۔ ۱۹۴۵ اور ۱۹۴۷ کی شملہ کانفرنسیں یہیں ہوئی تھیں۔ اور ہندوستان کے دو حصے اور پاکستان کی ریاستیں مشرقی اور مغربی پاکستان کا ٹکڑا (آج کا بنگلہ دیش) اسی کانفرنس ہال میں طے پایا تھا جو آج کل سیمینار ہال کہلاتا ہے کہ بعد کو ۶۰ کے دہے کی شروعات میں فلسفی اور ادیب صدر جمہوریہ ڈاکٹر رادھا کرشنن اور وزیر اعظم پنڈت جواہر لعل نہرو نے اسے اہم علمی شخصیات کے لئے علم و دانش کی مزید تشفی کی خاطر، ایک بہترین مقام کے طور پر تجویز کیا۔

بہر حال اس سیمینار کے کوئی دس برس بعد کی بات ہے کہ ساہتیہ اکادمی نے 'اردو کی نئی بستیاں' موضوع پر سیمینار منعقد کیا۔ عاشقین اردو دنیا بھر سے اور شائقین اردو شہر دلی کے گوشوں سے نکل کر آ جمع ہوئے۔ ہاں مرے میاں ڈاکٹر ریاض پنجابی بھی بڑے ڈائی ہارڈ قسم کے عاشق اردو ہیں کہ ایک وقت اردو میں اچھی اچھی کہانیاں لکھا کرتے تھے جو کتاب (لکھنو) علی گڑھ میگزین، آوازیں (علی گڑھ) گفتگو (بمبئی) اور شب خون (الہ باد) جیسے رسالوں میں چھپا کرتی تھیں۔

ڈاکٹر پنجابی نے انڈیا انٹرنیشنل سینٹر کے پرائیویٹ ڈائننگ حال میں ایک شام دعوت کا اہتمام کروایا۔ ایک دلچسپ واقعہ یاد آ رہا ہے کہ پروفیسر علوی مداحین میں گھرے نازک سا گلاس ہاتھ میں لئے اپنی منفرد بذلہ سنجی سے اپنے اسلوب ہی کی طرح حاضرین کو بیک وقت حیران اور محظوظ کئے دے رہے تھے کہ باتوں کے دوران ان کی نظر داہنی جانب اٹھی جہاں لندن سے تشریف فرما رضا علی عابدی صاحب ہندو پاک، امریکہ اور کینیڈا وغیرہ سے، خود، یا اپنے میاں لوگوں کے ساتھ آئی خواتین میں گھرے اپنی آواز اور انداز کا جادو بکھیر رہے تھے۔ پروفیسر صاحب ایک قدم آگے بڑھے اور مسکراتے ہوئے کچھ یوں گویا ہوئے،

''رضا علی عابدی، تم خواہ کتنی ہی حسین عورتوں کے درمیان کھڑے ہو جاؤ، نظریں تمہاری ہی جانب اٹھتی ہیں۔'' اس جملے سے محفل لالہ زار ہو گئی اور عابدی صاحب اپنی مخصوص بی بی سی اردو سروس والی سحر انگیز آواز میں ہنس پڑے۔ نیوز ریڈر ہونے کے ناطے مجھے علم تھا کہ لوگوں نے ان کے الفاظ کی ادائگی سے برسوں تحریک حاصل کی ہے اور سرینگر میں بھی ہم شروع سے ہی انہیں سنا کرتے تھے جہاں ان کی زبردست قسم کی فین فالوئنگ آج تک چلی آ رہی ہے۔ میرے خیال میں وائس آف امریکہ ریڈیو کی اردو سروس کے خالد حمید اور بی بی سی ریڈیو کے رضا علی عابدی اردو کے بہترین خبر گو اور براڈ کاسٹرس میں شمار ہوتے ہیں۔

اس سیمینار میں پروفیسر مغنی تبسم بھی تشریف لائے تھے مگر اس دن علیل تھے شام کو آ نہ سکے۔ کچھ برس قبل وہ مجھ پر شعر و حکمت میں گوشہ شائع کرنا چاہتے تھے۔ مجھ سے رابطہ کیا تو میں نے عرض کیا کہ کہانیاں اشعار و نظمیں وغیرہ حاضر خدمت ہیں مگر میری تحریروں پر کچھ ایسے اہم مضامین نہیں ہیں جو گوشے کی زینت بنیں۔ انہوں نے پھر بھی گوشہ شائع کیا اور اداریے میں میری تخلیقات کے بارے میں ایک اقتباس ایسا تحریر کیا جس سے مجھے اپنے قلم پر کچھ فخر سا محسوس ہوا۔ کسے معلوم تھا کہ وہ ہم سے اس طرح بچھڑ جائیں گے۔ انتقال سے کوئی دو ماہ قبل میں نے فون کیا تھا تو فرمایا کہ اپنی کچھ چیزیں شعر و حکمت کے لیے ارسال کروں اور اگلے لمحے بڑی اداس سی آواز میں کہا کہ ذرا ٹھہر جایئے شہر یار بیمار ہیں۔ اچھے ہو جائیں تو۔ پھر خاموش سے ہو گئے تھے۔ مجھے معلوم ہی نہ تھا کہ وہ خود اس قدر علیل ہیں۔ انتقال کے بارے میں سن کر میری سمجھ میں ان کی خاموشی اور اداسی آئی تو آنکھیں نم ہو گئیں۔ شہر یار میرے میاں کے محترم علیگ دوست تھے۔ عالمی اردو کانفرنس اسلام آباد میں ہم لوگوں کے ہمسفر رہے تھے۔ لوگ ان سے اُدھر بھی یکساں محبت کرتے تھے۔ قمر رئیس صاحب بھی ساتھ تھے۔ خلوص اور انسانیت کے پیکر اور ساجد رشید بھی جو کس قدر بے وقت چلے گئے۔ موت ووت کے بارے میں اللہ میاں جانتے ہیں، انسان کے لئے یہ سانحہ ہی ہوتا ہے خواہ دنیا بزرگی کو اس سے جوڑتی رہے مگر جینے والے تو سو سال جی جاتے ہیں۔

مغنی صاحب کی ایک نظم 'آخری شام' لکھ رہی ہوں کہ،

''اب کوئی رات نہیں آئے گی
خواب ٹوٹے ہوئے لفظوں کے بکھر جائیں گے
کوئی آواز نہ آئے گی نظر
کوئی چہرہ نہ سنائی دے گا
دشت قدموں کو نہیں پائیں گے
تو مری یاد سے آہستہ گزر۔''

بہر حال، رہے نام اللہ کا۔

پروفیسر علوی نے غالباً ہماری کوئی کہانی کسی رسالے میں پڑھی تھی کہ

فرمایا ان کی خدمت میں اپنی کتابیں ارسال کروں۔ ہم نے اپنی پہلی کتاب کچھ ایسے لوگوں کو جن کے بارے میں خیال تھا کہ ناقدین میں شمار ہوتے ہیں، بھیجی تھی۔ بعض ایک نے رسیدی فون تک نہیں کیا۔ لوگ کہتے ہیں کہ ہماری کوئی کہانی بری نہیں تو پھر کتاب کو ایکنالیج نہ کرنا کیا تنقید کے اصولوں کی نفی نہیں کرتا۔ جب ہم خاصے بے وقوف ہوا کرتے تھے (ویسے اب بھی ہیں) اور کچھ باتوں کو ہم نے فار گرانٹڈ لے رکھا تھا۔ مثال کے طور پر یہ کہ ہر سینئر اپنے جونیئر کی حوصلہ افزائی کرتا ہے خواہ غلطی پر سرزنش کر کے ہی کیوں نہ ہو۔ اور اگر کسی تحریر میں طاقت ہے تو اس بات کا ذکر نہ کرنا ادبی بددیانتی ہے، وغیرہ قسم کے۔ مگر وقت کے ساتھ ساتھ بڑی عجیب باتیں پتہ چلیں جیسے یہ کہ بعض مشہور لوگ بھی کسی نئے لکھنے والے کی اچھی تحریر سے اس درجہ عدم تحفظ کا شکار ہو جاتے ہیں کہ عناد سینچنے میں مصروف ہو جاتے ہیں، کمزور ادیب اور نان رائٹرس کی تو بات ہی نہیں کہ وہ کامیاب تحریر دیکھ کر بوکھلا اٹھتے ہیں اور کسی بھی معرکے کے فن پارے پر اپنی غیر درست زبان میں بڑی احمقانہ خود اعتمادی کے ساتھ بیمار قسم کی تحریریں شائع کرواتے ہیں۔

بہر حال ادبی سیاست سے اپنی لاعلمی کے باوجود ہمیں اپنی تحریر کی ایک ایک سطر پر جب بھی اعتماد تھا۔

جب پروفیسر علوی نے ہماری کتابوں پر ایک طویل مضمون ارسال کیا تو ظاہر ہے کہ اس کیلیبر کے نقاد کا اپنی کہانیوں پر لکھا اسی (۸۰) صفحات کا مضمون میرے لئے باعثِ سعادت تھا کہ پروفیسر صاحب محقق ہونے سے پہلے نقاد ہیں جبکہ ہمارے ہاں یہ ہی چلن رائج ہے کہ ہر محقق نقاد کہلانے کے درپے ہوتا ہے بھلے ہی اس نے کسی موضوع پر پچاس بار ہو چکی تحقیق دہرائی ہو۔ اُس وقت تک ہمارے تین افسانوی مجموعے شائع ہوئے تھے۔ اور کچھ تنقیدی کتب، تراجم اور ایک ناول بھی چھپا تھا۔ آمد اور آورد کی تحریر کے بارے میں ہر فن کار جانتا ہے اور اس کا تجربہ ظاہر ہے کہ قلم کار کو بھی ہوتا ہے۔ تخلیق کا پارکھ وہی ہے جو تخلیق کی تحریری صورت کے کسی دوسرے ذہن میں وقوع پزیر ہونے والے محرکات کی نشاندہی کرنے پر قدرت رکھتا ہو اور وہ بھی تخلیقی قدرت۔ پروفیسر صاحب نے میری ہر کہانی کا تجزیہ کچھ ایسے کیا جیسے انہوں نے خود وہ کہانی لکھی ہو یا انہیں میں نے بتایا ہو کہ میرے افسانے کے وجود میں آنے کا سبب فلاں فلاں واقعہ بنا تھا کہ انہوں نے تحریر کے تاریخی، جغرافیائی، دنیاوی، ملکی و ذاتی محرکات کی بھی تفصیل لکھی۔ ان کی کتابوں میں مختلف نگارشات کے مطالعے کے بعد قاری ہمیشہ اس نتیجے پر پہنچتا ہے کہ پروفیسر علوی فن پارے کے اندر اتنی گہرائی تک اتر جاتے ہیں کہ اس کے محرکات اور اس سے جڑے تخلیقی اسرار و رموز کا سراغ پا لیتے ہیں۔

عرض یہ کرنا تھی کہ میری کہانیوں پر لکھے مضمون میں پروفیسر صاحب نے ایک جملہ لکھا تھا کہ میں یہ نہیں کہتا کہ ترنم ریاض کی ہر کہانی بہت اچھی ہے مگر اچھی کہانیاں اتنی وافر مقدار میں ہیں کہ ثروت مندی کا احساس ہوتا ہے۔

ہم نے فون کیا کہ استادِ محترم ہماری کون سی کہانی اچھی نہیں ہے تو فرمایا کہ مشکل تو یہی ہے کہ آپ کی کوئی کہانی بری نہیں ہے مگر میں محض تعریف ہی نہیں کروں گا تا کہ آپ مزید لکھ کر اردو ادب کو مالا مال کرتی رہیں۔ ہم نے ڈرتے ڈرتے ایک اور سوال داغ دیا کہ کہانی 'یمبر زل' پر کچھ تفصیلی ذکر نہیں ہے تو فرمایا کہ یہ افسانہ ایک الگ مضمون طلب کرتا ہے۔ جو غالباً وہ مستقبل میں لکھنے کا ارادہ رکھتے ہیں۔ اس کے بعد میرا چوتھا مجموعہ 'میرا رختِ سفر' شائع ہوا تو محترم استاذی نے مجھے ایک ایک کہانی پر مبارک باد دی۔ اور ملک و غیر ملک سے کچھ اچھے ریویوز آئے بھی مگر ایک زیادتی یہ ہوئی کہ ناول 'برف آشنا پرندے' جو میں چار پانچ برس سے لکھ رہی تھی، ۲۰۰۹ میں شائع ہوا اور ایک دم مشہور ہو گیا۔ کئی ایڈیشن نکلے۔ لوگوں کی توجہ ناول کی طرف مبذول ہو گئی اور افسانوی مجموعے کو تا دمِ حال اس کا حق نہیں ملا۔

میرا ایک یقین ہے کہ اچھا انسان ہی شفاف فن کی تخلیق کر سکتا ہے۔ میرا دوسرا یقین اس بات پر بھی ہے کہ فن کی دیانت دارانہ پرکھ کے لئے نقاد کے یہاں کہیں نہ کہیں تخلیقیت کا پایا جانا ضروری ہوتا ہے۔

کچھ وقت قبل گنتر گراس نے اسرائیل کی سیاسی پالیسی کے خلاف ایک نظم کہی اور اپنے بڑوں کے نازی ہونے کی کھل کر بات کی۔ قلم کار کو ایسا ہی دیانت دار ہونا چاہئے، تخلیق میں، خواہ تنقید لکھتے وقت۔ اور ہمارے ذی وقار پروفیسر صاحب اس بات میں بھی کھرے اترے کہ نہ ستائش کی تمنا تھی نہ صلے کی پرواہ ہے۔ انہوں نے بس اپنا کام کیا۔ علم کا ایک سمندر ان کے ذہن میں ہمہ وقت موجزن رہتا ہے۔ ادب کے ساتوں برعظم ان کے تخیل کے پردوں پر چوبیسوں گھنٹے تاباں و رقصاں ہوا کرتے ہیں۔ ماتھے پر آڑی شکنیں ڈال کر اور آنکھیں سکیڑ کر لٹریچر کے بحرِ بے کراں کی تہہ سے بڑی آسانی سے جب وہ تاریخ و تنقید کا کوئی موتی نکال کر اپنے سامع یا قاری کی طرف اچھال دیتے ہیں تو اسے پہلی کوشش میں سمجھ لینا اتنا ہی دشوار ہوتا ہے جتنا کہ دوسری کوشش میں۔ تیسری کوشش میں جہانِ معنی کی گرہ ذرا نرم ہوئی معلوم ہوتی ہے اور چوتھی کوشش میں علم کی اوپری سطح سے انسان متعارف ہوتا ہے۔ پانچویں کوشش میں دبیز دبیز پرتوں کے مہین مہین پردے سرکتے محسوس ہوتے ہیں اور چھٹی کوشش میں دانش و آگہی کے نور سے، متجسس ذہن کے طور پر انکشافات کی ایسی تجلی شعائیں بکھیرتی ہے کہ اس کے آگے کسی اور منطق، کسی اور علم کی گنجائش باقی نہیں رہتی۔ پروفیسر علوی کی زبان شیکسپئر کی تنقیدی زبان کی طرح تخلیقیت سے اس قدر بھرپور ہوتی ہے کہ تخلیق کا دلدادہ مزاج مکمل تشفی حاصل کرتا ہے۔

مثال کے طور پر ان کی نئی کتاب 'بت خانۂ چین' کے ایک مضمون سے یہ اقتباس ملاحظہ فرمائیں کہ،

'ناول اور افسانے میں زبان کی مختلف سطحیں دیکھی جا سکتی ہے۔ کبھی زبان حد درجہ شاعرانہ ہوتی ہے کبھی نثری، کبھی کھردری بنتی ہے کبھی نازک اور لطیف۔ کبھی زمین کے قریب رہتی ہے کبھی تخیل کے پر لگا کر اڑتی ہے۔ کبھی

اس کا رنگ طنزیہ یا مزاحیہ ہوتا ہے کبھی غنائی اور کیف آور۔ افسانوی بیانیہ میں یہ طاقت ہوتی ہے کہ تاریخی، دستاویزی اور صحافتی سطح سے لے کر فلسفیانہ، غنائی اور تجریدی سطح کی بلندیوں کو چھو سکے۔'

پروفیسر علوی کے یہاں جو ایک منفرد سا اپروچ اور ایک الگ سا اپنا لیٹیکل پاور نظر آتا ہے، وہ کوئی آسان معاملہ نہیں ہے۔ اس کے لئے فنونِ لطیفہ سے وابستہ، دنیا بھر کے علم کو پی لینے کے علاوہ انگریزی، فرانسیسی، روسی، جرمن اور اطالوی زبان کے شعر ادب کو اپنی نسوں میں اتار کر روانیءخوں میں شامل کرنے کے علاوہ شعور اور تحت الشعور کی کئی سطحوں پر ہوش سنبھالنے کے بعد سے مسلسل بسائی ہوئی جستہ جستہ انفارمیشن، قریہ قریہ سیکھی ہوئی تاریخ اور جغرافیہ، لحہ لحہ ملک غیر ملک میں دیکھی ہوئی ادبی، سیاسی، سماجی اور اقتصادی صورت حال، نئی چیزوں کو قبول کرنے کی جدت طبعی، ملکہ ایلزبیتھ اور شیکسپیئر کے زمانے کے رینا ساں اور فنون لطیفہ کی دیگر اصناف کا مشاہدہ، اور اُس نشاۃِ ثانیہ کا اثر قبول کرنا کہ رینا ساں سے کوئی بھی ذی عقل متاثر نہ ہونا افورڈ نہیں کر سکتا۔ وہ کالج کے دنوں میں بھی بنگال کے اہم ادیب ایم این رائے کی تحریروں میں ایسے کھو جاتے تھے کہ کچھ پا کر ہی ہوش میں آتے تھے۔ اس کے ساتھ انہوں نے مراٹھا حکومت کے زوال کے بعد گجراتی ادب کا وہ انقلاب بھی دیکھا جب ممبئی میں کالج کے قیام میں آنے پر کہا گیا تھا کہ اب سورج نکلا ہے۔ گویا بنگال کا رینا ساں، گجرات کا رینا ساں۔ اردو کا رینا ساں یا عناصرِ خمسہ کا دور۔ ان کے ذہن کی تربیت میں جن طاقتوں نے کام کیا وہ طاقتیں آج بھی زندہ ہیں اور پروفیسر علوی کا ذہن آج بھی دہائیوں پہلے کی مانند تروتازہ ہے۔

ملاحظہ فرمائیں کہ،

''آرٹ کے سنجیدہ عمل کے لئے موضوعِ سخن کا عظیم، خوبصورت اور حیرت ناک ہونے کا تصور ٹھیٹ آرلڈ تک زندہ رہا اور بے چارہ ناول تو پیدا ہی ہوا بورژوا طبقے کی آغوش میں جس کے حوالے سے عظیم خوبصورت اور حیرت ناک الفاظ کے معنی تک نہیں سمجھے جا سکتے۔ بورژوا اشی کے پاس نہ تو اشرافیہ کے عوائد رسمیہ اور آدابِ محفل تھے اور نہ کسانوں کا اسطورساز اور داستانی طرزِ تخیل۔ اور ستم ظریفی دیکھئے کہ یہی طبقہ ناول کا موضوع بنا۔ فلابیر نے یہ جوا کھیلا اور بازی جیتا۔ ایک معمولی اور عامیانہ موضوع کو نازک نکیلی اور کانپتی ہوئی سٹائل کے ذریعے ایک خوبصورت فن پارہ میں مبدّل کر دیا۔ حسن عسکری نے ٹھیک ہی کہا کہ فلابیر زندگی بھر یہی سمجھتا رہا کہ اسے مناسب موضوع کی تلاش ہے حالانکہ فی الحقیقت جس چیز کی اسے تلاش تھی وہ ہیئت تھی۔ فلابیر نے ایک طرف تو آرٹ میں عامیانہ موضوع برتنے کے MOCK- HEROIC کے رسمیہ طریقے کو از کار رفتہ بنایا اور دوسری طرف شاعرانہ اور غیر شاعرانہ موضوع کی مصنوعی تقسیم کا خاتمہ کیا۔ اب ہر وہ واقعہ ناول کا موضوع بن سکتا ہے جو تھوڑی بہت بھی انسانی دلچسپی کا حامل ہو۔ ناول کے لئے یہ ممکن ہو سکا کہ سامنے کی عامیانہ چیزوں پر بھی عظیم الشان آرٹ کی بنیاد رکھے۔''

علم وفہم کی ایسی درافشانی کے علاوہ ان کے زندگی کی طرف درویشانہ انداز کا بھی ہاتھ ہے کہ ادب کے تئیں یہ دیوانگی کسی ایجنڈے کے تحت نہیں، بلکہ ایک صوفیانہ تشنگی، ایک قلندرانہ سرشاری، ایک فنافی ال مرشد قسم کی ریاضت کے جنون کا نتیجہ ہے۔ کتاب کا ساتھ استادِ محترم کے لئے ایک ایسا میڈیٹیشن ہے گویا مرید اپنے پیر کی صحبت میں مراقبے میں ہو۔

مردِ دانا ہے اسے کب حرص کر پائی اسیر
بادشاہ اوروں کی خاطر، واسطے اپنے فقیر

(ت ر)

اصل میں تنقید کی روایت کسی بھی دور میں، کسی بھی زبان میں اس حال کو پہنچتی دکھائی نہیں دی کہ تعمیری انداز تو غائب ہوا اور تخریبی انداز گروہ بندیوں پر انرجی صرف کرنے پر اکساتا رہے۔ اور پھر بہت سے اردو والے بھی شخص پرستی کے کچھ ایسے قائل نکلے کہ اپنے اپنے بت کو پوجنا شروع کر دیا اور اس میں قاری کے سکوں آیند مطالعے کی کئی کئی دہائیاں ضائع ہو گئیں۔ کبھی بُت شکن حائل ہوتے نظر آتے کبھی بُت گر اور ایک کنفیوژن میں وقت گزرتا گیا۔ اگر ایسا نہ ہوا ہوتا، اگر مشہور لوگوں نے باہم اپنی طاقت اردو کی بقا کے لئے استعمال کی ہوتی تو یقیناً ہندوستان میں آج اردو کی صورت بہتر ہوتی کہ اس زبان کی اہمیت ثابت کرنے کی کوئی ضرورت نہ تھی کیوں کہ اس کی مضبوط تاریخ اور لٹریچر، جنگِ آزادی کی کامیابی کے ضامن پرجوش، معنی خیز اور طاقت ور نغمے، قائدین اور عمائدین کی زبان اور تقریروں کے تراشے اور آوازوں کے ریکارڈ، زبانِ اردو کو پہلے کی طرح مستقبل کی زبان سمجھنے میں کوئی صورتِ حال مانع نہ ہونے دیتے۔ پروفیسر علوی ایسے تمام تضادات سے مبرا ہیں۔ فن کی بنیاد پر فن پارے کی بڑائی کیسے ہوتی ہے، یہ بات ان کی ہر تحریر میں عیاں ہے۔ ملاحظہ ہو پروفیسر صاحب کی کتاب 'بت خانہءچین' سے ایک مضمون میں اواں گارد پر طویل بحث کا یہ حصہ،

''۔۔۔اواں گارد نوجوانوں پر ہی مشتمل ہوتا ہے کہ اپنی اندرونی آگ سے شہاب ثاقب کی مانند آن کی آن میں جل بجھنے کا طریقہء دلبری انہیں ہی زیب دیتا ہے۔ اس لئے مجاز ہمارے یہاں ایک myth بن گیا ہے۔ پھونک دیا اپنے وجود کو۔ جتنی روشنی تھی لٹا دی اور ختم ہو گیا کہ ستارے میں چمک جب ختم ہو جائے تو وہ محض ایک بھاری پتھر ہوتا ہے جس کی میڈیا پرتش کراتا ہے لیکن لوگ چوم کر ایک طرف رکھ دیتے ہیں۔ حیرت کی بات یہ ہے کہ اواں گارد پر سب سے خوبصورت نظم سردار جعفری نے ہی لکھی ہے۔ مزید حیرانی کی بات یہ ہے کہ نظم اواں گارد اور خصوصاً اس کی انفرادیت پسندی کے خلاف طنز ہے لیکن نظم میں ٹوٹتے ستارے کا استعارہ سردار جعفری کی ذہنی مزاحمت کے باوجود اپنی قیمت وصول کرتا ہے اور اپنی قدر منواتا ہے۔ یہ نظم سردار کی ابتدائی نظموں میں سے ہے اور پڑھنے سے تعلق رکھتی ہے۔ عنوان ہے، 'ٹوٹا ستارہ'۔''

'آ رہا ہے اک ستارہ ٹوٹ کر
دوڑتا اپنے جنوں کی راہ پر دیوانہ وار
اپنے دل کے شعلہء سوزاں میں خود جلتا ہوا
منتشر کرتا ہوا دامان ظلمت کے شرار
اپنی تنہائی پہ خود ہی ناز فرماتا ہوا
شوق پر کرتا ہوا آئینِ فطرت کو نثار
کس قدر بے باک کتنا تیز کتنا گرم رو
جس سے سیاروں کی آسودہ خرامی شرمسار
موجہء دریا اشاروں سے بلاتی ہے قریب
اپنی سنگیں گود پھیلائے ہوئے ہیں کوہسار
ہے ہوا بے چین آنچل میں چھپانے کے لئے
بڑھ رہا ہے کرّہ ء گیتی کا شوق انتظار
لیکن ایسے انجمن روشن جبین وتابناک
آپ ہو جاتے ہیں اپنی تابنا کی کا شکار۔''

میں اپنے اس مضمون کو سردار جعفری کی ہی ایک اہم نظم 'کربلا' کے ایک بند پر ختم کرتی ہوں کہ عہدِ حاضر میں انہوں نے کربلا کو بطور استعارہ لیا ہے۔ برسوں پہلے جب میں سرینگر کے مولانا آزاد روڈ وومینز کالج کی طالبہ تھی، ان دنوں سردار جعفری ہمارے کالج میں مدعو کئے گئے تھے۔ انہوں نے یہی نظم سنائی تھی مگر یہ نظم آج بھی اتنی ہی اہمیت کی حامل ہے جتنی کہ اس وقت تھی بلکہ بالکل حسب حال ہے۔

''۔۔۔۔۔ یہ مدرسے دانش کدے علم و ہنر کے مے کدے
ان میں کہاں سے آ گئے یہ کرگسوں کے گھونسلے
یہ جہل کی پرچھائیاں لیتی ہوئی انگڑائیاں
دانش ورانِ بے یقیں، غیروں کے دفتر کے امیں
ان کے تصرف میں نہیں خونِ بہارِ زندگی
ان کے تصرف میں نہیں خونِ حیاتِ جاوداں
برہم ہے ان سے رنگِ گل، آزردہ ہے بادِ صبا
اے کربلا اے کربلا۔''

○

# ’’سخن گسترانہ بات‘‘

شاہ فیصل (سوپور، بھارت)

وارث علوی ایک سچے، کھرے اور غیر جانبدار نقاد ہیں۔ شعر و ادب کے حوالے سے ان کی تحریریں کسی بھی طرح کی مصلحت پسندی، گروہ بندی، ادبی سیاست اور مفاد پرستی سے بالاتر ہوتی ہیں۔ وارث علوی پوری ایمانداری کے ساتھ اب تک وہی لکھتے رہے ہیں جو اُن کی نظروں میں چڑھ کر کھری اُترتی رہی ہیں۔ انھیں اس کی فکر قطعی نہیں ہوتی ہے کہ ان کی تحریروں سے کون خوش ہوتا ہے اور کون ناراض۔ اس کی عمدہ مثالیں گوپی چند نارنگ اور شمس الرحمٰن فاروقی کی تنقید سے متعلق وارث علوی کی تحریریں ہیں۔ وارث علوی نے گوپی چند نارنگ اور شمس الرحمٰن فاروقی کی تنقیدی امتیازات کی جہاں تعریف کی ہے وہیں ان دونوں بڑے ناقدین کے تسامحات پر گرفت بھی کی ہے۔ چونکہ وارث علوی کا مطالعہ لامحدود، نظر فراخ اور ادبی بصیرت غیر معمولی ہے۔ لہٰذا وہ کسی بھی فن پارے یا فنکار کے مقام و تجربہ کا تنقیدی جائزہ لیتے ہوئے کسی بھی طرح کی مصلحت پسندی سے کام نہیں لیتے اور وہ دوسرے ناقدین سے بھی یہی توقع کرتے ہیں کہ وہ تنقید کے نام پر سیاست، گروہ بندی اور مصلحت پسندی سے کام نہ لیں۔ لیکن اردو تنقید میں وہ اعلیٰ ظرفی ابھی تک پیدا نہ ہوسکی یہی وجہ ہے کہ وارث علوی نے اپنی تمام تحریروں میں اردو تنقید اور نقادوں کو ہدف تنقید بنایا ہے۔ اس کی سب سے بہترین مثال وارث علوی کی پوری تنقید میں ’’فکشن کی تنقید کا المیہ‘‘ ہے۔ جس میں وارث علوی نے شمس الرحمٰن فاروقی کی تمام تر افسانوی نظریات اور شعریات کو رڈ کیا ہے۔ شمس الرحمٰن فاروقی نے ۱۹۸۶ء میں ’’افسانے کی حمایت میں‘‘ کے عنوان سے ایک کتاب لکھی تو پورے اردو ادب پر سناٹا چھا گیا کیونکہ یہ کتاب افسانے کی حمایت میں نہیں تھی بلکہ اس کے خلاف تھی اور اس میں افسانے کی صنف کے متعلق ایسی حوصلہ شکن باتیں لکھی ہوئی تھیں کہ بڑے سے بڑے افسانہ نگار کا اعتماد افسانے پر سے بطور ایک معتبر صنف سخن اٹھ جاتا اور بڑی حد تک اٹھ بھی گیا۔ انھوں نے صاف لفظوں میں لکھا تھا کہ افسانہ ایک 3rd class صنف سخن ہے اور بہت سارے دلائل کے ذریعے سے اسے 3rd class ثابت کرنے کی کوشش کی۔ اس کتاب کے شائع ہونے کے بعد ایک عجیب خاموشی اردو ادب پر چھا گئی۔ ایسا لگتا تھا کہ کسی اہم صنف کا قتل ہوا ہے اور اس کی حمایت میں بولنے کے لیے کوئی نقاد یا افسانہ نگار سامنے نہیں آرہا تھا۔ اس کی وجہ بھی محسوس کی جارہی تھی بلکہ فاروقی کا رعب داب اور خوف اردو والوں پر ایسا چھایا ہوا تھا کہ کسی میں ہمت نہیں ہوتی تھی کہ وہ اگر اعتراض نہیں تو کم از کم احتجاج کے لیے صرف دو لفظ کہتا۔ اس صورت حال میں وارث علوی کی کتاب ’’فکشن کی تنقید کا المیہ‘‘ سب سے پہلے سید عارف کے رسالے ’’جواز‘‘ ملیگاؤں میں اشاعت پذیر ہوئی۔ اس کتاب کے شائع ہوتے ہی گویا اردو ادب میں ایک بھونچال آ گیا۔ پہلی بات تو یہ کہ ایک خدائے سخن کے سامنے اعتراض کی جرأت کی ہے دوسری بات یہ کہ پوری کتاب ایک ایسے طنزیہ اور مزاحیہ انداز میں لکھی گئی کہ فاروقی صاحب کی تمام دبدبے والی شخصیت پاش پاش ہوگئی۔ کسی نے خواب وخیال میں بھی نہیں سوچا تھا کہ فاروقی صاحب کے خلاف ایسے مزاحیہ اور طنزیہ انداز میں ان کی افسانے کے خلاف ہر دلیل کا جواب دیا جائے گا۔ اس کتاب کے شائع ہوتے ہی بطور نقاد کے وارث علوی کی شخصیت، ان کی جرأت مندی ان کی نقطہ رسی اور بزلہ سنجی اور ان کے بڑے سے بڑے نقاد کو Debunk کرنے کے طریقۂ کار کا اعتراف چاروں طرف ہونے لگا۔ اس کے بعد لوگوں کے حوصلے کھل گئے اور فاروقی کی کتاب ’’افسانے کی حمایت میں‘‘ تو نہیں لیکن وارث علوی کی کتاب ’’فکشن کی تنقید کا المیہ‘‘ کی حمایت میں بہت سی آوازیں سنی جانے لگیں۔ بقول سلام بن رزاق:

> ’’وارث علوی نے اپنی کتاب میں فاروقی کی ایک ایک سطر کو اس طرح رگیدا تھا جس طرح فاروقی نے ’’افسانے کی حمایت میں‘‘ افسانے کو رگیدا تھا۔ دیکھتے ہی دیکھتے فاروقی کی کتاب کا غبار بیٹھنے لگا اور ادبی حلقوں میں وارث علوی کی کتاب کے چرچے ہونے لگے۔ اس کتاب نے فاروقی کو زبردست صدمہ پہنچایا۔ کہنے والے یہاں تک کہتے ہیں فاروقی آج تک اس صدمے سے باہر نہیں نکل پائے۔۔ واللہ اعلم‘‘۔

وارث علوی کی ستم ظریفی دیکھئے کہ انھوں نے یہ کتاب خود شمس الرحمٰن فاروقی کے نام معنون کی اور انتساب کے نیچے غالب کا یہ مصرعہ لکھا

مقطع میں آپڑی ہے سخن گسترانہ بات

ملاحظہ فرمائیں شمس الرحمٰن کی کتاب ’’افسانہ کی حمایت میں‘‘ کے چند اقتباسات جن کے ذریعے انھوں نے صنف افسانہ، اردو میں افسانے کی روایت اور جدید افسانے میں موضوع، مقصد، پلاٹ اور افسانے پن جیسے موضوعات پر مخالفت زیادہ کی اور افسانہ کو شاعری سے کم تر اور تیسری درجے کی صنف قرار دیا ہے۔

’’کوئی ادیب ایسا نہیں ہے، جو محض افسانہ نگاری کے بل بوتے پر زندہ ہو۔ افسانہ پہلے بھی کوئی بہت اہم صنف نہیں تھا اور آج تو ناول کا دوبارہ احیا ہو رہا ہے۔ اس لیے آج افسانے کی وقعت پہلے سے بھی کم ہے۔۔۔۔۔ یہ بات تو تاریخی طور پر ثابت ہے کہ افسانہ ایک فروعی صنف ادب رہا ہے اور ادب کے خاندان میں اس کی حیثیت چھوٹے بیٹے کی سی رہی ہے جو اگرچہ گھر کا فرد اور کارآمد فرد ہوتا ہے لیکن ولی عہدی سے محروم رہتا۔۔۔۔۔ پوری ادبی میراث اور ادب کے مختلف اصناف کی اضافی اہمیتوں کا اندازہ لگاتے ہوئے میں اس نتیجے پر پہنچا ہوں کہ افسانہ ایک معمولی صنف سخن ہے اور علی الخصوص شاعری کے سامنے نہیں ٹھہر سکتا‘‘۔

فاروقی کے رسالے ’’شب خون‘‘ میں شائع ہونے والے افسانہ

نگاروں اور ادیبوں کی ایک پوری جماعت فاروقی کے ہاں میں ہاں ملا رہی تھی۔ خصوصاً فاروقی کے بیان کی تائید میں محمود ہاشمی نے فوراً وضاحت پیش کر دی کہ:

''افسانہ مختصر ہو یا طویل یہ خالص ادب کے دائرے میں نہیں آتا۔ ادب یا لٹریچر یا آرٹ نام ہے شاعری، مصوری، موسیقی کا۔ لیکن یہ افسانہ بے چارہ خواہ مخواہ گیہوں کے ساتھ گھن کی طرف ادب کے چکر میں پڑا پس رہا ہے''

یہ پورا منظر نامہ اردو افسانہ کے لیے انتہائی ہلاکت خیز تھا۔ اردو افسانے کو فاروقی نے داؤ پر لگا دیا تھا۔ چنانچہ وارث علوی نے اسی سنگین صورتحال کے پیش نظر یہ طویل مقالہ قلمبند کیا جس میں افسانے کی تنقید کے نام پر شمس الرحمٰن فاروقی نے اردو افسانے کی تخریب کی تھی۔ اس ضمن میں وارث علوی نے نہایت حقیقت پسندانہ انداز میں فاروقی کو اینٹ کا جواب پتھر سے دے کر انھیں باطل ٹھہرایا اور اُن کی فکشن کی تنقید کو ایک ڈراما قرار دیتے ہوئے لکھا:

''فاروقی کی تنقید سے جو ڈراما ابھرتا ہے اور جس کا ایک حصہ باقاعدہ مکالمات میں لکھا ہوا ہے۔ وہ بیکیٹ کے ڈرامے کی مانند آقا اور غلام Bully and Victim کا عبرتناک منظر پیش کرتا ہے۔ اس میں فاروقی ہزار دلائل کے ذریعے افسانہ کو تھرڈ کلاس صنفِ سخت ثابت کرتے ہیں۔ ان کے دلائل کو پڑھ کر محسوس ہوتا ہے کہ افسانہ نگاری آرٹ تو ہے ہی نہیں۔ سانڈے کا تیل بیچنے کی ایک قسم کی کوئی چیز ہے۔۔۔۔۔ فاروقی نے افسانہ نگاروں کے ہاتھ پاؤں توڑ دیئے۔ ان کے پاس سے فکشن کی روایت کا احترام چھین لیا۔ اس خود اعتمادی اور افتخار کو ختم کر دیا جو ہر فن کار کو اپنی صنفِ سخن پر ہوتا ہے۔ جب افسانہ نگار لنجے، لنگڑے، یتیم و پسیر اور ذلیل و خوار ہو گئے تو پھر فاروقی ان کے سر پرست اور محافظ بن بیٹھے۔ گویا بزرگانہ انداز میں کہتے ہیں ''چلو اٹھو، آنسو پونچھو اور اپنے کام پر لگ جاؤ اور افسانہ نگار دھول میں رگیدے ہوئے بچے کی طرح اٹھ کھڑے ہوتے ہیں، کپڑے جھٹکتے ہیں اور فاروقی کے پیچھے چل دیتے ہیں''

وارث علوی نے شمس الرحمٰن فاروقی کی کتاب ''افسانے کی حمایت'' کے مختلف اقتباسات کو نقل کر کے سب سے فرداً فرداً بحث کی ہے اور اپنے مخصوص ناقدانہ اسلوب سے جو وارث علوی کا مخصوص اسلوب ہے اسی انداز میں جواب دیا ہے۔ مثلاً شمس الرحمٰن فاروقی کہتے ہیں کہ:

''دیکھئے ناول کے مقابلے میں افسانے کی وہی اہمیت ہے جو ہمارے یہاں غزل کے مقابلے میں رباعی کی ہے'' انھوں نے رباعی کو انگریزی سانیٹ کا ہم پلہ قرار دیتے ہوئے لکھا ہے ''شیکسپیئر اور ملٹن صرف سانیٹ نگار ہو کر نہ رہ سکتے تھے''۔[2]

وارث علوی نے فاروقی پر الزام لگاتے ہوئے لکھا ہے کہ فاروقی نے بحیثیت نقاد کے رباعی کے بارے میں امجد حیدر آبادی کا تذکرہ تو کیا ہے مگر عمر خیاؔم کا اُن کے ہاں تو کوئی ذکر ہی نہیں ملتا، جس کی شاعرانہ عظمت کا دار و مدار ہی رباعی پر ہے۔

فاروقی نے اردو افسانے کی اہمیت کو کم تر ثابت کرنے کے لیے ترقی پسندوں پر حملہ کرتے ہوئے لکھا ہے:

''ترقی پسندوں نے افسانہ کو اس لیے فروغ دیا کہ ادب سے جس قسم کا وہ کام لینا چاہتے ہیں اس کے لیے افسانہ موزون ترین صنف ہے''۔

اس کے جواب میں وارث علوی نے لکھا ہے کہ:

''شاعری میں طب اور کھیتی باڑی کی کتابیں بھی لکھی گئی ہیں۔ مذہب اور اخلاق کی تلقینات بھی کی گئیں، بادشاہوں کے قصیدے بھی اور کینہ و عناد سے بھری ہوئی ہجویں لکھی گئی ہیں۔ شعری بعد میں نثر کی اصناف کا استعمال غیر فنی اور پروپیگنڈائی مقصد کے لیے ہمیشہ ہوتا رہا ہے۔۔۔۔ افسانہ اور ناول سے زیادہ شاعری انقلابی پروپیگنڈے کے لیے کارگر ہی ہے کہ تک بند سے تک بند شاعر بھی بڑھے چلو کہہ کر اپنا کام بڑھا سکتا ہے''۔

مندرجہ بالا اقتباسات سے صاف ظاہر ہوتا ہے کہ وارث علوی نے شمس الرحمٰن فاروقی سے نظریں ملا کر دو او ردو چار کی طرح گفتگو کی ہے اور پوری کتاب میں وہ لہجہ اور ٹون برقرار رکھا ہے جس کی مثال اردو تنقید میں کم ہی نظر آتی ہے۔ اس کتاب میں وارث علوی کا دانشورانہ پھکڑ پن اپنے عروج پر نظر آتا ہے۔ اس کتاب میں وارث علوی کے اندر رہا ہوا طنز نگار اور ڈراما نگار نقاد نے خوب کھیل کھیلا لیکن اپنی تمام فقرہ بازی اور ہاسو پن کو کام میں لاتے ہوئے بھی فکشن کے معاملات میں ایسی جزرس اور فکر انگیز باتیں کہی ہیں جو ہمارے یہاں فکشن کے سنجیدہ تنقیدی مقالات میں بھی نظر نہیں آتے۔ وارث علوی اگر ایسا نہیں کرتے تو یقیناً بہت سے افسانہ نگار احساسِ کمتری کا شکار ہو کر افسانے کو دوسرے درجے کی صنف سوچنے پر مجبور ہوتے۔ پروفیسر فضیل جعفری ''فکشن کی تنقید کا المیہ'' پر بحث کرتے ہوئے لکھتے ہیں:

''وارث علوی نے ''فکشن کی تنقید کا المیہ'' میں فاروقی کے ذریعے اٹھائے جانے والے ہر سوال اور ہر اعتراض کا جواب اپنے طور پر اور اپنے انداز میں دیا ہے۔ انھوں نے گن گن کر فاروقی کی ہر اینٹ کا جواب پتھر سے دیا ہے۔ اس طرح فکشن کی تنقید کا المیہ مناظراتی کتاب تو ہو گئی ہے لیکن دلچسپی سے خالی نہیں۔ اگر وارث علوی ایسا نہ کرتے تو ممکن تھا کہ بہت سے قارئین ہی نہیں خود افسانہ نگار بھی احساس کمتری کا شکار ہو کر یہ سوچنے پر مجبور ہو جاتے کہ افسانہ واقعی ایک نا قابلِ توجہ صنف ہے''۔

تقی حسین خسرو ''فکشن کی تنقید کا المیہ'' پر گفتگو کرتے ہوئے لکھتے ہیں:

**"This book has 24 chapters and focuses on Farooqui's book, Afsanay ki himayat mein, in which Farooqui not only seems**

to have defend the modern short story, but has also specially commanded some short story writers. He views their writings as an improvement on the earlier form which was realistic. But Alvi is irked by his form of writing which appears to him to be a meaningless exercise loaded with ignorance and self pity. He concedes that this may be a sort of reaction to the overemphasis on the external aspects of life and the chaos which surrounds us. A crack has now developed between human relationship and literature with the latter becoming more and more loud and propagandist in form and content".

وارث علوی نے اپنی تصنیف ''فکشن کی تنقید کا المیہ'' میں شمس الرحمٰن فاروقی کے لب ولہجہ، اندازِ بیان اور افسانے کے بارے میں رائے اور خود پرستی کے حوالے سے فاروقی کے تعصبات اور غیر تنقیدی تصورات ومفروضات کی نشاندہی تفصیل کے ساتھ کی ہے۔ جنھیں اجمالاً اس طرح بیان کیا جاسکتا ہے۔

۱۔ شمس الرحمٰن فاروقی نے افسانہ اور افسانہ نگاروں پر ناقدانہ رائے کے بجائے افسرانہ نگاہ ڈالی ہے۔

۲۔ فاروقی نے اپنی تنقید میں رواداری نہیں برتی ہے۔ ادیبوں اور شاعروں کی بے جا تعریف کر کے ان کی دوستی حاصل کی ہے۔ بے جا تعریف اور مداحی کی مثال محمود ہاشمی کے بارے میں فاروقی کی وہ تحریر ہے جس میں فاروقی نے محمود ہاشمی کو ''جدید اردو تنقید کا نمائندہ نقاد کہا تھا حالانکہ ان کی کوئی اردو تنقید میں اہمیت ہی نہیں ہے۔ ص:۲۳

۳۔ شمس الرحمٰن فاروقی احباب کی تعریف کے ہی نہیں خود کی تعریف کے مواقع بھی ہاتھ سے جانے نہیں دیتے۔ ص:۲۳

۴۔ شمس الرحمٰن فاروقی مشرقی اور مغربی ناقدین سے کھل کر استفادہ کرتے ہیں لیکن بڑی ڈھٹائی سے یہ ثابت کرنے کی کوشش کرتے ہیں کہ انھوں نے جو بات کہی ہے وہ مشرق ومغرب میں کسی نقاد نے نہیں کہی ہے۔ ص:۲۳

۵۔ شمس الرحمٰن فاروقی اپنی تنقید میں مثالیں بہت دیتے ہیں۔ مثالوں کا انھیں خبط ہے۔ لیکن ان کی مثالیں بھی عذاب ہوتی ہے۔ مثلاً فاروقی کے مطابق افسانہ گلی ڈنڈا ہے اور ناول کرکٹ یا ٹینس۔ ص:۳۱

۶۔ شمس الرحمٰن فاروقی یہ مانتے ہیں کہ اردو میں چیخوف، موپاساں اور ٹامس مان کے ہم پلّہ افسانہ نگار نہیں ہیں۔ ص:۳۴

۷۔ شمس الرحمٰن فاروقی یہ مانتے ہیں کہ افسانہ اتنی گہرائی اور باریکی کا متحمل ہی نہیں ہوسکتا جو شاعری کا وصف ہے۔ ص:۳۴

۸۔ فاروقی نے فرض کر لیا ہے کہ اگر حالؔی کے دَور میں افسانے کا وجود ہوتا تو وہ شاعری کو یک قلم مسترد کر کے افسانہ نگاری کی تلقین کرتے۔ ص: ۳۴

۹۔ فاروقی کے مطابق اردو میں بمشکل درجن بھر واقعی زوردار افسانے لکھے گئے ہیں اور وہ بھی مختلف مجموعوں میں دفن ہیں۔ ص:۳۹

۱۰۔ فاروقی کہتے ہیں افسانے بھی انھیں لوگوں نے لکھے جو اصلاً ناول نگار تھے۔۔۔ کوئی ایسا نہیں ہے جسے ہم محض افسانہ نگار کی حیثیت سے جانتے ہیں۔ ص:۴۱

وارث علوی نے اپنی تصنیف ''فکشن کی تنقید کا المیہ'' میں فاروقی کی افسانے کی تنقید سے متعلق مذکورہ بالا خیالات یا تعصبات سے تفصیل کے ساتھ بحث کی ہے اور دلائل کے ساتھ فاروقی کی ایک ایک رائے، ایک ایک مفروضے کو غلط اور غیر دانشمندانہ قرار دیتے ہوئے مسترد کیا ہے۔ گویا یہ ثابت کر دیا ہے کہ شمس الرحمٰن فاروقی شاعری کے تعلق سے چاہے جتنے بھی بڑے نقاد کیوں نہ ہوں، لیکن فکشن کی تنقید کا فریضہ انجام دینے سے وہ قاصر رہے ہیں۔ چنانچہ لکھتے ہیں:

''فاروقی کی زیرِ تبصرہ کتاب بھی بتاتی ہے کہ فکشن ان کے بس کا روگ نہیں۔ دراصل فکشن میں وہ ڈوبتے نظر آتے ہی نہیں تو تیریں گے کیا؟ ڈوبے اور وہ بھی افسانے کے چلو بھر پانی میں''۔

وارث علوی نے دلائل کے ساتھ یہ واضح کیا ہے کہ شمس الرحمٰن فاروقی کی تنقیدی تحریروں سے اردو افسانے کے صنفی وقار، اردو افسانہ کی محترم روایت اور افسانہ کی خود اعتمادی کو ٹھیس ہی پہنچی ہے۔ وارث علوی نے فاروقی کی تنقید کو ''تجریدی تنقید'' کا نام دیا ہے۔

شمس الرحمٰن فاروقی نے میؔر، غالبؔ اور اقبالؔ کے بارے میں بھی بہت کچھ لکھا ہے، لیکن فاروقی نے ان شاعروں کے یہاں مختلف اصناف پر طبع آزمائی کے حوالے سے جس طرح بعض اصناف کو بڑی اور بعض کو چھوٹی قرار دیا ہے۔ وارث علوی نے اس پر شدید نکتہ چینی کی ہے اور لکھا ہے کہ اصناف کے چھوٹے بڑے ہونے کا مطالعہ ان اصناف میں شاعروں کے انفرادی کارناموں کے ذریعے نہیں کیا جاتا بلکہ اصناف میں شاعری کا جو کچھ سرمایہ ہے اس کے مطالعہ کے ذریعے یہ دیکھنے کی کوشش کی جاتی ہے کہ اصناف میں اعلیٰ شاعری کی مقدار کتنی ہے اور اعلیٰ شاعری کے امکانات کتنے ہیں۔

وارث علوی نے ''فکشن کی تنقید کا المیہ'' میں جس طرح شمس الرحمٰن فاروقی کی تنقید نگاری کی خامیوں اور کوتاہیوں کی نشاندہی کی ہے اس سے یہی

ثابت ہوتا ہے کہ اردو فکشن کی تنقید کا سب سے بڑا المیہ فاروقی کی فکشن کی تنقید ہے۔جس سے اردو میں فکشن اور فکشن نگاروں کو کوئی روشنی تو نہیں ملی البتہ اردو میں فکشن کی تنقید کی غلط، منفی اور مصلحت پسندانہ تنقید کی روایت ضرور مستحکم ہوئی۔اسی لیے وارث علوی نے اپنی اس تصنیف میں فاروقی اور ان کی فکشن کی تنقید کے لیے کئی مقامات پر، بہت ہی سخت فقرے بھی لکھے ہیں۔مثلاً

۱۔ فاروقی کی تنقید، تنقید نہیں گلی ڈنڈا ہے۔ص:۵۲

۲۔ فاروقی لفظوں کی گرفت کرنے والے زبان کے استادوں کا مزاج رکھتے ہیں۔ص:۶۴

۳۔ فاروقی کی تنقید میں کٹھ ملاؤں کی طرح ضد ہے۔ص:۹۴

۴۔ فاروقی افسانوں کی مثال سامنے نہیں رکھتے۔۔۔انھیں اپنی مثال آپ تخلیق کرنے کا لپکا ہے۔ص:۱۰۸

۵۔ فاروقی کے یہاں اکثر بیان حماقت کا ہمالیہ دستار فضیلت باندھے کھڑا ہوتا ہے۔ص:۵۸

وارث علوی نے ''فکشن کی تنقید کا المیہ'' میں فاروقی کی اتنی خامیوں اور غلط بیانیوں کی نشاندہی کی ہے کہ اس کے بعد فکشن کی تنقید کے حوالے سے شمس الرحمٰن فاروقی پر کوئی قاری بھروسہ نہیں کرسکتا اور یہ وارث علوی نے فاروقی کے ساتھ کسی ذاتی بغض کی وجہ سے نہیں کیا بلکہ اردو میں تنقید خصوصاً فکشن کی تنقید کو ایک صحیح اور تعمیری سمت عطا کرنے کی غرض سے کیا ہے۔''فکشن کی تنقید کا المیہ'' کی ایک خاص بات یہ ہے کہ اس تصنیف کے آغاز میں وارث علوی نے اپنے افکار وخیالات کا اظہار افسانوی انداز میں کیا ہے جس سے اندازہ ہوتا ہے کہ اگر وارث علوی خود افسانہ نگاری کی جانب متوجہ ہوتے تو خاصے کامیاب رہتے۔مثلاً پہلے ہی باب میں وارث علوی نے نہایت ڈرامائی سین لکھا ہے اگر چہ مضمون کا یہ حصہ تنقیدی زبان کا نہیں ہے لیکن بے حد دلچسپ اور پُر لطف ہے۔

> گھر سے وارث علوی تانگہ لے کر نکلتے ہیں راستے میں پہلے ان کی ملاقات حالیؔ اور پھر پریم چند سے ہوتی ہے۔ان کی باتوں سے بخوبی اندازہ ہوتا ہے کہ ایک اردو کے پہلے نقاد ہیں اور دوسرا پہلا فکشن نگار، دونوں خود کو جدید نقادوں اور جدید افسانہ نگاروں کے سامنے غیر محفوظ محسوس کررہے ہیں۔وارث علوی دونوں کو اپنے تانگے میں پناہ دیتے ہیں۔اتنے میں افسانہ نگاروں کا ایک جم غفیر ٹوٹے پھوٹے چلا آرہا ہے۔جن میں منٹو، کرشن چندر، بیدی، عصمت اور غلام عباس وغیرہ فریاد کرتے ہوئے نمودار ہوتے ہیں۔میں نے (وارث علوی) پوچھا ''اے داستاں سرایانِ باغ اردو'' کیا پتا پڑی ہے؟ اردو کے ان ممتاز اور مستند افسانہ نگاروں کی طرف سے آواز آئی کہ ''جدید افسانہ نگاروں نے'' ہمارے صحیفے منسوخ کردیئے ہیں۔مجھے ان پر بہت ترس آیا اور اُن سے کہا کہ آپ فکر نہ کیجیے فدوی کا تانگا حاضر ہے میں سبھی کو بخیرو خوبی ٹھکانے لگادوں گا''۔

اسی باب کا ایک اور ڈرامائی سین ملاحظہ فرمائیں جس میں وارث علوی نے اس زمانے کی نہایت خوبصورت تصویر پیش کی ہے۔

> ''دور سے ہارمونیم اور قوالی کی آواز آئی۔میں نے کہا شاید راج بلراج کا جلوس آرہا ہے۔سب لوگ چونکنے ہوکر سڑک کی طرف دیکھنے لگے۔میں نے کہا بینڈ باجے کے ساتھ نکلی ہے نئے افسانے کی برات، دنیا کا یہی دستور ہے۔بھائیو! ایک طرف پرانے افسانے کا جنازہ ہے۔دوسری طرف نئے افسانے کا جلوس۔لیکن یہ کیا؟ میں حیرت زدہ اسی طرح اُچھل پڑا گویا بجلی کا کرنٹ چھولیا ہو۔چست پاجامہ اور شیروانی پہنے شمس الرحمٰن فاروقی آگے آگے تھے۔ان کے گلے میں ہارمونیم بندھا ہوا تھا اور ان کے پیچھے پیچھے افسانہ نگاروں کا طائفہ۔۔کوئی کُبڑا، کوئی بونا، کسی کی ٹانگ لنگڑی، کسی کا ہاتھ لُنجا، میلے کچیلے کپڑے، ہڈیوں کے ڈھانچ، دکھ اور دلدّر کی چلتی پھرتی تصویریں فاروقی ہارمونیم بجاتے پھر کان پر ہاتھ رکھ کر بلند خوانی کرتے۔
>
> درزندگی مطالعہ دل غنیمت است
>
> اور دوسرا مصرع تمام افسانہ نگار چیخ چیخ کر گانے لگتے:
>
> خواہی بخواں، خواہ مخواہ، مانوشتہ ایم
>
> پورا ٹولہ اسی طرح گاتے گاتے ہمارے سامنے آکر کھڑا ہوگیا۔میں نے کہا فاروقی، یہ کیا فاروقی صاحب یہ کیا؟ یہ پٹی ماسٹر کا رول آپ کو زیب نہیں دیتا۔اور یہ لوگ کون ہیں اور آپ لوگ کیا گا رہے ہیں؟ کہنے لگے ''یہ لوگ جدید افسانہ نگار ہیں جن کے نام میں نے اپنی کتاب ''افسانے کی حمایت میں'' منسوب کی ہے''

مندرجہ بالا اقتباسات سے یہ بات ظاہر ہوتی ہے کہ وارث علوی نے نہ صرف فاروقی کے خیالات کو رد کیا ہے بلکہ اپنی تنقید کو بودی تنقید کا نمونہ بننے سے بھی بچایا اور ساتھ ہی ایک ایسے دلچسپ انداز سے کتاب کو تحریر کیا ہے۔جسے پڑھ کر افسانوی شعریات کا علم تو ہوتا ہی ہے اور پوری کتاب میں قاری کو ایک افسانوی ذلت کا احساس بھی ہوتا ہے۔

بحیثیت مجموعی وارث علوی کی فکشن کی تنقید سے متعلق دیگر تصنیفات کی طرح ''فکشن کی تنقید کا المیہ'' بھی ان کی تنقیدی بصیرت کا ایک نادر نمونہ ہے۔بقول تقی حسین خسرو:

> **"The book is informative and Waris Alvi has successfully defended the short story as a genre. He delves into a mass of literature and writings of literacy critics to prove his point".**

# ''چھٹتی نہیں ہے منہ سے''

ابہام رشید
(احمد آباد، بھارت)

پچھلے چند برسوں میں اردو تنقید نے ترقی کے کافی مراحل طے کئے ہیں۔اردو زبان کی خوش نصیبی ہے کہ اسے باذوق، باہنر اور سلیقہ مند نقاد بھی دستیاب ہوئے ہیں۔ کسی زندہ زبان میں موجود مختلف نقادوں کے ذریعہ کی جانے والی تنقید، ان کا طرزِ تحریر اور ان کا اسلوب بھی ایک دوسرے سے کافی مختلف ہوتا ہے۔تکنیک کے لحاظ سے اور تنقید کی مخصوص اصطلاحات کے استعمال کی وجہ سے تنقید کی زبان ویسے بھی بوجھل اور خشک محسوس ہوتی ہے۔اس کے باوجود اس میدان کے بعض سرکردہ نقادوں نے اپنی تنقید کو دلچسپ اور رواں بنانے کے لیے سلیس اور دل کو موہ لینے والے اسلوب کو اپنایا ہے۔اردو تنقید کی دنیا میں اپنا منفرد اسلوب اور انوکھا لب ولہجہ اپنانے والے نقادوں کی تعداد بہت زیادہ نہیں ہے۔لوگوں کی توجہ اور ان کی دلچسپی کو قائم رکھتے ہوئے تنقید نگاری کا فرض بدرجہ اتم ادا کرنے والے مخصوص، منفرد اور معتبر نقادوں میں وارث حسین علوی کا نام سرِ فہرست آتا ہے۔

میں ان کی تنقید کے بارے میں کسی طرح کا اظہار خیال نہیں کرونگا کیونکہ نہ یہ میرا منصب ہے اور نہ ہی مجھ میں اس کی اہلیت ہے۔میں تو ان کے بے مثال اسلوب اور اس میں شامل طنز ومزاح کی چاشنی کے بارے میں ہی گفتگو کرنا چاہتا ہوں اور اس سے متعلق اپنی چند گزارشات آپ جیسے اہل علم حضرات کے گوش گزار کرنا چاہتا ہوں۔

وارث علوی بنیادی طور پر خوش باش، خوش دل اور شگفتہ مزاج آدمی ہیں۔ان کی اس خوش مزاجی کا براہ راست اور نہایت خوشگوار اثر ان کی تنقید پر بھی پڑا ہے۔ان کی زبان کے چٹخارے اور ان کے اسلوب کی ناقابل تقلید شیرینی کی وجہ سے ان کا قاری نہایت آسانی اور سبک روی کے ساتھ ان کے طول طویل مقالات کو پڑھ لیتا ہے اور ذرا بھی کبیدہ خاطر نہیں ہوتا۔وارث علوی اپنی تنقید میں جس زبان کا استعمال کرتے ہیں وہ اس میں مستعمل دلچسپ محاوروں اور نادر ضرب الامثال کی وجہ سے نہایت پرلطف اور دلچسپ مکالمہ بن جاتی ہے۔اپنی تنقید میں وہ ظرافت اور طنز کا ایسا ہنرمندانہ استعمال کرتے ہیں کہ ان کے من کی موج، یا ان کے ذہن کی ترنگ قاری کو اپنی طرف اس طرح مائل کر لیتی ہے کہ قاری اور نقاد دونوں مل کر تنقید کے گلزار میں خوش خرامی کرنے لگتے ہیں۔وارث علوی کسی نکتہ پر روشنی ڈالتے ہیں تب وہ روشنی آنکھوں میں چکاچوندھ پیدا کر دینے والی، یک رنگی اور یک رخی نہیں ہوتی بلکہ اس کے برعکس صبح صادق کے وقت ماحول پر چھائے ہوئے ہلکے اور مدھم اُجالے کی طرح ہوتی ہے جو فنکار کے مذکورہ نکتے کو واضح اور روشن بناتی ہے۔اسی نیم روشن ماحول میں قاری کو فن پارے کے بارے میں پورا عرفان حاصل ہو جاتا ہے اور وہ اس فن پارے کے تمام رنگوں کو اپنے میں جذب کر لینے کا اہل ہو جاتا ہے۔قاری علم وآگہی کے تمام مراحل اسی مدہوشی کے عالم میں طے کر لیتا ہے۔فن کار کے فن کہ تمام پہلوؤں کا ذکر یہ اپنی افتادِ طبع اور خداداد شگفتہ کاری کے ذریعہ کچھ اس طرح سے پیش کرتے ہیں کہ قاری اس کی رنگین اور پرتاثیر فضاؤں میں کھو جاتا ہے۔ان کے اس انوکھے اسلوب کی جھلک میں ان دو اقتباسات کے ذریعہ آپ لوگوں تک پہنچا رہا ہوں۔ جو ان کے مضمون 'تذکرہ روح کی اڑان کا۔' سے لیے گئے ہیں۔

quote ''میں ڈرتا ہوں ان مدرّسوں سے جنھوں نے ادب کو بھوگنے کی بجائے بھگتنے، کارِ شیریں کی بجائے کارِ خیر، روح کی پرواز کی بجائے ذہن کی ورزش بنا کر رکھ دیا۔ جو چاک گریباں اور چاک داماں تھا، رسوا سر بازار اور بے ننگ ونام تھا، ناصح سے گریزاں اور محتسب سے پریشان تھا، وہ جسے ایک بے نام خلش، ایک بے چین تجسس، ایک مسلسل اضطراب گلی گلی غبار ناتواں کی صورت لیے پھرتا تھا، ریاست اور سرکار کا صید زبوں، بزرگوں کی خوشنودی کا تمنائی اور قبولیت عامہ کا طلبگار بنا، اپنی ذات، اپنے فن اور اپنے زمانے سے سچائی سے پیش آنے کی بجائے سنابری اور فیشن پرستی کو راہ دی، اور عقائد کو سرمایۂ افتخار اور تمغۂ دلاوری سمجھا۔ بچہ کی حیرانی، درویش کی سادگی، جادوگر کی طلسم آفرینی، پیکن کی رنگینی، پیغمبر کا القاء، تخیل کی نزاکت اور فکر کی صلابت، اور جذبہ کی برجستگی کی قیمت پر اس نے معلم اخلاق کی خشک بیانی، رہبر قوم کی اشتعال انگیزی اور سوشیل انجینئر کی منصوبہ بندی کو اپنایا unquote ـــــ دوسرا اقتباس quote ''ادب کا زندگی سے وہ تعلق نہیں جو سیاست کا ہے۔خراب نظم زیادہ سے زیادہ ذہنی کدورت پیدا کرتی ہے لیکن خراب سیاست تو گیس چیمبر کے دھوئیں سے تاریخ انسانیت کو سیاہ کار بناتی ہے۔اسی لیے میں سیاسی پیمانوں سے ادب کو پرکھنے کی بدعت کو اپنے وقت کی سب سے بڑی لعنت سمجھتا ہوں'' unquote۔

'محمد علوی کی شاعری' نامی مضمون سے ایک دلچسپ اور توجہ طلب اقتباس سماعت فرمائیے۔

quote ''شاعر کے لیے دھند میں لپٹی ہوئی جھیل کے سفر پر روانہ ہونے کا مطلب ہے ایک انجانی، موہوم اور پراسرار دنیا کے سفر پر روانہ ہونا۔کائی میں کھلے ہوئے لال کنول کو دیکھ کر مسرت سے چونک اٹھنا اور شفاف پانی میں لہراتے سانپ کی سرسراہٹ سے کانپ اٹھنا، آشوب آگہی کا خوف اسے عافیت کوشی کی طرف مائل کرتا ہے، اور رسمیہ اسالیب حیات کی محفوظ پناہ گاہیں اسے

ساحل کی سبک ساری کی ترغیب دیتی ہیں لیکن شاعر تو اپنے احساس کی آنچ میں جلنا چاہتا ہے، ذات کے اندھے کنویں سے آتی ہوئی آوازوں کو سننا چاہتا ہے، جو ساحل ادراک سے دور، پیدا ہوتے اور تحلیل ہو جاتے ہیں۔ لفظوں کے بادبان کھولے جب وہ روانہ ہوتا ہے تو لفظ محض لغت کا سفیر نہیں بلکہ احساس کے پانیوں کا سیاح بھی بنتا ہے۔ لفظ کی جیوت جلتی ہے تو دھند میں لپٹے ہوئے مناظر آشکار ہوتے ہیں اور احساس کی انجانی تہیں، نامعلوم پرتیں، مبہم نقوش اور موہوم گوشے بے نقاب ہوتے ہیں۔ وہ جو تاریک تھا منور ہوتا ہے، جو نرا کار تھا آکار پاتا ہے، جو آگہی کی دسترس سے باہر تھا علم کے تسلط میں آتا ہے''۔unquote

وارث علوی اپنی تنقید میں اپنے خیالات کو ٹھیک اسی طرح پیش کرتے ہیں جس طرح کوئی شاعر مشاعروں کو لوٹ لینے والی اپنی مرصع غزل کے ہر نئے شعر میں بیان و معنی کے جہان تازہ کو آشکار کرتا ہے۔ اور اس کے ذہن میں موجود فن کی دیوی کے حسن دلارا سے متعلق سربستہ رازوں سے اسرار کے پردوں کو ہولے ہولے سرکاتا ہے۔ وارث علوی فنکار کے فن سے متعلق کارآمد نکات کو اس طرح سے پیش کرتے ہیں کہ وہ قاری کے قلب و ذہن میں افہام و تفہیم کی نئی دنیا آباد کرتے ہیں۔

تذکرہ روح کی اڑان کا سے ہی ایک اور اقتباس پیش خدمت ہے۔

quote ''ادب کا مطالعہ مارکسزم، مودودیات اور سماجیات کا مطالعہ نہیں ہے۔ یہ کوئی کار خیر، کار ثواب، خدمت علم اور خدمت انسان نہیں ہے۔ یہ روح کی اڑان ہے ان آسمانوں میں جہاں تخیل کی چاندنی چھٹکتی ہے اور احساس جگمگاتے لفظوں کی کہکشاں میں ڈھلتا ہے۔ زندگی اگر محض ذوق پرواز ہے، قوت حیات کا بروز ہے، فشار رنگ و نور ہے۔ نت نئے فینو مینا کا اٹوٹ سلسلہ ہے، تو پھر ادب بھی محض ذوق پرواز، کارواں کا بے منزل سفر، تخیل کی آوارہ اڑان اور الفاظ کی نازک انگلیوں سے احساس کے موہوم دھندلے لینڈ اسکیپ کی بے نقابی کیوں نہیں ہو سکتا۔ جو دنیا، ادب تخلیق کرتا ہے اگر اس وادی کی طرح حسین ہے جہاں قافلۂ نور بہار ٹھہرا ہے، جو تجربہ ادب ہمیں بخشتا ہے، اگر تاروں بھری رات کی مانند دل آویز اور پر اسرار ہے، جو شعور ادب ہمیں عطا کرتا ہے اگر پر خطر پہاڑی راستہ کی مانند ہولناک و دلفریب ہے تو وارفتہ نگاہوں اور کیف و سرور و تحیر میں ڈوبی نظروں سے ان طلسماتی مناظر کا مشاہدہ کرنے کی بجائے، ہم سٹہ بازوں کی نفع و نقصان اور پرہیزگاروں کی صالح اور غیر صالح اور اطبا کی مفید اور غیر مفید جارگون والی زبان کیوں بولنے لگ جاتے ہیں؟

'قافیہ تنگ اور زمین سنگلاخ ہے' نامی مضمون سے ایک بے حد انوکھے اسلوب والا اقتباس ملاحظہ فرمائیے۔

quote ''ادب کے مفتیوں کی چراغ پائی سمجھ میں آنے والی بات ہے، کیوں کہ فنکاروں میں کچھ تو مجذوب ہیں، جن کی باتیں انہیں سمجھ میں نہیں آتیں۔ کچھ سرمد کی طرح ننگے ہیں اور صرف آدھا کلمہ پڑھتے ہیں۔ اور کچھ تو یہ بھی نہیں جانتے، کہ وہ سلوک کے کون سے مقام میں ہیں۔ ہاں البتہ کچھ ایسے بھی لوگ ہیں، جو صوفی ہونے کے باوجود باوضو بھی ہیں۔ ادب کے فقیہوں کو بس انہیں شاعروں سے دلچسپی ہے کیوں کہ یہ شاعر، ان کی شریعت کے ذرا قریب ہیں۔ فقیہہ انہیں ہم سفر کہتا ہے، اور ان آوارہ درویشوں کو صلواتیں سناتا ہے، جو انہیں بہکا کر اپنے جیسا بنانا چاہتے ہیں۔ آخر شمس تبریز کو لوگ اسی لیے تو قتل کرنے گئے تھے، کہ وہ رومی جیسے باوقار، پرہیزگار اور عالم دین مولوی کو بہکاتا تھا۔ unquote

ظرافت وارث علوی کے اسلوب کا غالب عنصر ہے۔ ان کی ظرافت بالغ نظر اور پختہ ذہن کے فرد کی ظرافت ہے جو نہایت شائستہ اور صاف ستھری ہوتی ہے۔ اس میں کسی طرح کا سوقیانہ انداز یا بھانڈ پن نہیں ہوتا۔ اپنی تحریروں کے ذریعہ وہ قاری کے جذبات کی تطہیر کرتے ہیں۔ وارث علوی نے مشرق اور مغرب دونوں جہانوں کے علم و ادب کی خاطر خواہ سیر کی ہے۔ انہوں نے دونوں جہانوں کے علم و ادب کی روح کو اپنے لہو میں مکمل طور پر جذب کر لیا ہے اسی لیے کسی تخلیق کے بارے میں لکھتے وقت وہ قلم کار کی فکر، اس کے فن کی عظمت اور کوتاہی، ان تمام کا محاسبہ نہایت آسانی سے کرتے ہیں۔ وارث علوی کو ان پر برسائے جانے والے اعزازات و اکرامات یا انکے خلاف کی جانے والی دشنام طرازیوں کی، یا ان پر لگائے جانے والے بے بنیاد الزامات کی ذرا بھی فکر نہیں ہوتی۔ اپنی جان اور عزت و آبرو کو جوکھم میں ڈال کر بھی وہ فن کی بقا کی خاطر قلم کار کی ہر چھوٹی بڑی لغزش کی طرف اپنے ہی رنگ میں نشان دہی کرتے ہیں۔ اسی طرح وہ قلم کار کی ہر خوبی اور مثبت فکر کی بھی دل کھول کر تعریف کرتے ہیں اور اسے اس طرح اجاگر کرتے ہیں کہ وہ قاری کے دل میں جاگزیں ہو جائے۔ ان کے مضمون 'تذکرہ روح کی اڑان کا' کے اس اقتباس کو ملاحظہ فرمائیے۔

quote ''طفل ایغو کے پالنے پوسنے والوں کے تھن کیسے ہوتے ہیں وہ دیکھنا ہو تو ان لوگوں کی طرف نظر کرو جنہوں نے ادب کو ترقی کوشی کے بہتر سیڑھیوں والے ادارے میں بدل دیا ہے۔ ان لوگوں کو زیب دیتا ہے کہ وہ ادب کی نفیس نفیس باتیں کریں اور فوائدالفواد والی زبان بولیں۔ ادب ان کے لیے ترقی ہے، شخصیت کی زینت اور دانشوری کی آرائش ہے، تہذیب و شائستگی اور شریفانہ مشغلہ ہے۔ مجھ جیسے کٹے پھٹے لوگوں کے لیے ادب زینت و زیبائش نہیں بلکہ ایک جذباتی ضرورت اور ایک روحانی طلب ہے۔ مردہ خیالات کا کباڑ خانہ نہیں بلکہ زندہ تجربات کی وادئ پر بہار ہے۔ خلعت دانشوری کی زرکاری نہیں بلکہ برہنہ کھال پر گزرتے وقت کے ان لمحات کی جنہیں تخلیقی تخیل نے توانا تجربات کے شراروں میں بدل دیا ہے، حدت اور شدت کو محسوس کرنے کا نام ہے۔unquote

اسی کے ساتھ اب ایک اقتباس 'پیشہ تو سپاہ گری کا بھلا' سے بھی ملاحظہ فرمائیے۔ اس میں موجود طنز کا لطف اٹھائیے۔

quote ''ترقی پسند شاعروں کے مطالبات لگ بھگ وہی ہوتے

ہیں جو ٹریڈ یونین لیڈر کے ہوتے ہیں۔اسی لیے ہڑتال ختم ہونے کے بعد شاعری بھی ختم ہو جاتی ہے، یا انقلاب آنے کے بعد شاعری بھی ٹریڈ یونین تحریک کی مانند تعمیری کام میں لگ جاتی ہے۔ادھر کارخانوں میں دو لاکھ جوتے پیدا ہوتے ہیں، ادھر شاعر ارباب حل و اقتدار کی جوتیاں سیدھی کرتے ہیں۔اگر نہیں کرتے تو جوتے کھاتے ہیں" unquote

وارث علوی اپنے تنقیدی افکار کو آہستہ آہستہ اسی طرح پیش کرتے ہیں جس طرح فطرت میں پھول کھلتا ہے اور اس کے کھلنے کے ساتھ ہی اس پھول کی ذات میں موجود خوشبو اپنے چہار جانب کی ہواؤں کو معطر بناتی ہے۔جس طرح پھول کی پنکھڑیاں اپنے بے مثال نکھار اور اپنے نادر و نایاب رنگ اور نزاکت اور لاجواب تر و تازگی کے ذریعہ دیکھنے والوں کو اپنی جانب متوجہ کرتی ہیں۔اسی نزاکت اور رنگینی کے ساتھ وارث علوی اپنے نظریات کو اپنے قاری کے ذہن و دل تک کامیابی سے پہنچا دیتے ہیں۔تذکرہ روح کی اڑان کا کے اس روح پرور اقتباس پر غور فرمائیے۔

quote ''شاعر اور پیغمبر دونوں تجرید میں نہیں تجربہ میں جیتے ہیں۔ان آوازوں کو سنتے ہیں جو کسی کو سنائی نہیں دیتیں۔دونوں کو پیغامات اور مضامین غیب سے آتے ہیں۔نوائے سروش دونوں کا سرچشمۂ فیض ہے۔انسان، فطرت اور کائنات کا علم وہ کتابوں سے نہیں بلکہ چشم بینا سے حاصل کرتے ہیں اور یہ آنکھ صاحب بصیرت کی آنکھ ہوتی ہے۔مشاطۂ فطرت ان کے تخیل کی حنابندی کرتی ہے اور ان کا تخیل حواس سے ماورا تجربات کا ادراک کرتا ہے۔مکتب میں مذہب علم الکلام اور شاعری علم البیان بن جاتی ہے اور جب دونوں باہر نکلتے ہیں تو دونوں کی جبیں تند، لب بھنچے ہوئے اور آنکھوں میں معلم اخلاق کے عتاب کی سرخی ہوتی ہے۔" unquote

'قافیہ تنگ اور زمیں سنگلاخ ہے' نامی مضمون سے ایک نہایت ہی پرلطف اور طنزیہ اقتباس سنیئے۔

quote ''سمجھدار نقاد جب فن کار کو تخلیقی سفر کی آزادی دیتا ہے، تو اسے اپنی شبھ کامناؤں کے ساتھ روانہ کرتا ہے لیکن پولونیس جیسے نقاد تو بزرگانہ احتیاطوں، یہ کرنا اور وہ کرنا، چناں اور چنیں کے وہ دفاتر برپا کرتا ہے کہ اللہ کی پناہ۔۔۔نفسیات کے بھنور اور انسانی فطرت کے اسرار اور رموز کے ظلمات سے بچتے رہنا۔۔۔لنگر تو ان اُجلے پانیوں ہی میں ڈالنا، جہاں افادیت ،مقصدیت، عصری آگہی اور صحت مندی کی رنگ برنگی مچھلیاں تیرتی پھرتی ہیں۔سماجی حقیقت نگاری کے دریا میں غوطہ لگاؤ گے تو تجربات کے وہ موتی ہاتھ آئیں گے، جن کے کشتے کھا کر میرے بوڑھے جسم میں بھی وہ حرارت پیدا ہوگی ،کہ انسان زندہ باد کا نعرہ ذرا زور سے ہی لگا سکوں گا" unquote

انسان ہی ایک ایسا واحد حیوان ہے جو نہ صرف خود ہنس سکتا ہے بلکہ اوروں کو ہنسا بھی سکتا ہے۔ہنسنا اور ہنسانا اس کی جبلت میں شامل ہے۔خواتین و حضرات تنقید جیسے سنجیدہ یا ایک لحاظ سے خشک مضمون میں ہنسنے اور ہنسانے کہ مواقع پیدا کرنے میں اور اس کے باطن سے معنی کی پھلجھڑیاں برآمد کرنے میں وارث علوی کو غضب کا ملکہ حاصل ہے کیوں کہ زندہ دلی ان کا مسلک و مذہب ہی نہیں ان کی فطرت ہے، خوش فکری ان کی حیات کا قرینہ ہے اور شگفتہ بیانی ان کی سرشت میں داخل ہے۔

وارث علوی اپنی تحریر کے درمیان نکتۂ عروج پر یا سم پر پہنچتے ہیں تب خود بھی بہکنے لگتے ہیں اور اپنے قاری کو بھی بہکنے کے تمام مواقع فراہم کرتے ہیں۔وہ بخوبی جانتے ہیں کہ تنقید کی خشک باتیں زیادہ دیر تک نہ لکھی جا سکتی ہیں نہ ہی پڑھی جا سکتی ہیں۔تذکرہ روح کی اڑان کا۔۔۔سے اس اقتباس کو ملاحظہ فرمایئے۔آج کی کالجوں اور یونیورسیٹیوں کے موجودہ تعلیمی نظام اور ماحول پر کیے گئے گہرے طنز پر غور فرمایئے۔

quote ''خشک، بے رنگ، صفر درجۂ حرارت والی ٹھپ تنقیدوں کی راکھ کے نیچے تخلیقی ادب اس طرح بجھا پڑا ہے کہ ادیب کا نام آتے ہی آنکھوں کے سامنے ان استادوں کے چہرے گھوم جاتے ہیں جن کی زیر نگرانی درجن بھر طلباء تحقیقی مقالے لکھتے ہیں، جو کتابیں پڑھاتے ہیں، کتابیں ایڈٹ کرتے ہیں، نصابی کتابیں مدون کرتے ہیں، کتابوں پر کتابیں لکھتے ہیں اور اپنی کتابوں پر اپنے ہی جیسے دوسرے اساتذہ سے تبصرے لکھواتے ہیں، اور کتاب کے لیے انعام اور اپنے لیے وظیفہ مقرر کرانے کے لیے ادب کی قومی اہمیت کا ایک نیا چکر شروع کر تے ہیں، کیونکہ حکومت اسی ادب کو سمجھتی ہے جو بینڈ باجے کی طرح بجتا ہے۔ستم ظریفی دیکھئے کہ ان اساتذہ کی پوری زندگی کتاب کے گرد و پیش، ادب کے محور پر گھومتی ہے لیکن ایک چیز جو وہ نہیں پڑھ پاتے وہ کتاب اور ادب ہی ہے۔ان کی تنقیدوں سے کبھی پتا نہیں چلتا کہ انہوں نے زندہ ادب کے ساتھ زندہ رشتہ قائم کیا ہے۔" unquote

ایسی دوسری بہت سی مثالیں وارث علوی کے دیگر مضامین سے بھی دی جا سکتی ہیں۔وارث علوی کی تخلیقی نثر تو کسی بحر اعظم کی طرح ناپیدا کنار ہے اور حد نظر سے بھی پرے تک پھیلی ہوئی ہے۔یہ تنقیدیں ان کی کتابوں کے ذریعہ اور ان کے مضامین کے ذریعہ قاری تک پہنچ سکتی ہیں کوئی بھی قاری اپنی دانش، فہم، لگن اور ضرورت کے مطابق وارث علوی سے استفادہ حاصل کر سکتا ہے۔وارث علوی ابر باراں کی طرح سب پر اپنے علم و ہنر کی بارش برساتے ہیں لیکن ہر قاری اپنے ظرف و استطاعت کے مطابق، اپنے ذوق اور وجدان کے مطابق اسے اپنے اندر جذب کرتا رہتا ہے۔

وارث علوی کی تنقید کا بطور خاص اور گہرائی سے مطالعہ کرنے کا صرف ایک ہی نقصان ہے۔۔۔۔۔۔چھٹتی نہیں ہے منہ سے یہ کافر لگی ہوئی۔ادب کا ذہین قاری کبھی بھی کم تر درجہ کے ادب کو پسند نہیں کر سکتا۔اس لیے وارث علوی ان کے قاریوں کے لیے ایک عادت، ایک نشہ بن جاتے ہیں۔

# پیرویِ مغربی

## وارث علوی

وہ لوگ جو مغرب سے استفادہ کے نام پر چراغ پا ہوتے ہیں وہ فن اور علم کے فرق کو سامنے رکھ کر بات نہیں کرتے۔ فنکار اپنی ہی تہذیبی زمین میں کنواں کھودتا ہے اور پانی نکالتا ہے۔ فن کا شجرِ پُر بہار اپنے ہی ملک اور اپنی ہی قومی تہذیب کی فضاؤں سے قوتِ نمو حاصل کرتا ہے۔ ہر فن چونکہ تخلیقی عمل ہے اس لیے نقالی اس کے لیے پیغامِ موت ہے۔ دوسری زبانوں کے ادب کی نقالی کی بات الگ رکھیے، شاعر اگر اپنی ہی زبان کے کسی قدر آور شاعر کی نقل کرنے لگتے ہیں تو اپنی آواز اور اپنا رنگِ سخن تک پیدا نہیں کرسکتا۔ تازگی، ندرت اور انفرادیت تخلیق کے لوازمات اور تقلید کے دشمن ہیں۔ شاعر کی اپیل بین الاقوامی، اس کی قدریں آفاقی اور اس کے سروکار روحانی اور مابعد الطبیعاتی ہو سکتے ہیں، اور عموماً ہوتے ہیں، لیکن اس کی شاعری کا مزاج، منظر نامہ، اور فضائیں قومی، ملکی، نسلی اور ملی ہی ہوں گی۔ ایک تندرست اور توانا تہذیب دوسری تہذیبوں کے اثرات قبول کرتی ہے لیکن تقلید اور نقالی میں عجمی تہذیب کی سرحدیں کہاں اور کب اور کس طرح آمیز ہوتے ہیں۔ فراق پر بیک وقت خیام، حافظ، کالی داس اور بہاری میر اور غالب، ورڈز ورتھ اور شیلی، کے اثرات کام کرتے نظر آتے ہیں اور ایک ہی نظم میں ان سب کا ایسا فیوزن ہوتا ہے کہ کسی کی الگ سے نشان دہی ممکن نہیں رہتی۔

سائنس اور سماجی علوم کا معاملہ بالکل دوسرا ہے۔ ان کا تعلق خارجی حقائق کی تحقیق اور تدوین سے ہے اور یہ کام دنیا کے کسی بھی گوشہ میں ہوتا ہو اس کے اثرات عالم گیر ہوتے ہیں، لندن، ماسکو، یا جاپان میں بیٹھا ہوا ایک شاعر جو اجتہادات کرتا ہے اس میں دوسرے ملکوں کے لوگوں کو کم ہی دل چسپی ہوتی ہے اور ان اجتہادات کا دائرہ عموماً اس کی زبان تک ہی محدود رہتا ہے۔ لیکن لندن، ماسکو یا جاپان میں بیٹھا ہوا ایک سائنس داں اگر پلاسٹک کی کوئی نئی قسم ایجاد کرتا ہے تو سائنس کی دنیا تو کیا آپ کے اور ہمارے باورچی خانہ کا نقشہ بدل جاتا ہے۔ شئے جتنی آسانی سے آدمی کی زندگی میں داخل ہوتی ہے خیال یا تہذیبی قدر نہیں ہوتی۔ اسی لیے تہذیبی اثرات کے انجذاب کا عمل طویل عرصہ پر پھیلا ہوتا ہے۔ سائنسی اور سماجی علوم کے قوانین عالمگیر ہوتے ہیں، اسی لیے سائنس اور سماجی علوم قومی اور ملکی نہیں ہوتے۔ انگریزی ادب، فرانسیسی ادب، فارسی ادب کی طرح انگریزی، کیمسٹری، فرانسیسی نفسیات اور فارسی اقتصادیات جیسی کوئی چیز نہیں ہوتی۔ کیمسٹری، نفسیات، اقتصادیات ملکوں اور قوموں سے بلند ایک مشترکہ ذخیرۂ علم ہے اور کسی بھی ملک و قوم کا شخص اس سے فائدہ اٹھا سکتا ہے اور اس میں اضافہ کرسکتا ہے۔ کیمسٹری، نفسیات اور اقتصادیات کے مختلف ملکوں کے پروفیسر ایک دوسرے کے لیے اجنبی نہیں ہوتے اور برسوں تک ایک ہی تجربہ گاہ میں ایک ہی موضوع پر ساتھ ساتھ تحقیقی کام کر سکتے ہیں۔ مختلف ممالک اور زبانوں کے فنکار مشکل ہی سے ایک دوسرے کے قریب آ سکتے ہیں۔ ان کا تخلیقی کام اس قدر شخصی، داخلی اور منفرد ہوتا ہے کہ ان کے درمیان اشتراکِ عمل کا کوئی امکان نہیں ہوتا۔ دنیا کے ترقی پسند فنکاروں میں جو ایک برادری کا احساس پیدا ہوا تھا، اس کا تعلق فنکاری سے کم اور سیاسی آدرشوں سے زیادہ تھا۔ ورنہ عموماً تو ایک فنکار کو اس بات میں دل چسپی بھی نہیں ہوتی کہ دوسرا فنکار کیا کر رہا ہے۔ اسی لیے تو سائنس دانوں اور سماجی علوم کے پروفیسروں کی کانفرنسیں جتنی کامیاب، ثمر آور اور معنی خیز ثابت ہوتی ہیں ادیبوں اور فنکاروں کی نہیں ہوتیں۔ ایک جگہ جمع ہونے کے بعد فنکاروں کی سمجھ میں نہیں آتا کہ وہ کون سے موضوع پر بحث کریں، یا کون سی سطح پر بات چیت کریں۔ وہ یہ کہہ سکتے ہیں کہ انھوں نے اتنی نظمیں اور ناولیں لکھیں، اور اب فلاں نظم یا ناول پر کام کر رہے ہیں۔ بات کلامِ بلاغت نظام سنانے یا ناول کا باب پڑھنے پر آ کر ختم ہو جاتی ہے۔ انہیں سنانے کا مرض اس لیے لاحق ہوتا ہے کہ سنانے کے علاوہ کچھ اور کر بھی نہیں سکتے۔ تخلیق کا فن ایسا نہیں ہے کہ اس کے طریقۂ کار صنعت گری، یا منفرد تخلیقی نفسیات میں دوسروں کو دل چسپی ہو۔ جب ایک میکینک بتاتا ہے کہ اس نے فلاں موٹر کار کو کیسے درست کیا، یا جب ایک ٹکنوکریٹ بتاتا ہے کہ اس نے فلاں مشین میں چند تبدیلیاں کر کے پولیوشن کو کیسے کم کیا، یا جب ایک سرجن کسی پیچیدہ آپریشن کا بیان کرتا ہے، یا ڈاکٹر کسی دل چسپ بیماری کا ذکر کرتا ہے تو ہم پیشہ لوگوں کو اس کی باتوں میں جو دل چسپی ہو سکتی ہے۔ ایسی دل چسپی ایک فنکار کی باتوں میں دوسرے فنکار کو نہیں ہو سکتی۔ فنکاروں کے سیمینار اور ادیبوں کی کانفرنسیں عموماً غیر دلچسپ، لاحاصل اور مناقشات سے بھری ہوتی ہیں۔ ان کا بہترین اجتماع مشاعرہ ہی ہوتا ہے جس میں وہ سناتے ہیں اور دوسرے سنتے ہیں۔ مشاعرہ اہلِ ذوق کی محفلِ سخن کی ارتقائی شکل تھا۔ ادبی کانفرنس اور سیمینار میں ایسا کوئی ارتقائی عمل نظر نہیں آتا۔ وہ نقل ہے دوسرے علوم کی کانفرنسوں اور سیمینار کی۔ اہم ادبی رجحانات اور بڑی ادبی تحریکیں کافی ہاؤس اور شراب خانوں کی محفلِ احباب سے نکلی ہیں، کانفرنسوں سے نہیں۔ کالرج وڈز ورتھ سے ملتا ہے تو پوری انگریزی شاعری کی فضائیں بدل جاتی ہیں۔ اور لیریکل بیلڈز کا دیباچہ نہ صرف رومانی تحریک کا مینی فسٹو ثابت ہوتا ہے بلکہ رومانی طرزِ احساس کی آیتِ مقدس اور کلاسیکی شاعری کے خلاف ایک پیکن بغاوت بن جاتا ہے۔ یہ دو آدمی جو کام کرتے ہیں وہ ٹوکیو کی پی ای این اور تاشقند کی رائٹرس کانفرنس سے بھی نہیں ہوتا۔ یہاں لوگ کیساروں کی تقریریں سنتے ہیں تالیاں پیٹتے ہیں، اور حق نمک ادا

کرنے کی خاطر اپنے اپنے ملکوں میں جا کر پروپیگنڈا آرٹ لکھنے بیٹھ جاتے ہیں۔ایسی کانفرنسیں مولویوں کا اجتماع نظر آتی ہیں جہاں حبلِ متین اور صراط مستقیم اور عقائدِ راسخہ اور تبلیغِ دین کے مسائل پر رگیں تنتی ہیں۔انعام و اکرام، دستارِ فضیلت، اور عباؤں اور قباؤں میں دھنسا ہوا جلال الدین بھی نہیں جانتا کہ تخلیق و عرفان کا شعلہ اندھیری گپھاؤں کے تخلیہ میں بھڑکتا ہے۔ایک آوارہ درویش اپنی خونبار آنکھوں سے اسے دیکھتا ہے اور عباؤں اور قباؤں کے جال سے پھڑ پھڑاتا ہوا روح کا پرندہ آزاد ہو جاتا ہے۔پھر کیا ہے؟۔۔۔اندھیرے غار کا تخلیہ، مرغ خوش نوا کی غزل خوانیاں، رقص میں لہراتے قدم، اور شمس تبریز کے نغموں کا سوز و ساز اور درد و داغ۔ایسا ہی ایک مجذوب پیرس میں تھا جو قرض خواہوں سے بچنے کے لیے ہوٹلوں میں چھپتا پھرتا تھا۔یورپ کی شاعری کا اس نے دھارا بدل دیا۔ ایسا ہی ایک دیوانہ لاہور کی سڑکوں پر پچیس پچیس روپے میں اپنی کہانیاں بیچا کرتا تھا۔اردو افسانہ کا اس نے رُخ موڑ دیا۔رومی، بودلیئر، منٹو۔۔۔سب کے سب علامت ہیں اس دلِ وحشی کی جو آوارگی پر عافیت کوشی کو قربان کرتے رہے ہیں۔ کانفرنس ان ببولوں کی ہوتی ہے جو صف بستہ ہاتھ پھیلائے کھڑے رہتے ہیں۔ ان آوارہ خرام بگولوں کی نہیں جو صحرا میں خاک بسر گھومتے ہیں۔

پھر فنکار جیسا جھگڑالو آدمی علم کے کسی اور شعبہ میں آپ کو دیکھنے کو نہیں ملے گا۔الجھاؤ ہے زمین سے، جھگڑا ہے آسماں سے۔نتیجہ یہ ہوتا ہے کہ ”کی جس سے بات اس نے شکایت ضرور کی“ اس کا جھگڑا اپنی ذات سے شروع ہوتا ہے ”I AM AT WAR WITH MYSELF“ آندرے ژید نے کہا تھا۔گریبان تو چاک ہوتا ہی ہے۔اندر سے ذات بھی کٹی پھٹی ہوتی ہے۔ دھندا ہی ایسا اختیار کیا ہے کہ جگر خون کرنا پڑتا ہے لوگ سمجھتے ہیں کہ دیوان مرتب ہو رہا ہے۔میر صاحب ہی جانتے ہیں کہ کیسے کیسے درد و غم کی شیرازہ بندی ہو رہی ہے۔پتہ نہیں ہتک اور فوبھا بائی لکھتے وقت منٹو پر کیا گزری تھی اسے کہتے ہیں کہ دشنۂ غم کو آر پار کرنا۔کیا ہندوستان کی دیہی معیشت اور تعلیمی نفسیات پر بھی اسی طرح کتابیں لکھی جاتی ہیں؟ جس کے اعصاب بجلی کے تار کی مانند CHARGED رہتے ہوں اس سے نارمل BEHAVIOUR کی توقع ہی فضول ہے۔پھر کمال تو یہ ہے کہ فنکار اس فن سے جھگڑتا ہے جسے اس نے اپنی زندگی بنایا ہے۔ہر تیسرے روز گڑ کی دکان کھولنے اور کوئلوں کی دلالی کرنے کی بات کرتا ہے۔اُدھر عزّتِ سادات بھی گئی اور اِدھر ہو کے سیّد بنے چمار سلیم۔ فنکار کو جھگڑا ہوتا ہے اپنے ادب سے، اپنی ادبی روایت سے، اُن شاعروں سے جن کے زیرِ اثر وہ لکھتا ہے لیکن زیرِ اثر رہنا نہیں چاہتا۔سائنس اور سماجی علوم میں ہر شخص اپنی بساط کے مطابق کام کرتا ہے اور رخصت ہو جاتا ہے۔نہ بت شکنی ہے نہ روایت شکنی، نہ نئے پرانوں کا جھگڑا ہے نہ نسلوں کا۔کوئی یہ نہیں کہتا کہ نیوٹن، ڈارون اور فرائڈ جھک مارتے رہے اور کام تو وہ ہے جو وہ کر رہا ہے۔ادب میں تو جو بھی نئی نسل آتی ہے پرانی نسل کو مٹی دیتی آتی ہے۔جدھر دیکھو اُدھر ”ہم چوما دیگرے نیست“ کا طوطی بولتا ہے۔اُدھر برنارڈ شا شیکسپیئر کو پچھاڑتا ہے، ادھر یاس یگانہ غالب کو۔لوگ اقبالؔ کا عرس مناتے ہیں تو باقر مہدی انہیں علامہ سیالکوٹی کے نام سے یاد کرتے ہیں۔کسی سائنسداں، مورّخ، ماہر اقتصادیات کو سرکار کی طرف سے انعام و اکرام ملتا ہے تو سوائے اس کے بیوی بچوں اور شاگردوں کے شاید ہی کوئی اور خوش ہوتا ہو، وجہ یہ ہے کہ شاعری کی قیمت عیاں نہیں ہوتی۔ یہاں ہاتھ کنگن کو آرسی والا معاملہ نہیں ہے اندھا ریوڑیاں بانٹتا ہے۔جو شاعر ہی نہیں اس کے مجموعہ کو تین ہزار، جو شاعرِ وقت ہے اس کے نام پر تین حرف ایسے مواقع پر مبارکبادیوں کے خط عموماً وہی لکھتے ہیں جن کے پاس لکھنے کو کچھ نہیں ہوتا۔رشک، حسد، رقابت، چھینا جھپٹی، پتھراؤ ادب کا بالکل نارمل موسم ہے۔اس دھرتی پر بھونچال نہ آئیں تو کھیتی ہی نہ ہو۔اسی لیے تو معمولی سے معمولی شاعر بھی نظم لکھتے وقت محسوس کرتا ہے کہ وہ دستی بم بنا رہا ہے۔مشاعرہ میں اس طمطراق سے جاتا ہے گویا بساط کو الٹ دے گا، یہ چنگیزی اور نادری آن بان سماجیات کے پروفیسروں کی قسمت میں کہاں۔وجہ یہ ہے کہ دوسرے علوم کا تعلق ذات سے نہیں بلکہ خارجی حقیقت کی تحقیق سے ہے اور وہ بڑی حد تک معروضی ہوتی ہے۔فنونِ لطیفہ داخلی اور شخصی سرگرمیاں ہیں اور اُن کا تعلق مذاقِ سلیم سے ہے جو شخصی چیز ہے۔ مجھے ایک خاص قسم کی شاعری پسند ہے آپ کو دوسری قسم کی۔جھگڑا لازمی ہے۔تاریخ میں آپ یہ کہہ سکتے ہیں کہ فلاں صاحب نے تاریخ لکھی ہی نہیں، محض سنین کی کھتونی تیار کی ہے۔ چلیے یہی سہی، کھتونی تو تیار ہوتی ہے۔عرق ریزی رایگاں تو نہیں گئی۔کسی نہ کسی کے کام لگے گی۔ادب میں اگر ناول، ناول نہیں ہے تو کچھ بھی نہیں ہے۔یعنی اگر وہ بطور ناول کے کام نہیں آئے گا تو کسی اور کار رہتا بھی نہیں۔شاعری اگر بطور شاعری زندہ نہیں ہے تو بطور سیاست اور تاریخ کے بھی زندہ نہیں رہے گی۔ادب اپنی ساخت میں ہی زندہ رہتا ہے جب کہ دوسرے علوم اگر اپنی ساخت میں مرتے ہیں تو پرداخت میں جیتے ہیں۔سوانح اگر بطور سوانح کے ناکام ہو تب بھی بطور تاریخ کے تھوڑا بہت جی جاتی ہے۔

پھر سائنس میں ہر نئی تحقیق یا تو پرانی تحقیق کو باطل کرتی ہے یا فرسودہ۔سائنس بہت جلد پرانا ہو جاتا ہے۔علوم کے شعبہ میں لوگ ہمیشہ تازہ ترین تصانیف کی طرف رجوع کرتے ہیں۔سائنس، طب، قانون، اقتصادیات اور دوسرے سماجی علوم کی کتابیں SUPERSEDE ہوتی رہتی ہیں۔سائنس میں آنے والی نسلیں اپنے پیش رؤں کے کام کو آگے بڑھاتی ہیں۔اور ان کی شکر گزار ہوتی ہیں کہ انھوں نے اپنی تحقیقات سے راستہ ہموار کیا۔وہ اپنے کام کو وہاں سے شروع کرتی ہیں۔ جہاں سے ان کے پیش رؤں نے اسے چھوڑا تھا۔ ادب میں روایت کا تصور ملتا ہے لیکن کام کو آگے بڑھانے کا کوئی سلسلہ نظر نہیں آتا۔اجتہاد، انحراف، بغاوت کام کو آگے بڑھانے کے لیے نہیں بلکہ نیا کام شروع کرنے کے طریقے ہیں۔روایت کبھی قدغن ثابت نہیں ہوتی ہے، کبھی مہمیز

شوق کا تازیانہ۔ کبھی فنکار روایت کے حصار میں قید رہتا ہے، کبھی باہر نکل جاتا ہے، کبھی بازیافت کرتا ہے، کبھی از سرِ نو زندہ کرتا ہے۔ نیا ادب پرانے ادب کو SUPERSEDE نہیں کرتا، بلکہ اس کے پہلو بہ پہلو جیتا ہے۔ آپ نیا ناول لکھتے ہیں اس کا مطلب یہ نہیں کہ اب لوگ پرانے ناول نہیں پڑھیں، نئی شاعری کرتے ہیں تو میر و مرزا اکاٹ مال کی دکانوں پر جا کر نہیں بیٹھ جاتے۔ نیا تجربہ کلاسک کو پارینہ نہیں بناتا۔ پرانی نسل کی طرف فنکار بہت احسان مند نظروں سے بھی نہیں دیکھتا۔ کبھی اس کا رویہ کھلی بغاوت کا۔ کبھی تمسخر اور استہزاء کا کبھی رواداری اور رضا مندی کا کبھی مکمل استرداد اور انقطاع کا، اور کبھی شریف النفس مفاہمت کا ہوتا ہے۔ وجہ یہ ہے کہ ہر نسل کے تجربات، طرزِ احساس اور طرزِ فکر الگ ہوتی ہے۔ وہ اپنے پیش روؤں سے مختلف دنیا میں رہتی ہے۔ پرانی نسل بھی ہر نسل کی مانند تجربات کرتی ہے اور تجربات کبھی روایت کو آگے بڑھاتے ہیں اور کبھی IMPASSES پیدا کرتے ہیں۔ نئی نسل محسوس کرتی ہے کہ پرانوں نے اس کی تخلیق کی راہیں مسدود کر دی ہیں۔ بند گلی میں سر پھوڑنے کی بجائے وہ انحراف سے کام لیتی ہے، اور نئی راہ تلاش کرتی ہے۔ کبھی جس راہ پر وہ نکل کھڑی ہوتی ہے دور تک چلنے کے باوجود منزل بھائی نہیں دیتی تو U (یو) ٹرن لیتی ہے اور پرانے اور کبھی کبھی ARCHAIC اسالیب کی بازیافت کرتی ہے۔ ہر نئی تخلیق ایک نئی راویت کی داغ بیل ڈالتی ہے اور نئے امکانات کی نشاندہی کرتی ہے۔ ہر فن پارہ اپنی دنیا آپ ہوتا ہے اور سائنس اور علمی کتابوں کی طرح کل کا جز نہیں ہوتا۔ اور یہ سب اس لیے ہے کہ ادب ایک شخصی تجربہ، اور ایک انفرادی تخلیقی عمل ہے۔ ادب کے لیے نہ لیبارٹری چاہیے نہ اکادمی۔ ادب تخلیق کرنے کے کوئی گُر نہیں، کوئی ایسے طریقۂ کار نہیں جن کی تعلیم دانش گاہوں میں دی جا سکے۔ ادب کوئی SKILL نہیں جسے سکھایا جائے۔ تخلیقِ ادب ایک ذاتی، انفرادی اور شخصی کارنامہ ہے، جس میں خارجی شواہد اور معروضی حقیقت کی بجائے حقائق کا شخصی مشاہدہ اور تفہیم پیش کی جاتی ہے اور تحقیق، تدقیق، تجزیہ اور تحلیل کی بجائے تخلیقی اثر آفرینی سے کام لیا جاتا ہے اور عقل و خرد کی بجائے وجدان و تخیل کا استعمال کیا جاتا ہے۔ ادب عبارت ہے اُن تخلیقی کارناموں کے مجموعہ سے جو منفرد شخصیات کی تخیلی معجز نمائیوں کا نتیجہ ہے۔ ادب کی یگانگت اور آہنگ فطری نہیں ہوتا بلکہ متضاد اور بعض اوقات متناقص عناصر کی موجودگی کے باوجود چند ایسی قدروں کے کیمیاوی عمل سے پیدا ہوتا ہے جنھیں ہم حسن و مسرت کی جمالیاتی قدریں کہتے ہیں۔

سائنس اور سماجی علوم کے محققوں کے لیے ورک شاپ، تجربہ گاہ، لائبریری، آلاتِ تحقیق کی میتھوڈولوجی، تحقیق کا مواد سب کچھ چاہیے۔ محقق اپنے کام میں دوسرے ماہرین کی مدد لے سکتا ہے، برلن، نیویارک، یا لندن جا کر وہاں کی تجربہ گاہوں سے فائدہ اٹھا سکتا ہے، اگر کام اہم ہو اور سرکار سے فربہ وظیفہ ملا ہو تو معاون محققوں کا پورا عملہ رکھ سکتا ہے اگر دوسرے علوم کے ماہروں کی مدد کی ضرورت ہو تو اپنے پروجیکٹ میں انہیں بھی شامل کر سکتا ہے۔ یہ سب باتیں نہ ادب میں ممکن ہیں نہ ادب کو ان کی ضرورت ہے۔ کیا کوئی ناول نگار تاریخی ناول کی تاریخ مورّخ سے لکھواتا ہے، یا نفسیاتی ناول کی نفسیات کے لیے ماہر نفسیات سے رجوع کرتا ہے، یا پرولتارین ناول کے لیے ٹریڈ یونین لیڈر سے مشورہ کرتا ہے۔ کیا کسی نظم کی تخلیق کے لیے دوسرے شاعروں کا عملہ رکھا جا سکتا ہے۔ کیا ناول اور افسانے کے لیے مختلف ترقی یافتہ ممالک میں ایسی درس گاہیں موجود ہیں جہاں جا کر تعلیم لینے سے آدمی زیادہ نستعلیق ناول لکھ سکے۔ آپ دیکھیں گے کہ تخلیقِ فن کے لیے فنکار کو کسی چیز کی ضرورت نہیں۔ میز پر کاغذ ہوتا ہے، کاغذ پر قلم، قلم پر جھکا ہوا ایک سر، سر پر پھونس کی چھت، اور چھت کے سوراخوں سے جھانکتے ہوئے روح القدس۔

غالب کی بات سچ ہے:

آتے ہیں غیب سے یہ مضامیں خیال میں
غالبؔ صریرِ خامہ نوائے سروش ہے

چونکہ ادبی تنقید مختلف علوم کے اثرات تلے پھلتی پھولتی ہے اور زیادہ سے زیادہ سائنسی بننے کی کوشش کرتی ہے، اس لیے تنقید نے انہی ممالک میں زیادہ نشو نما پائی ہے جہاں سائنس، فلسفہ اور دوسرے سماجی علوم ترقی کی معراج پر پہنچے ہوئے ہیں۔ پھر چونکہ مغرب کا معاشرتی نظام زیادہ آزمائشی مرحلوں سے گزر رہا ہے اور فرد کی پیچیدہ زندگی کے تجربات کے بیان کے لیے ادب اور آرٹ کے زیادہ پیچیدہ اور تہہ در تہہ طریقوں کو کام میں لاتا رہا ہے، اس لیے وہاں کے ادب میں جو تنوع، گہرائی اور فکر و نظر کی رنگارنگی ملتی ہے اس سے ہمارا خطِ مستقیم پر سفر کرنے والا ادب عموماً محروم ہے۔ صاف بات ہے کہ مغرب کی ادبی تنقید چونکہ ایک رفیع الشان ادبی روایت سے منسلک ہے، اس لیے نہایت توانا اور بصیرت افروز ہے۔ اس سے استفادہ اتنا ہی ناگزیر ہے جتنا کہ سائنس اور دوسرے سماجی علوم سے استفادہ۔ اور انہی علوم کی مانند اس تنقید کے گہرے اثرات ہماری تنقید پر پڑے ہیں۔

یہ ایک کھلی ہوئی حقیقت ہے کہ آج سائنس اور سماجی علوم میں مغرب کی بلا شرکت غیرے اجارہ داری ہے۔ ہم تو اس بات کا تصور تک نہیں کر سکتے کہ ان علوم میں مغرب کہاں سے کہاں پہنچا ہوا ہے۔ ارے ہندوستان میں آپ کسی بھی سائنسی تجربہ گاہ، سماجی علوم کے تحقیقی ادارے یا زرعی یا ٹکنولوجیکل دانش گاہ میں پہنچ جایئے اور دیکھئے کہ وہاں کی لائبریری میں بایولوجی، اقتصادیات گیہوں کی قسمیں، یا نفسیاتی بیماریوں پر کتابوں کا جو بیش بہا ذخیرہ ملتا ہے وہ سب کا سب انگریزی زبان میں ہے۔ آپ اقتصادیات کے پروفیسر سے جا کر پوچھئے کہ انگریزی سے بے نیاز رہ کر محض اردو، ہندی اور گجراتی زبان کے بل بوتہ پر کوئی طالب علم اقتصادیات کا کتنا علم حاصل کر سکتا ہے۔ ارے ہم سکنڈری اسکول کے لونڈوں کے لیے مناسب کتابیں لکھ نہیں سکتے تو اعلیٰ تعلیم کا تو ذکر ہی کیا

ہے۔نفسیات کے پروفیسر اتنی نفسیات بگھارنے کے باوجود اردو میں فرائڈ یا ینگ کے نظریات پر ایک جامع کتاب تو کیا مقالہ تک تحریر نہیں کر سکے۔ مختلف موضوعات پر مغرب میں جو بیش بہا علمی سرمایہ جمع ہوا ہے اسے ہندوستان کی علاقائی زبانوں میں منتقل کرتے کرتے صدیاں بیت جائیں گی۔ وہاں تک مغرب کہیں سے کہیں نکل چکا ہوگا۔علم کی جولانگاہ میں ہماری حیثیت بار برداری کے خچر سے زیادہ نہیں۔ سائنس اور علوم کے معاملہ میں ہم محض لقمہ چیں اور پیوند دوز ہیں۔کاسۂ گدائی لیے چھوٹے سکے جمع کرتے ہیں لیکن طنطنہ شاہوں کا رکھتے ہیں۔

یونیورسٹی میں آپ نفسیات اقتصادیات اور سائنس کے شعبے کھولتے ہیں اور پھر اُن سرچشموں کو بند کرنے کی بات کرتے ہیں جو ان شعبوں کو سیراب کرتے ہیں۔ یا تو آپ سائنس کا شعبہ بند کیجیے، یا ایسے فوق البشر پیدا کیجیے جو مغرب سے استفادہ کیے بغیر سائنس کی تحقیقات کر سکیں، اور اگر یہ دونوں کام نہیں کر سکتے تو عالموں کے انکسار سے جو فیض آپ کو مغربی علوم سے پہنچا ہے اس کا شکریہ ادا کیجیے۔

علوم کی بات چھوڑیے۔ کیا آپ اقبال، ٹیگور اور فراق کی شاعری تک کو مغربی علوم اور تہذیب کے حوالوں کے بغیر پڑھ سکتے ہیں۔ مغرب کے سب سے زیادہ چرچے تو انہیں تنقیدوں میں ملتے ہیں جو اقبال پر لکھی گئی ہیں۔ مغرب سے اقبال کو جھگڑا تھا لیکن انہیں جھگڑا تو مشرق سے بھی تھا۔ مغرب سے بھی اقبال نے اتنا ہی فیض حاصل کیا ہے جتنا مشرق سے۔

تنقید کی کوشش یہی ہوتی ہے کہ وہ مکمل طور پر سائنس کی قطعیت کو پہنچے۔ تنقید سائنس نہیں ہے لیکن وہ سائنس بننا چاہتی ہے۔ اگر ایسا ہے تو تنقید بھی مغرب سے اسی قدر متاثر اور فیض یاب ہوگی جتنے کہ دوسرے علوم ہوتے ہیں اور مغربی تنقید کے سامنے ہم صرف طفلِ مکتب ہیں۔ حالی، کلیم الدین کلیم، احتشام حسین، آل احمد سرور، حسن عسکری، شمس الرحمان فاروقی سب کے سب مغرب کے خوشہ چیں رہے ہیں۔ ہم ایک بھی ایسے نقاد کا نام نہیں لے سکتے۔ جو مغرب سے بے نیاز رہ کر خالص دیسی علوم کے بل بوتہ پر بڑا نقاد بنا ہو۔ ہماری تنقید میں جو کچھ بھی دبازت ہے وہ مغرب کی چکّی کے پسے ہوئے آٹے کی دین ہے۔ محقق خدا بخش لائبریری پر قناعت کر سکتے ہیں، نقاد کو تو ان کتب خانوں کے بغیر چارہ نہیں جہاں مغربی تنقید کا گنجِ گراں مایہ میسر ہے۔ ان کتب خانوں کی سیر بھی سمندِ شوق کا تازیانہ بننے کی بجائے حوصلے توڑ دیتی ہے۔ نقاد خود میں اتنی سکت نہیں پاتا کہ وہ کسی موضوع کی ببلوگرافی کا بار بھی اٹھا سکے۔ مغربی نقاد جس موضوع پر قلم اٹھاتے ہیں اسے EXHAUST کر دیتے ہیں۔ یہ کیسے ممکن ہے کہ ادب اور آرٹ کے موضوعات پر لکھتے وقت نقاد ان بیش بہا تنقیدی کارناموں سے محض اس وجہ سے صرف نظر کرے کہ وہ لوگ جو انگریزی سے واقف نہیں یا جنھوں نے مغربی ادب کا ڈھنگ سے مطالعہ نہیں کیا، تنقید میں مغربی نقادوں کے حوالے دیکھتے ہیں تو اپنی خفت اور احساسِ کمتری کی پردہ پوشی کے لیے دیش بھگتی اور مشرقیت اور غریب عوام کی جذباتی ہمدردی پر مبنی ٹریڈ یونین سیاست کی کلی شیز کا استعمال کرتے ہیں۔۔۔ پھر آپ اس بات پر بھی غور کیجیے کہ مغرب سے آئی ہوئی مارکسی آئیڈیالوجی کا تو ترقی پسند نقادوں پر محض اثر ہی نہیں بلکہ ایسا گہرا تسلط تھا کہ نقاد کسی بھی چیز کو اپنی نظر سے دیکھ ہی نہیں سکا۔ سچ بات یہ ہے کہ علم کی دوڑ میں مغرب ہم سے بازی لے گیا ہے۔ اور ہم گرد کارواں پھانکتے رہ گئے ہیں جسے دیکھو اس کے کاسۂ گدائی میں چبائے ہوئے نوالوں کا ملغوبہ ہے۔ لیکن ٹھسّہ ایسا ہے گویا آسمان سے من و سلویٰ کی بارش ہو رہی ہے۔

پنڈت نہرو کے زمانے ہی میں ہندوستان نے گاندھیائی نظامِ معیشت کی بجائے صنعتی نظام کے حق میں اپنا فیصلہ دے دیا تھا۔ وہ لوگ جو اس فیصلہ کو پسند کرتے ہیں انہیں زراعتی آدمی کی بجائے صنعتی آدمی کے طور پر مسائل کو حل کرنا چاہیے۔ صنعتی تمدن کا سب سے بڑا وار تو جغرافیائی فاصلوں پر پڑا ہے، لیکن ہم آج بھی ذہنوں کے بیچ مشرق و مغرب کی دیواریں قائم کیے ہوئے ہیں۔ یہ ایک کھلی حقیقت ہے کہ کوئی بھی ملک جو صنعتی ترقی کی شاہراہ پر گامزن ہو، مغربی سائنس اور ٹکنولوجی کے دھارے سے خود کو محفوظ نہیں رکھ سکتا۔ سائنس اور ٹکنولوجی کا اثر کلچر پر بھی ہوتا ہے۔ ریڈیو صرف قوالیاں نہیں سناتا بلکہ ہر قوالی کے بعد بآواز بلند پورے خاندان کے بیچ نرودھ کا اشتہار بھی دیتا ہے۔ سائنسی ایجادات سے رہن سہن کے طریقے ہی نہیں بدلتے، اخلاقی اور تہذیبی قدریں بھی بدلتی ہیں۔ اگر آپ سائنس، مغربی علوم اور صنعتی دور کے پیدا کردہ تہذیبی رجحانات سے بیزار ہیں تو مجھے بتائیے کہ خالص دیسی علوم کی بنیاد پر آپ صنعتی معاشرہ کی تعمیر کیسے کریں گے۔ دیش بھگت لوگ انگریزی کو نکال باہر کرنا چاہتے ہیں اور ساتھ ہی صنعتی ترقی بھی چاہتے ہیں حالانکہ صنعتی ترقی صنعتی علوم کے بغیر ممکن نہیں جو انگریزی زبان میں ہیں۔ ان علوم کو ہندوستان کی سولہ زبانوں میں اس وقت تک منتقل نہیں کیا جا سکتا جب تک معاشرہ ٹکنولوجی کی اس منزل میں نہ پہنچ گیا ہو جہاں ترجمہ کا کام بھی کمپیوٹر کرتا ہو، لہٰذا سب سے بڑا دیش بھگت بھی وہی ہے جو دیسی زبانوں کو مختلف علوم سے مالا مال کرنے کے لیے کمپیوٹر کے دور میں پہنچنا چاہتا ہو اور اس مقصد کے لیے جاں فشانی سے مغربی علوم اور زبانوں کا مطالعہ کرے۔ تہذیبی تصورات کو پھلتے پھولتے ایک زمانہ لگتا ہے مختلف تہذیبوں کے بیچ مختلف زمینوں پر جا گرتے ہیں، لیکن وہی بیج پھوٹتے اور بارآور ہوتے ہیں جنھیں زمین راس آتی ہے۔ باقی سڑ گل کر ختم ہو جاتے ہیں۔ اردو میں سانیٹ، اور نہ جانے دوسری کیسی کیسی اصناف سخن کے تجربات کیے گئے، لیکن ان میں سے کسی میں بھی تخلیقات کا گراں قدر خزانہ پیدا نہ ہو سکا۔ اس کے برعکس ناول اور افسانہ مغرب سے آیا اور اپنی جڑیں استوار کر لیں۔ کیا وجہ ہے کہ ڈرامے کی سنسکرت روایت کے باوجود، مغربی ڈرامے کا اثر ہندوستان پر وہ نہیں ہوا جو مغربی ناول کا ہوا۔ کہنے کا مطلب یہ کہ تہذیبی رجحانات کو جڑ پکڑتے اور نشو و نما

پاتے وقت لگتا ہے اور اُن کے پھلنے پھولنے کے پیچھے بے شمار تاریخی اور معاشرتی اور تہذیبی قوتیں سرگرم کار رہوتی ہیں۔ کوئی تہذیب دوسری تہذیبوں کے اثرات سے محفوظ نہیں رہتی، محفوظ رکھنے کے لیے تہذیب کے گرد آہنی حصار تعمیر کرنے پڑتے ہیں۔ ایسا تحفظ اُن نواب زادوں کی مانند جنھیں محلّہ کے چھوکروں کی صحبت سے بچانے کی خاطر حویلی کی چار دیواری میں قید رکھا جاتا ہے، تہذیب کو کمزور، زرد، مرکھنا اور بیمار بنا دیتا ہے۔ اشتراکی روس کا اشتراکی حقیقت نگاری والا، آدرش وادی صحت مند ادب بیوروکریٹ کی اولاد کی مانند اتنا تو اب ادب، تقدس مآب نیک چلن اور خود آگاہ ہے کہ اسے پڑھتے وقت خانقاہ، آشرم، یا پہاڑی اسکول کی سیر کا لطف آتا ہے۔ سب کچھ ٹھیک ہے لیکن وحشی کے ڈھول کی دھمک اور جنگل کے پھول کی مہک نہیں ہے گجراتی میں سریش جوشی نے ایک کہانی لکھی ہے۔ عنوان ہے، لوہے کا شہر، حملوں سے محفوظ رہنے کے لیے پورے شہر پر لوہے کی ایک چھت تان دی جاتی ہے۔ سورج کی روشنی میں چھت تپتی ہے، لوگوں کو سانس لینا دشوار ہو جاتا ہے، لیکن سلامتی کی خاطر زندگی کو عذاب بنا لیتے ہیں اور سب کچھ برداشت کرتے رہتے ہیں۔ غزل کی شاعری سلامتی کی شاعری نہیں ہے۔ یہ ان لوگوں کی شاعری نہیں ہے جنہیں جان و دل، اور ایمان و آبرو عزیز ہے۔ یہ ان لوگوں کی شاعری جو گھروں کو لٹاتے ہیں، اور عزت و ناموس کا نیلام کرتے ہیں۔ کردار کی پرکھ سلامتی کی دیواروں میں نہیں، خوف وخطر کے بھنور میں ہوتی ہے۔ تخیل انجان اجنبی فضاؤں کو کھنگالتا ہے۔ تلاش گمنام جزیروں کی طرف کشتیوں کا رُخ موڑ دیتی ہے۔ تجربہ اپنی برہنہ کھال پر نامعلوم اور نامانوس کا گھاؤ جھیلتا ہے۔ تخلیق مہم جو، مہم کش، اور مہم ساز ہوتی ہے۔ اثرات کا ایسا خوف کہ موجِ ہوا میں خفیف سی خنکی بڑھ جانے پر ٹانگیں لرزنے لگیں، نفسیاتی بیماری نہیں تو اور کیا ہے۔ سوسان لینگر نے بتایا ہے کہ اثرات سے ادبی تحریکیں پیدا نہیں ہوتیں۔ اثرات تو صرف اس بیج کی نشو نما کرتے ہیں جو پہلے سے زمین میں موجود ہوتا ہے۔

یہ ایک بہت ہی نازک اور پیچیدہ مسئلہ ہے کہ آیا تنقید اُن رجحانات کا تجزیہ ہوتی ہے جو ادب میں جاری و ساری ہوتے ہیں، یا ادب اُن رجحانات کو اپناتا ہے جو بساطِ نقد پر سرگرم کار ہوتے ہیں۔ کیا تنقید کو چاہیے کہ فلسفہ، مذہب، سائنس اور کلچر کے عظیم خیالات کو موضوع بحث بنائے تاکہ یہ خیالات سماج کی دانشورانہ فضا کے عناصرِ ترکیبی بنیں، اور اس طرح فنکارانہ تخیل کے لیے تخلیقی مواد کا سرمایہ بہم پہنچائیں۔ یہ ہے وہ سوال جو آرنلڈ کی تنقیدیں پڑھ کر پیدا ہوتا ہے۔ میری ذاتی رائے یہ ہے کہ اس خیال میں جزوی صداقت ہے۔ ادبی تنقید تخلیق کا سرچشمہ نہیں، البتہ فنکارانہ تخیل کی تربیت میں وہ اپنا تھوڑا بہت عطیہ پیش کرتی ہے۔ فنکار کی تخلیقی صلاحیت کو ڈھالنے اور اسے تب و تاب اور توانائی عطا کرنے میں، اس کی شخصیت، اس کا گرد و پیش، سماجی اور سیاسی حالات، اس کی ادبی روایت اور قومی تہذیب کا ورثہ، دوسرے علوم اور دوسری زبانوں کے ادب سے اس کی واقفیت، اور اپنی پسند کردہ اصناف سخن کے صناعانہ مسائل میں اس کی حرکی دل چسپی، اور ملک کی عام دانشورانہ فضا اپنا عطیہ پیش کرتے ہیں۔ کسی ایک پر ضرورت سے زیادہ زور دینا مناسب نہیں۔ ہمارے پاس ایسے شواہد بہت کم ہیں جن سے ثابت کیا جا سکے کہ تنقید واقعی کلی اور حتمی طور پر فنکار کے تخلیقی روّیوں کا تعین کرتی ہے۔ ترقی پسند تنقید کی ناک کے نیچے میراجی، راشد، اختر الایمان، مجید امجد، مختار صدیقی، منٹو، غلام عباس، بیدی اور دوسرے بے شمار لکھنے والے ایسا ادب پیدا کرتے رہے، جس پر ترقی پسند خیالات کی پرچھائیاں نہ ہونے کے برابر ہیں۔ ہر فنکار اپنی ذات سے ایک اکائی ہوتا ہے اور اپنی تخلیقی ضرورتوں کے مطابق اپنا راستہ آپ متعین کرتا ہے۔ چونکہ وہ ایک کھلی دانشورانہ فضا میں جیتا ہے اس لیے ادب اور تنقید کے مختلف اثرات اس پر پڑتے ہیں لیکن وہی اثرات بار آور ثابت ہوتے ہیں جو اس کے تخلیقی مزاج کے مطابق ہوتے ہیں۔ نقاد، تنقید میں ہر مسئلہ کا محققانہ، عالمانہ اور معروضی فحص کرتا ہے۔ وہ جانتا ہے کہ تنقید پختہ ذہن اور بالغ نظر لوگوں کے لیے لکھ رہا ہے۔ اسی لیے اسے یہ خوف نہیں ہوتا کہ اس کی تنقید کو پڑھ کر لوگ گمراہ ہو جائیں گے یا اس کے نظریات اور تصورات فنکاروں کو ورغلا کر غلط راستہ پر لگا دیں گے۔ وہ جانتا ہے کہ بالغ نظر فنکار اپنا تخلیقی روّیہ آپ متعین کرتا ہے۔ چنانچہ ایسی طفلانہ باتیں مضحکہ خیز معلوم ہوتی ہیں کہ جدیدیت کے نظریہ سازوں نے نئے فنکاروں کو سماج اور سیاست سے دور کر دیا۔

تنقیدی ذہن کی قدر و قیمت، غیر تنقیدی ذہن سے اسی لیے زیادہ ہے کہ وہ جذبات کو بھڑکانے، سہانے خواب دکھانے اور تعصّبات کو پالنے پوسنے والے دل خوش کن خیالات کا آسانی سے شکار نہیں ہوتا۔ تنقیدی ذہن ہر قوم کی آئیڈیالوجی اور ہر قسم کے فلسفہ کا مطالعہ کرتا ہے اور اسے یہ خوف نہیں ہوتا کہ کوئی آئیڈیالوجی اسے بھی اس طرح مغلوب کرے گی جس طرح جاہل عوام کو کرتی ہے۔ فنکار کے لیے تنقیدی نگارشات کا مطالعہ اس وجہ سے ضروری ہے کہ اپنی تمام تخلیقی قوت کے باوصف اگر اس کا ذہن غیر تنقیدی ہے تو اس بات کا امکان زیادہ ہے کہ بہت سے معاملات میں وہ سادہ لوحی کا شکار ہو جائے گا۔ نظر کی درّاکی اور ذہن کی سوفسطائیت اسے پیچیدہ مسائل کے آسان حل تلاش کرنے، اور عامیانہ خیالات، نانچتہ احساسات اور سادہ انگاری اور صوبائیت سے محفوظ رکھتی ہے۔ تنقید کا کام عقائد کا ٹھونسنا، قائل کرنا، یا ذہن کی دھلائی کرنا نہیں ہے بلکہ ذہن کو روشن کرنا ہے تاکہ افکار و تصورات کی اصل ماہیت واضح ہوتی رہے۔ نقاد فنکار کا مرشد، سالکِ راہ، استاد یا معلم نہیں ہوتا۔ وہ تو ایک عام قاری کی ترقی یافتہ شکل ہے جو ادب کے تجربات کا بیان کرتا ہے اور اُن کی قدر و قیمت کا اندازہ لگاتا ہے۔ فنکار ادب ہی کا نہیں بلکہ خود اپنی تخلیقات کا بھی ایک عام قاری ہوتا ہے۔ یہ سوال بہت اہم ہے کہ فنکار کا ادب کا مطالعہ کیسا ہونا چاہیے، اور ادبی مطالعہ سے بے نیازی کے اثرات اس کے تخلیقی کام پر کیسے پڑتے ہیں۔

جس طرح فنکار ایک بنی بنائی دنیا میں آنکھ کھولتا ہے اور اپنا تخلیقی مواد اپنے گردوپیش سے حاصل کرتا ہے، اسی طرح وہ اظہار کے وسائل بھی اس فنی اور تہذیبی روایت میں پاتا ہے جو اسے ورثہ میں ملی ہے۔ ان وسائل کو وہ قبول کرتا ہے، ان میں اجتہادی تبدیلیاں کرتا ہے، اور ضرورت پڑنے پر ان سے مکمل انحراف بھی کرتا ہے۔ فنکاری ہنرمندی اور صنعت گری ہے۔ اپنے اوزاروں کو ٹھیک سے استعمال کرنے کی سلیقہ مندی بھی ہے۔ ہر نیا تخلیقی تجربہ ایک نئی مشقِ سخن ہے۔ قادر الکلامی کا ایسا تصور کہ فنکار کو زبان اور اسلوب پر قدرت حاصل ہو گئی ہے، اب وہ ان کی طرف بے نیازی برت سکتا ہے، اور موضوع پر دھیان مرکوز کر سکتا ہے، فن میں MANNERISM کی بدعت کو راہ دیتا ہے۔ اعلیٰ فنکاری کبھی میکانکی نہیں ہوتی۔ قادر الکلامی مشین کی کھٹا کھٹ نہیں ہے کہ شعر ڈھلتے چلے جائیں۔ ہر نظم ایک نئی تخلیق ہوتی ہے۔ اور ایک نئی جانکاہی اور جگر کاوی کی دعوت دیتی ہے۔ اس نکتہ سے واقف نہ ہو تو بڑے سے بڑا فنکار خود کو دہرانے لگتا ہے۔ لوگ کہتے ہیں اس کے پاس کہنے کو کچھ نہیں رہا۔ ہمیں یہ بھی دیکھنا چاہیے اس نے نیا کہنے کی کوشش کی بھی یا نہیں۔ فن میں تازگی نہ رہے تو پختگی تک اپنی قدر کھو دیتی ہے۔ فنکار کی سب سے کڑی آزمائش اپنے احساس کے شعلہ کو بھڑکتے رکھنے میں ہے، ورنہ تخلیقی لگن تھکن میں بدل جائے گی، اور اعجازِ تخیل صرف شعبدہ بازی کرے گا۔ فنکار کے لیے مشقِ سخن تعلیم اور تربیت کا کوئی ایک مخصوص زمانہ نہیں ہوتا۔ فکرِ سخن کا ہر لمحہ مشقِ سخن کا لمحہ ہے، اور تعلیم و تربیت کا دور پوری زندگی تک پھیلا ہوا ہے۔ تخلیق کے شعلہ کو جلتا رکھنے کے لیے ضروری ہے کہ فنکار اپنی ہوش مندی کو مختلف منزلوں اور مقامات سے گزارے، خوب سے خوب تر کی جستجو کرتا رہے، جذبۂ تجسس اور تحیّر کو کبھی ٹھنڈا پڑنے نہ دے کسی جواب کو آخری جواب نہ سمجھے اور تادمِ آخر سوالات کے سلسلہ کو ٹوٹنے نہ دے۔ تعلیم کا مطلب ڈگری لینے اور تربیت کا مطلب استاد کے سامنے زانوئے تلمذ تہہ کرنے سے نہیں ہے حالانکہ دونوں کاموں میں کوئی برائی بھی نہیں ہے۔ سوائے فنکاری کے کسی اور چیز سے سروکار نہ رکھنے کا نتیجہ خود فنکار کے لیے افسوناک ثابت ہو سکتا ہے۔ انسان کی علمی اور ادبی، تہذیبی اور تمدنی، فلسفیانہ اور دانشورانہ سرگرمیوں کے جھرنے اگر فنکار کے ذہن کو سیراب اور احساس کو شاداب نہ کرتے رہیں تو تخلیقِ فن کا سوتہ بھی خشک ہو جاتا ہے۔ فنکارانہ بانجھپن کی وجوہات مختلف ہو سکتی ہیں۔ ان میں دانشورانہ کم مائیگی نوجوان فنکاروں کی جواناں مرگی کا بہت ہی واضح سبب رہی ہے۔ ایک پختہ تربیت یافتہ تازہ کار تخلیقی ذہن کی پیدائش کے مواقع مطالعہ کے کمرے میں بہ نسبت ٹریڈ یونین آفس کے زیادہ ہی ہوتے ہیں۔ مطالعہ زندگی کے دلکش اور دل فروز ہنگاموں کی ضد اور انکار نہیں بلکہ توسیع ہے۔ یہ کرم کتابی ہی ہوتا ہے جو زندگی کے لیے زیادہ تیار ہوتا ہے کیونکہ شعر و ادب کے ذریعہ وہ بے شمار تخیلی تجربات سے گزرتا ہے، اپنی ایک زندگی میں ہزار زندگیاں جیتا ہے، اور اسی لیے زندگی پہنائیوں اور ہنگامہ آرائیوں کی بہتر آگہی رکھتا ہے، جب شاعر کتب بینی کو گھوڑے پر گھاس لادنے کے مترادف سمجھتا ہے اور مطالعہ کا کام نقاد کے حوالے کر دیتا ہے، تو وہ علمی فکری اور تخیلی سرگرمیوں کے اُن سرچشموں ہی کو بند کر دیتا ہے اور ادب کے دوسرے فنکاروں کے فن ہی سے سیکھ لیتا ہے۔ فنکار زندگی کے مطالعہ سے ادب کا مواد حاصل کرتا ہے اور ادب کے مطالعہ سے اس مواد کو برتنے کے آداب سیکھتا ہے۔ فارم کا پورا مسئلہ ادبی روایت سے منسلک ہے اور روایت کی روشنی ہی میں اسے سمجھا جا سکتا ہے وہ فنکار جو اپنے پیشہ ور اور ہم عصر فنکاروں کے اسالیب سے واقف نہیں وہ اپنا منفرد اسلوب بھی کیسے ایجاد کر سکتا ہے۔ انحراف کے لیے بھی راویت کی ضرورت ہوتی ہے اور اسی لیے ہر اہم اور معنی خیز انحراف روایت کے سلسلہ ہی کی ایک کڑی بن جاتا ہے۔ ایلیٹ نے بتایا ہے کہ روایت محض ورثہ میں نہیں ملتی بلکہ محنت اور شعوری کوشش سے اسے حاصل کرنا پڑتا ہے۔ فنکار کے لیے ضروری ہے کہ وہ جدید اور قدیم زبانوں کے ادب کے مطالعہ کے ذریعہ اصنافِ سخن، اسالیب اور اظہار کے رنگارنگ طریقوں سے واقف ہوتا رہے۔ یہ دوسرے فنکاروں کا مطالعہ ہے جو فنکار کو بتاتا ہے کہ انھوں نے اپنی جذباتی وارداتوں، اور اندرونی کش مکشوں کے بیان کے لیے کون سی راہ اپنائی۔ وہ جانے گا کہ اسلوب کی کون سے خرابیاں فنکارانہ شخصیت کی کون سی کمزوریوں کا نتیجہ ہیں۔ اگر اسلوب میں جھول اور وضاحت ہے تو شاعر کے پاس تخلیقی مواد کا سرمایہ محدود ہے۔ لجلجا پن ہے تو شاعر جذبات میں نظم و ضبط پیدا نہیں کر سکا۔ رقت ہے تو کہیں نرگسیت کی وجہ سے تو نہیں۔ خطابت کہیں اس وجہ سے تو نہیں کہ تخیل کا استعمال انکشافِ حقیقت کی بجائے تبلیغ حقیقت کے لیے ہو رہا ہے۔ وہ جانے گا کہ بڑے فنکاروں نے اپنے جذبات کو کیسے سنبھالا اور اپنی تخلیقی شخصیت میں رچاؤ اور پختگی کس طرح پیدا کی۔ اسے معلوم ہوگا کہ جذبہ کے اظہار اور جذباتی بننے میں کیا فرق ہے، سوگواری اور خود ترحمی کے کیا معنی ہیں، اور دردمندی کی قیمت پر صلابت فکر خریدی جا سکتی ہے یا نہیں۔ تکنک اور اسلوب کا مطالعہ اس طرح فنکار کے جذبات کی تادیب بھی کرے گا۔ عام زندگی میں فنکار بھلے اعصاب زدہ اور جذباتی،، جھگڑالو اور جھکّی ہو لیکن جب وہ کاغذ پر قلم رکھتا ہے تو آدابِ فن اسے آدابِ زندگی بھی سکھاتے ہیں۔ جذبات اُمنڈ اُمنڈ کر آتے ہیں لیکن اب وہ انہیں قابو میں رکھتا ہے، پہلے چھوٹی چھوٹی باتوں پر چراغ پا ہو جاتا تھا اب ٹھنڈے کلیجہ سے حقیقت سے آنکھیں چار کرتا ہے۔ اسے محسوس ہوتا ہے کہ زندگی سماج اور عصری سیاست کے جن مسائل پر وہ کف دردہاں ہو جاتا تھا، وہ اپنی اہمیت کھو بیٹھے ہیں، اور اب تخلیق کے لمحہ میں وہ خیالات اور جذبات امڈے آ رہے ہیں، جن کا اُن واقعات سے کوئی تعلق نہیں جو دن بھر اسے الجھاتے رہے ہیں۔ ایسے واقعات در آئے ہیں تو وہ سوچتا ہے وہ یہاں کیا کر رہے ہیں۔ اگر اُن پر طنز کرتا ہے تو دیکھتا ہے کہ طنز بودا تو نہیں۔ اگر اُن کے ہونے میں یا اُن کے بیان میں کوئی حسن کاری نہیں تو روحِ عصر اور عصری آگہی کی پروا کیے بغیر وہ انہیں نکال باہر کرتا ہے۔ اس طرح تکنک اسلوب اور ڈکشن

کے معاملات (یعنی اس کا جمالیاتی شعور) اس کی فنکارانہ شخصیت کی تہذیب کرتے ہیں اور یہ شعور اسے حاصل ہوتا ہے اُن چھوٹے بڑے فنکاروں کے مطالعہ سے جو مِل جُل کر ادبی روایت کی تعمیر کرتے ہیں۔ ادب اور آرٹ سے اس گہرے شوق وشغف کے بغیر اعلیٰ فنکاری ممکن نہیں۔ جہاں آپ نے آرٹ کو اپنی زندگی کی ثانوی سرگرمی بنایا آرٹ بھی آپ سے انتقام لیتا ہے اور آپ کو دوسرے درجہ کا فنکار بنا کر رکھ دیتا ہے۔ میں بات فنکار کے عالمِ فاضل ہونے کی نہیں کر رہا، اور نام کے آگے ایم اے تو لوگ ''بیسویں صدی'' کے اوراق ہی میں لکھتے ہیں۔ کہنے کا مطلب صرف یہ ہے کہ وہ باتیں جو فنکار کے کام کی باتیں ہیں، اور جو ردیف قافیہ کی ہنر مندی سے لے کر زندگی کرنے کے فن تک پھیلی ہوئی ہیں، انہیں سیاسی پمفلٹوں اور نقادوں کی تنقیدوں کے ساتھ ساتھ اُن فن پاروں سے بھی سیکھنا چاہیے جو بتاتے ہیں کہ دنیا کے عظیم فنکاروں کا انسان اور زندگی کا کیا تجربہ رہا ہے، انھوں نے آدمی کے روحانی اخلاقی وجودی اور سماجی مسائل پر کس طرح سوچا ہے، اپنی ذات کو خیر وشر کی رزم گاہ بنانے، جذبہ کے دھارے پر بہنے اور احساس کی آگ میں جلنے کے کیا معنی ہیں، اندرونی کش مکش کو چاقو کی دھار کیسے بنایا جاتا ہے اور مصلوب مسیح کی دردمندی کا گوہر کون سی موجوں کے طمانچے کھانے کے بعد حاصل ہوتا ہے۔ ذہن کی تربیت، جذبات کی تہذیب اور شخصیت کی تادیب کی بہترین درسگاہ ادب ہے، کیونکہ اس کا تعلق جن انسانی مسائل سے رہا ہے، اگر انہیں آدمی پہچان لے تو بہت سے سماجی اور سیاسی بکھیڑے پیدا ہی نہ ہوں۔ سیاسی تعصبات کی بنا پر ہمارے بہت سے لکھنے والوں نے اعلیٰ ادب کے ایک بڑے ذخیرے کو خود کی ذات پر حرام کر لیا۔ انسانی زندگی کی وسیع پہنائیوں کو چند آدرشوں اور عقیدوں میں قید نہیں کیا جا سکتا۔ بودلیئر یا ایلیٹ کو پڑھنے کا یہ مطلب نہیں کہ آدمی اُن کے جیسی شاعری کرے، یا ان کے اسلوب، طرز اور ٹکنک کو اپنائے، یا اُن کی ہوش مندی کو اپنی ہوش مند بنائے۔ مطلب صرف یہ ہے کہ وہ جانے کہ ان کا درد کیا ہے، وہ کس اندرونی کرب کا شکار ہیں، اور اُن کی دل گرفتگی اور دردمندی کی نوعیت کیا ہے، دوسروں کے احساس کی نزاکتوں کو سمجھنے کا مطلب ہے اپنے احساس کی آگہی۔ یہ فنکار ہی تو ہے جو ہمیں بتاتا ہے کہ ہمارا احساس کتنا سخت اور تنگ ہو گیا ہے، انسانی ہمدردیوں کا دائرہ کتنا محدود ہے، اور اپنی اخلاقی پاکیزگی، راست روشی، اور مقدس عقائد اور آدرشوں کی پرستش کے باوجود ہم ایک سخت گیر تند جبیں اور چڑچڑے کٹھ ملا سے مختلف نہیں بن پائے۔ فنکار سیاسی آگہی تو ناشتہ کی میز پر حاصل کر لیتا ہے۔ البتہ زندگی اور فن کی آگہی کے لیے اسے فنکاری کو رگِ جاں سے قریب کرنا پڑتا ہے۔ اس نے اتنا کر لیا تو چونّی کا اخبار، فلمی گانے، تنگ نظر مولوی، اور کافی ہاؤس کی خوش گپیاں اور گالیاں اس کی زندگی کے پیٹرن میں اپنا اپنا مقام بنا لیتے ہیں۔ اتنا نہ کیا تو جس چیز کو اس کا مناسب مقام نہیں ملتا وہ فنکار کا فن ہوتا ہے۔

☆